Unser Buer
Beiträge zur Geschichte

Band 31 • 2012/2013

Mitarbeiter dieser Ausgabe:
Dietmar Ahlemann, Bernhard Hagemann, Klaus Herzmanatus,
Georg Lecher, Carl Heinrich Lueg, Georg Meinert, Biggy Pieper,
Prof. Wolfgang L. Rüdiger, Boris Spernol, Nadine Stritzke, Dieter Thamm,
Arno und Dr. Ramona Vauseweh

Unser Buer!
gegründet 1890
Verein für Orts - und Heimatkunde e. V.

Unser Buer
Beiträge zur Geschichte
Band 31 • 2012/2013

ISBN: 978-3-942395-04-5
1. Auflage, 2013

CR-CONSULT
Marketing • Media • PR • GmbH
Albertstraße 11
45894 Gelsenkirchen-Buer

Herausgeber:
Verein für Orts- und Heimatkunde e.V. Buer

Produktionskoordination:
Charly Rinne

Redaktion:
Redaktionsausschuss Verein für Orts- und Heimatkunde e.V. Buer

Printed in the EU

Inhaltsverzeichnis

Der ursprünglich dynastische Familienverband Bornheim-Werden-Landsberg-Buer

von Dietmar Ahlemann

1. Bisherige Forschungsergebnisse zu den Herren von Buer

1973 veröffentlichte Karl Machtan in den Beiträgen zur Stadtgeschichte einen Artikel mit dem Titel *„Das Geschlecht derer von Buer, eine genealogische Quellenanalyse.“*[1] Darin beschreibt er die Quellenlage zum adeligen Geschlecht derer von Buer, die auf der vor Jahrhunderten untergegangenen Burg Buer saßen und ursprünglich Ministeriale der Abtei Werden waren.

Machtans Artikel war sicher die erste Veröffentlichung, die sich in dieser umfassenden Form mit der frühen Genealogie der Herren von Buer auseinandersetzte.[2] Basierend auf einer Beschreibung der vorhandenen genealogischen Quellen stellte er neben dem Wappen der Herren von Buer, es handelt sich um einen silbern gegitterten roten Querbalken in Gold (siehe Abb. 1), auch die Lage der Burg Buer[3], zwei Stammfolgen der Familie und verschiedene Überlegungen zur Abstammung und Herkunft der Herren von Buer dar. Bei diesen Überlegungen zur Abstammung und Herkunft der Herren von Buer kam Machtan jedoch nicht über allgemeine, zum Teil recht unscharfe Vermutungen hinaus.

So vermutete er aufgrund der Wappenübereinstimmung und der Namensähnlichkeit mit den *„Herren von Baur zu Baur bei Erkrath“*, dass *Buer* und *Baur* Zweige ein und desselben Stammes seien. Auch eine Verwandtschaft mit den Herren von Landsberg nahm er an. Zum Ende seines Artikels stellt er darüber hinaus fest, dass die Herren von Buer wohl Abkömmlinge der *„rheinischen Schilling“* waren und erst nach Niederlassung in der Siedlung Buer im 13. Jahrhundert den Ortsnamen zu ihrem Familiennamen gemacht haben.[4] Machtan gelang es damals noch nicht, die genauen verwandtschaftlichen Beziehungen zwischen den Familien aufzuzeigen. Er musste sich aufgrund fehlender urkundlicher Quellen mit diesen allgemeinen Vermutungen begnügen.

Wie nun, genau 40 Jahre später, neue Forschungsergebnisse belegen, lag er mit den obigen Vermutungen weitgehend richtig. Zwar können auch heute noch nicht alle Filiationen im Einzelnen urkundlich sicher nachgewiesen werden, doch kann man diese mit an Sicherheit grenzender Wahrscheinlichkeit aus vorhandenen Quellen ableiten. Teilweise sind die verwandtschaftlichen Beziehungen sogar direkter als von Machtan vermutet.

In anderen Annahmen jedoch lag Machtan falsch. Neben einigen kleineren Fehlern in den von ihm aufgestellten Stammfolgen, auf die im weiteren Verlauf des Artikels eingegangen wird, ist der zentrale Fehler wohl der, dass Machtan annahm, dass die vestischen Herren von Buer im 15. Jahrhundert ausstar-

1 Machtan (1973).

2 Veröffentlichungen jeweils zu Teilen späterer Generationen finden sich bei Oligschläger (1877), Junkers (1980), Niederau (1983), Osmann (1996), Niederau (1997). Zu erwähnen sind an dieser Stelle auch die relevanten genealogischen Sammlungen: Slg. Redinghoven (BSB, Handschrift Cgm 2213, Bd. 67, S. 59-65), Slg. v. Oidtmann (Schleicher (1992-1999)) sowie Fahne (Fahne (1848), S. 19, Fahne (1853), S. 5). Die erste ganzheitliche Darstellung der Genealogie der Herren von Buer veröffentlichte der Autor in Ahlemann (2012).

3 Die Burg lag ungefähr dort, wo heute die Nienhofstraße die De La Chavallerie-Straße kreuzt.

4 Machtan (1973), S. 29. Man beachte, dass Machtan zwei Seiten zuvor (ebenda S. 27) noch feststellt, dass die Namensübereinstimmung von Ort Buer und Adelsgeschlecht derer von Buer rein zufällig sei.

Abb. 1: Wappen der Herren von Buer

ben.[5] Zwar stellte er fest, dass die von Griese/ Weigel aufgestellte Behauptung, die vestischen Herren von Buer seien mit Peter von Buer bereits 1410 ausgestorben,[6] nicht korrekt sein kann, da derselbe Peter noch 1460 erscheint. Doch lässt er das Aussterben im Laufe des 15. Jahrhunderts im Raum stehen.[7]

Ebenfalls nicht korrekt ist die Aussage, dass die vestischen Herren von Werden nur geringen politischen Einfluss besaßen, „*weil sie als Lehnsleute der Abtei Werden deren Interessen wahrten.*“[8] Ganz im Gegenteil waren die Herren von Buer nicht nur politisch sehr aktiv, sondern vollführten über viele Jahrzehnte zwischen der Abtei Werden, den Erzbischöfen von Köln, dem Grafen/Herzog von Berg und den Grafen von der Mark einen politischen Balance-Akt, in dem eine Familienlinie auf Seiten der Kölner Erzbischöfe, eine andere aber parallel auf Seiten der Grafen/Herzöge von Berg stand.

Die folgenden Kapitel, die in wesentlichen Teilen auf einem Artikel des Autors im 2012er Jahrbuch der Westdeutschen Gesellschaft für Familienkunde (WGfF) basieren,[9] stellen hierzu den aktuellen Forschungsstand dar:

In Abschnitt 2.1 wird der Zusammenhang zwischen den vestischen Herren von Buer und den Herren von Baur zu Baur erläutert. Aus diesen Ausführungen ergibt sich eine sichere Stammfolge für die Herren von Buer von 1340 bis 1813. Gegenstand von Kapitel 2.2 ist der Zusammenhang zwischen den vestischen Herren von Buer und den Herren von Werden-Landsberg und deckt damit den Zeitraum 1223 bis 1340 ab. Abschnitt 2.3 beschreibt die Beziehung zu den Herren von Bornheim vor 1223. Im letzten Kapitel wird ein Fazit gegeben sowie eine Übersicht der noch offenen Punkte.

Wegen des o.g. ausführlichen WGfF-Artikels zum gleichen Thema wird in der vorliegenden Arbeit nur eine Übersicht über die Stammfolgen der Herren von Buer[10] ge-

5 Machtan (1973), S. 20.

6 Griese/Weigel (1965), S. 100.

7 Machtan (1973), S. 19 f.

8 Machtan (1973), S. 25.

9 Ahlemann (2012).

10 Die Stammtafeln enthalten Daten zum Zeitraum des urkundlichen Erscheinens, sowie Geburts- (*), Tauf- (~), Heirats- (∞) und Sterbedaten (†) soweit bekannt. Ein vorgestelltes Kreuz (z. B. †1630) beschreibt das Todesjahr/-datum, ein nachgestelltes Kreuz (z. B. 1630†) ein Jahr/ Datum, zu dem die Person sicher bereits verstorben war. Auch bekannte Begräbnisstätten (□) werden dargestellt. Mehrfache Eheschließungen einer Person sind römisch nummeriert (I, II, ...). Sichere Filiationen sind über durchgezogene Linien/ Klammern, vermutete bzw. wahrscheinliche Filiationen durch gestrichelte Linien/ Klammern oder Fragezeichen (?) gekennzeichnet.

geben und in den Abschnitten 2.1 und 2.2 auf detaillierte Kommentierungen und Quellenangaben verzichtet. Diese findet der interessierte Leser in dem WGfF-Aufsatz. Abschnitt 2.3 zur Abstammung von den Herren von Bornheim jedoch korrigiert bzw. ersetzt die entsprechenden Inhalte des WGfF-Artikels. Aus diesem Grund werden im Kapitel 2.3 Quellen und Literatur im Detail angegeben. Ferner sei auf das Korrekturverzeichnis im Anhang verwiesen. Dieses Verzeichnis listet alle diejenigen Korrekturen und Ergänzungen auf, die sich seit Veröffentlichung des WGfF-Aufsatzes aus neuen Erkenntnissen ergeben haben.

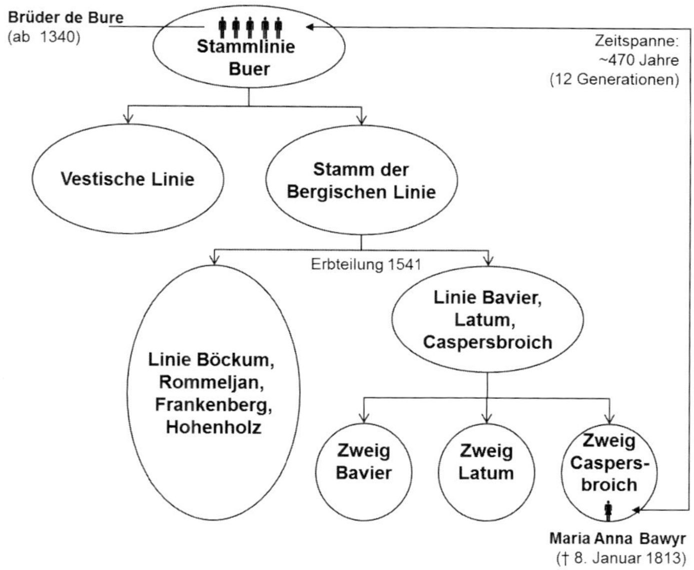

Abb. 2: Übersicht über die sichere Stammfolge

2. Korrigierte und ergänzte Genealogie der Herren von Buer

Wie Machtan beschrieben hat, waren die Herren von Buer ursprünglich Ministeriale der reichsunmittelbaren Abtei Werden und führten einen roten, silbern gegitterten Balken in Gold als Wappen (siehe Abb. 1).[11]

Die frühen Generationen führten darüber hinaus als Beizeichen einen Stern im oberen rechten Eck. Dieser Stern wurde von späteren Generationen jedoch nicht mehr verwendet. Weitere Beizeichen sind nicht bekannt. Das Stammwappen ohne Stern führten die Herren von Buer von ihrem ersten Auftreten an bis zu ihrem Aussterben, das nicht ihm 15., sondern erst im 19. Jahrhundert anzusiedeln ist.

2.1. Sichere Stammfolge der Herren von Buer (1340 – 1813)

Die gesicherte Stammfolge der Herren von Buer beginnt mit den ab 1340 erscheinenden Brüdern *Rotger*, *Friedrich*, *Ludekin*, *Werner* und *Johann de Bure*, die bereits Machtan in einer seiner Stammfolgen aufführt.

Machtan war jedoch nicht bekannt, dass eine Linie der Familie, nämlich die des gleichnamigen Sohns des o.g. Ludekin, bereits im 14. Jahrhundert in das Herzogtum Berg übersiedelte. Dort blühte diese Linie bis in das 18. Jahrhundert. Zunächst unter den Namensvarianten *Bure*, *Buer*, *Bur*, *Buhr*, *Buren*, *Burne*, *Boir*, *Bouir*, *Bour*, *Buire*, *Buiren*, *Buir*, *Buyr*, *Buyre* und *Buyren*, sowie, nach

11 Auch wenn einzelne Autoren die Anzahl der Gitterelemente explizit erwähnen (Spießen (1901), S. 24 (Buer), Machtan (1973), S. 15 und 29), ist an dieser Stelle festzuhalten, dass die Anzahl ohne Bedeutung ist. Es sind Wappen, Siegel und Abbildungen mit viereinhalb, vier, drei oder sogar zwei Andreaskreuzen bekannt. Entscheidend ist das Gitter an sich, nicht jedoch die Anzahl der Gitterelemente.
Zum Wappen vgl. auch Spießen (1901), S. 24, Spießen (1903), T. 59 (Büren V). Das auf T. 59 dargestellte Wappen *Bure* ordnet Spießen fälschlicherweise den *Herren von Bure* aus Melle-Buer bei Osnabrück zu (Spießen (1901), S. 24). In Wahrheit gehört das abgebildete Wappen den hier betrachteten *von Buer*, während die Buer'sche Familie in Melle ein Querbalkenwappen ohne Gitter verwendete (Ledebur (1828), S. 163 f inkl. Abb. in Tab. C, NLA-StAOS, Rep. 20, Nr. 67).

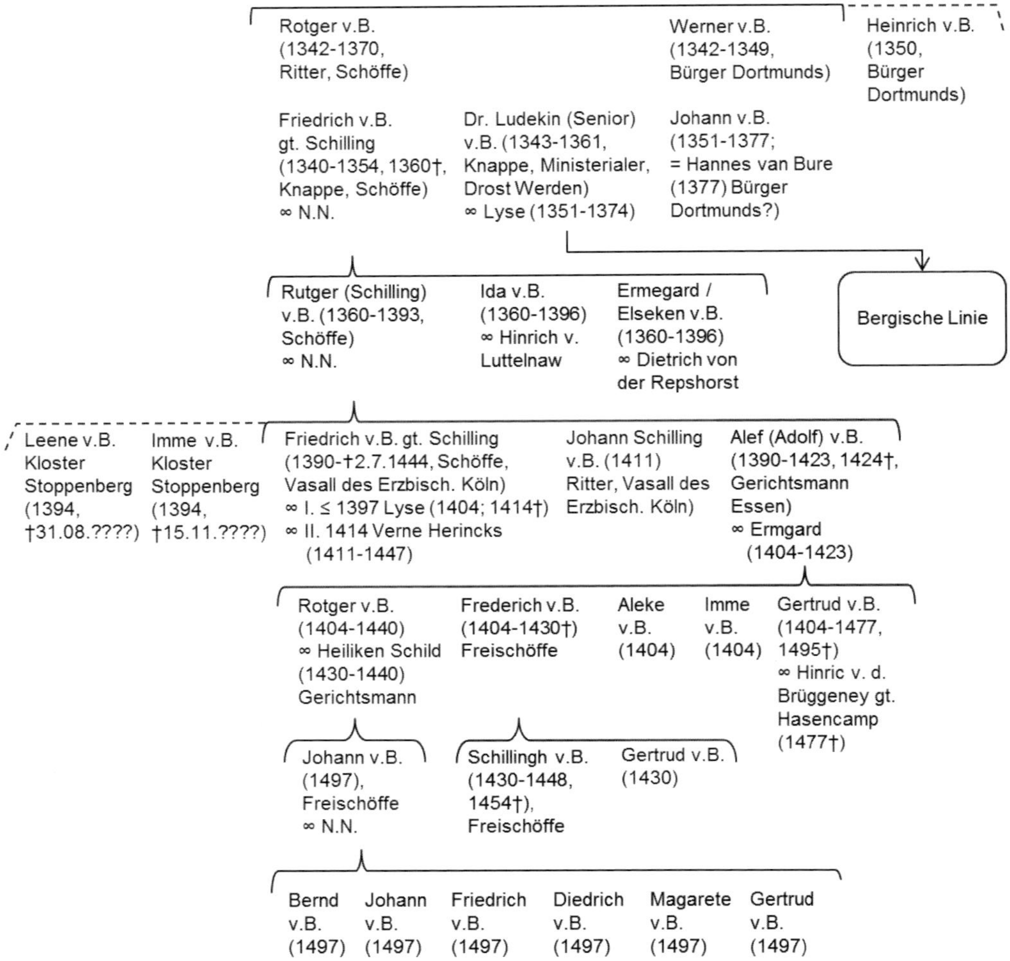

Abb. 3: Stammlinie Buer und Vestische Linie

dem Übergang zum Hochdeutschen im 16. Jahrhundert, mit den Schreibweisen *Bawe*, *Bawer*, *Bawir*, *Bawyr*, *Bawijr*, *Bavyr*, *Bavier*, *Bavir*, *Bauir*, *Bauwir*, *Bauwyr*, *Bauwer*, *Bauyr*, *Baur* und *Bauer*.[12] Ein Zweig dieser Linie wiederum nahm noch den Namen *Frankenberg* an und kombinierte diesen mit dem eigenen Stammnamen zu *Bawyr von Frankenberg*, teilweise wiederum verkürzt zu *von Frankenberg*. Ein anderer Zweig der Linie zog später in die Pfalz. Dort im pfälzischen Deidesheim starb am 8. Januar 1813 das 78-jährige *Fräulein Maria Anna von Bawyr*, die Letzte, die den Familiennamen trug. Knapp 3 ½ Jahre zuvor, am 15. August 1809, war mit ihrem Bruder, dem 63-jährigen, königlich-bayerischen Major *Carl von Bawyr*, auch der Letzte *von Buer* im Mannesstamm verstorben.

Doch von Beginn an: Mindestens drei der fünf Brüder der ersten Generation der sicheren Stammfolge hatten wichtige Ämter inne. Rotger war Essener Gerichtsmann und führte u.a. Verhandlungen mit der Stadt Duisburg.

12 Anzunehmen ist, dass sämtliche hochdeutschen Varianten wie das heutige Wort Bauer ausgesprochen wurden, trotz der heute unüblichen Schreibweise mit v bzw. w.

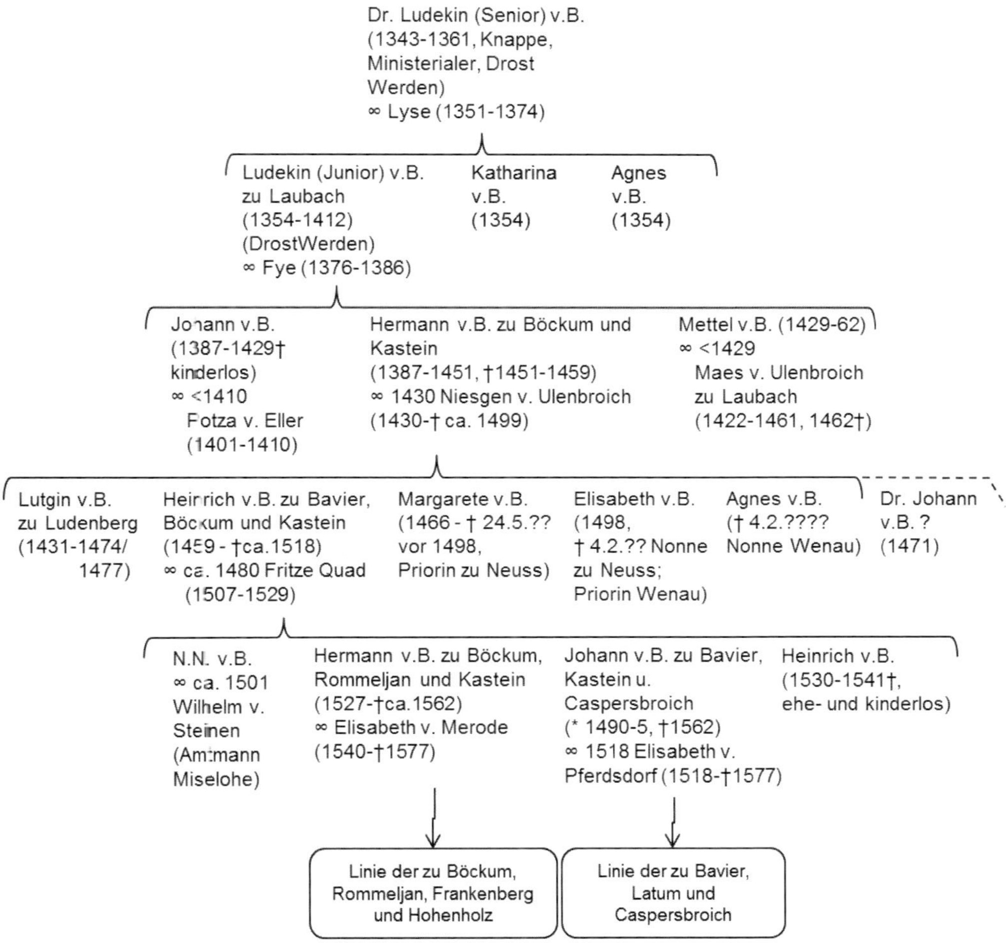

Abb. 4: Stamm der Bergischen Linie

Ludekin (Senior) war Drost (*dapifer* und *officiatus*) der Abtei Werden. Als solcher gehörte ihm u.a. auch der zentrale Werdener Fronhof Barkhoven. Bereits 1354/5 hatte Ludekin aber auch Besitz bei Mettmann in der Grafschaft Berg. Auch erscheint er in verschiedenen bergischen Urkunden jener Zeit, so dass anzunehmen ist, dass bereits Ludekin neben seiner Rolle als Werdener Drost gleichzeitig Vasall der Grafen von Berg war. Friedrich gt. Schilling, der in Buer wohnte, war kurkölnischer Vasall und Knappe (*famulus*) der Abtei Werden, d.h. wohl u.a. für die Landesverteidigung zuständig. Für seine Dienste wurde er mit einer Vielzahl von Lehngütern belohnt. Johann und Werner dagegen erscheinen nur vereinzelt.[13] Die Eltern dieser fünf (mögli-

13 Machtan (1973), S. 33, ordnet diesem Johann Quellen aus den Jahren 1330-1354 zu. Da aber auch frühere Quellen zum gleichen Namen existieren, die bis 1292 zurückreichen (siehe S. 20), muss mindestens ein Johann eine Generation vor den Brüdern gelebt haben. Da der Johann der Brüdergeneration in den urkundlichen Aufzählungen relativ spät erscheint, wird es sich um einen jüngeren Bruder gehandelt haben. Insofern werden vermutlich nur die Quellen der Jahre 1351 und 1354 dem Johann der Brüdergeneration zuzuordnen sein. Alle anderen Quellen (d.h. bis einschließlich 1333) gehören vermutlich einem älteren gleichnamigen Verwandten Johann (Vater oder Onkel).

cherweise auch sechs[14]) Brüder sind entgegen der Darstellung Machtans, dem eine Verwechselung unterlief, namentlich nicht sicher zu ermitteln.[15]

Von Friedrich gt. Schilling stammt eine Linie, deren männliche Nachkommen (teilweise) den Beinamen *Schilling* erbten, oft (Frei-) Schöffen bzw. Gerichtsmänner und ebenso wie Friedrich treue kurkölnische Vasallen waren. Sie besaßen Güter u.a. bei Buer (Beckhausen), Bochum (Stiepel und Rechen), Bottrop (Kirchhellen) sowie insbesondere in und um Hattingen. Hinzu kamen angeheiratete Güter in Bislich am Niederrhein und Essen (Rüttenscheid), die teilweise verkauft wurden, teilweise wieder an die Familien der Ehefrauen zurückfielen.

Von Ludekin (Senior) stammt diejenige oben bereits angesprochene Familienlinie, die in die Grafschaft Berg übersiedelte. Dabei hat wohl eine Rolle gespielt, dass die Abtei Werden zwischen 1330 und 1360 ihren Zugriff auf ihre Dienstmann-Güter wieder verstärkte. Die Abtei kaufte verschiedene Güter zurück, die den Ministerialen zuvor erblich überlassen worden waren, und vergab diese nur noch als Pacht. Davon war nachweislich auch Ludekin betroffen. Mit den Verkaufserlösen scheint Ludekin Besitz bei Mettmann gekauft zu haben. Dies war möglicherweise politisches Kalkül. Ludekin machte sich zum Vasallen der Grafen von Berg und erhoffte sich dadurch Unterstützung gegenüber dem Erzbischof von Köln. Letzterer war Landesherr im Vest und verfolgte seit Anfang des 14. Jahrhunderts eine konsequente Offenhauspolitik, die ihm im Fehde- und Kriegsfalle strategisch wichtige Burgen sichern sollte. Dadurch sollte die kurkölnische Landesherrschaft im Vest gefestigt werden. Ludekin war also vermutlich einem immer größer werdenden Unterwerfungsdruck ausgesetzt, seine Häuser für den Erzbischof zu öffnen und sich zum kurkölnischen Vasallen zu machen.

Ludekins gleichnamiger Sohn jedoch setzte die Anlehnung an Berg fort. Dieser Ludekin (Junior) und seine Frau waren vermutlich die ersten der Familie, die tatsächlich im Herzogtum Berg wohnten. 1382 jedenfalls wohnten sie im Haus Laubach bei Mettmann, welches sie 1376 gekauft hatten. Kurz darauf, spätestens aber um 1400 muss Ludekin (Junior) das Werdener Drostenamt und die gesamten Buer'schen Lehen verloren haben. Etwa zeitgleich muss auch die Burg Buer untergegangen sein, denn 1444 erwarb Bernhard von Westerholt mit dem Kauf des Hauses Ulenbroich auch den Grund des *ehemaligen* Burghauses Buer. Verkäufer war Goswin Sobbe von Ulenbroich, der 1401 mit einer Hälfte von Buer belehnt worden war. Die andere Hälfte der Lehen war zeitgleich an Hugo Budde zu Oberfeldingen gegangen. Damit hatte die Familie ihr Stammland bei Buer verloren.

Was war geschehen? Es ist urkundlich nicht nachzuweisen, doch liegt die Vermutung nahe, dass Ludekin (Junior) 1397 an der Seite des Herzogs Wilhelm von Berg zu den Verlierern der Schlacht von Kleverhamm zählte. Wilhelm war mit einem großen bergischen Heer nach Kleve gezogen, um in einer Schlacht gegen seine Verwandten Graf Adolf

14 1350 findet ein Hinricus de Bure Aufnahme in die Dortmunder Bürgerschaft. Die Zuordnung zu den hier betrachteten Herren von Buer ist jedoch unsicher.

15 Machtan (1973) unterläuft auf S. 33 und 40 insofern ein mehrfacher Fehler, als dass er zum einen die am 22. Juni 1325 erscheinenden Adolf und Bela von Buren (LAV NRW, R, Essen Stift, U 316) mit den später auftretenden Adolf/Alef von Buer und dessen Frau Irmgard/ Ermegart (Lohmann (1930), S. 90) verwechselt. Zum zweiten sind Adolf und Bela den nicht verwandten Herren von Büren, auch Syberting genannt, aus dem Umfeld von Unna zuzurechnen (siehe auch LAV NRW, W, Stadt Unna (Dep.), U 16, 21 und 22 sowie LAV NRW, W, Grafschaft Mark, U 53 a). Dies ergibt sich aus dem Urkundentext, in dem es um eine Erbschaft aus jener Familie geht. Schließlich waren Adolf und Irmgard mit Sicherheit nicht die Eltern der 5 Brüder, obwohl sie 2 Söhne mit Namen Rotger und Friedrich hatten. Diese Feststellung ergibt sich aus der Zeitspanne, in der Adolf und Irmgard urkundlich erscheinen, nämlich nachweislich von 1404 (Burghardt (1968), S. 72 (U 39)) bis 1423 (StdARE, HAA, U III 509).

Abb. 5: Vermehrtes Wappen der Herren Bawyr von Frankenberg und Ölgemälde des Franz Heinrich Degenhard Bawyr von Frankenberg (†1750)

von Kleve und Graf Dietrich von der Mark die Frage nach dem zukünftig dominierenden Haus im niederrheinischen Territorialsystem zu seinen Gunsten zu entscheiden. Vor Kleve jedoch wurde Wilhelm nach anfänglichen Erfolgen überraschend geschlagen. Viele Ritter und auch Wilhelm selbst gerieten in Gefangenschaft und kamen nur gegen hohe Lösegelder frei. Sollte Ludekin tatsächlich unter den Verlierern gewesen sein, wäre es denkbar, dass Graf Dietrich von der Mark, einer der Gewinner der Schlacht und gleichzeitig Edelvogt der Abtei Werden, zur Strafe oder auch als Gegenleistung für eine Freilassung die Rückgabe des Drostenamtes sowie den Rückfall der damit verbundenen Werdener Lehen in Buer erzwang und zusätzlich die Burg Buer schleifen ließ, um einem möglichen Widerstand der Familie die Basis zu entziehen. Die Tatsache, dass Ludekin bergischer Vasall war, die zeitliche Nähe zum Schlachtereignis und die Vollständigkeit des Verlusts der Buer'schen Besitzungen sowie der zeitgleiche Untergang der Burg jedenfalls legen eine solche Interpretation nahe.

Ludekins Familie und seine Nachkommen waren ab diesem Zeitpunkt fast ausschließlich auf ihren Besitz im Bergischen konzentriert.[16] Dies spiegelt sich auch in den Ehen der Familienmitglieder wider. Die Herren von Buer heirateten in die bergischen Familien Eller, Ulenbroich (bergische Linie), Quadt, Steinen und Pferdsdorf ein. Haus Laubach ging durch Erbteilung an die von Ulenbroich. In den Familienbesitz dagegen kamen das Gut Böckum bei Duisburg-Huckingen (vermutlich von den Herren von Ulenbroich durch Heirat), das Haus Kastein südlich von Mettmann (1478 als Lehen) und das Schletzgut

16 Zwar bekamen die Söhne von Ludekin Junior, d.h. Johann und Hermann, noch einige Güter von der Abtei Werden zum Lehen, so etwa 1410 und 1417 das Gut Weldinghausen (*hof to Weldinchusen*) in Essen-Holsterhausen und den Ruhrarm in der Burgwehr, den Kattenturm, bei Essen-Kettwig, doch lag der Großteil des Familienbesitzes inzwischen im bergischen Land.

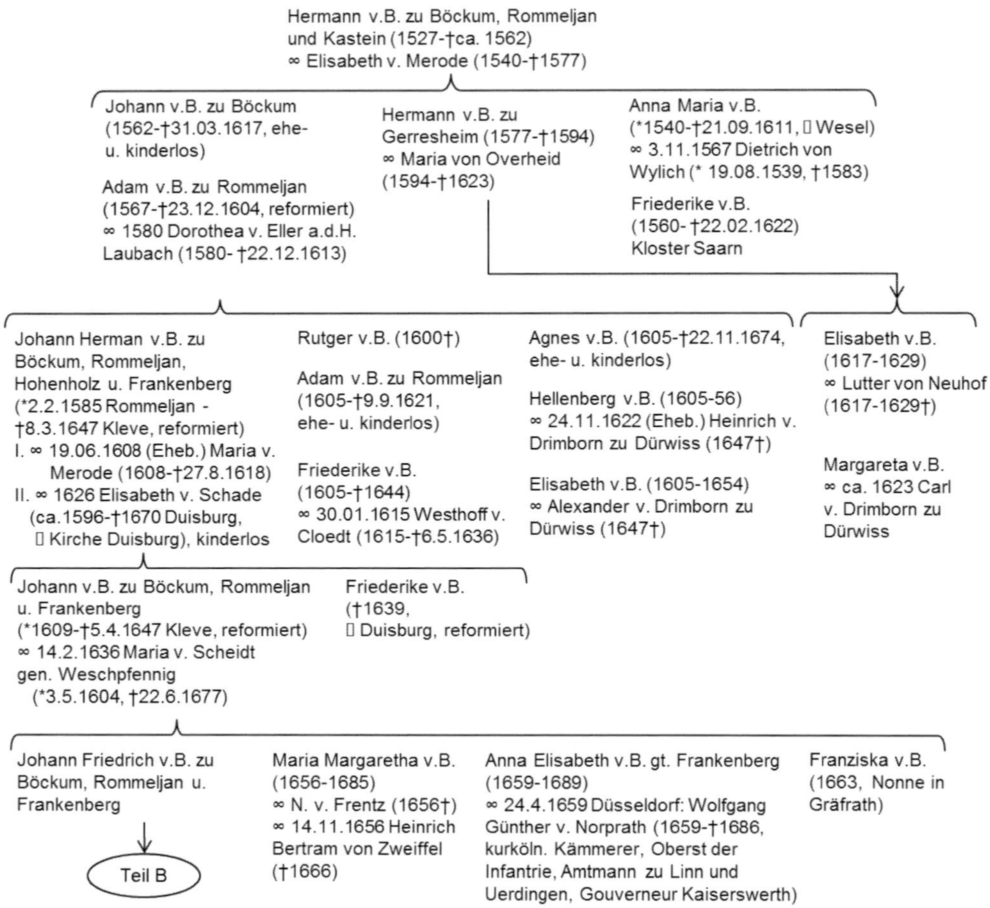

Abb. 6: Linie Böckum-Rommeljan-Frankenberg-Hohenholz – Teil A

in Erkrath, später Haus Buer/ Bavier genannt (1515 von den Herren von dem Bottlenberg gt. Kessel gekauft).

1541 kam es zu einer entscheidenden Erbteilung zwischen den Brüdern Hermann und Johann von Buer. Hermann, der kurz zuvor Elisabeth von Merode aus dem Haus Frankenberg bei Aachen geheiratet hatte, erhielt Böckum und Hohenholz sowie allen dazugehörigen Besitz im Amt Angermund und im Jülich'schen. Johann, der mit der Erbtochter Elisabeth von Pferdsdorf verheiratet war, bekam alle Besitzungen im Amt Mettmann sowie Holzgewalten in der Huckinger und Grinder Mark.

2.1.1. Die Linie Böckum-Rommeljan-Frankenberg-Hohenholz

Einige Jahre nach der Erbteilung (um 1550) kaufte Hermann den Sattelhof Rommeljan bei Ratingen und baute diesen zwischen 1551 und 1555 zu einem Rittersitz aus. Über Hermanns Ehefrau Elisabeth von Merode-Frankenberg leiteten die Nachkommen einen Erbanspruch auf die ertragreiche Vogtei über die Abtei Burtscheid bei Aachen ab. Diesen konnten sie zwar Anfang des 17. Jahrhunderts mit Hilfe der Niederländer, in deren Heer sie dienten, durchsetzen, doch folgten weitere, jahrzehntelange Gerichtsstreitigkeiten. Um diesen umkämpften Erbanspruch

Johann Friedrich v.B. zu Böckum, Rommeljan, Frankenberg und Hohenholz
(* ca.1640, †28.10.1689 Köln, □ St. Cäcilien Köln)
jülich-berg. Hofkammerrat, Oberst der Kavallerie. Amtmann zu Löwenberg/Lülsdorf,
pfalz-neuburgischer Amtmann zu Landsberg
∞ I. 1661 Anna Maria Katharina v. Weichs (1661-1665, †1672)
∞ II. 1672 Margaretha Appollonia v. Nagel a.d.H. Herll
(1672 - †26.12.1719 Düsseldorf, □ Annunziaten-Kloster Düsseldorf)

aus Ehe I.

Friedrich Ferdinand Ignatz Graf B. v. Frankenberg zu Böckum und Rommeljan (*1662 Hohenholz, †März 1726), Amtmann Löwenberg/Lülsdorf, bergischer Pfennigmeister, Generalleutnant der Kavallerie, ehe- u. kinderlos

Wolfgang Joseph Heinrich B. v. Frankenberg zu Herll (1683- †4.12.1699), kurpfälzischer Rittmeister

Maria Sophia Clara Evergisla Gräfin B. v. Frankenberg (*1667, †4.5.1737, □ St. Caecilien Köln), Äbtissin St. Caecilien Köln

Franz Anton Graf von Frankenberg zu Hohenholz (*1668, †25.3.1735), kurpfälzischer Rat, Amtmann Löwenberg/Lülsdorf, Generalfeldmarschall, Generalleutnant, Interimsgouverneur Düsseldorf, Gouverneur Jülich, ehe- und kinderlos

Maria Elisabeth Amalia B. v. Frankenberg (1681- †24.1.1748)
∞ 28.12.1681 St. Lambertus Düsseldorf: Karl Philipp Anton Waldbott von Bassenheim (1681- †11.2.1693)

Franz Heinrich Degenhard B. v. Frankenberg zu Böckum (1695- † um 20.06.1750), kurpfälzischer Oberst, Amtmann zu Kaster

aus Ehe II.

Friedrich Adolf Leopold von Frankenberg zu Rommeljan (~29.10.1677 St. Aposteln Köln - † Sept. 1758, □ Annunziaten-Kloster Düsseldorf), kurpfälzischer Oberst der Kavallerie, ehe- und kinderlos

Maria Antonette v.B. zu Frankenberg (†1745/6)
∞ I. 1700 Johann Winand de Graan, Hauptmann/Oberstleutnant
∞ II. <1722: Jan Filip Desfeigny de la Tournelle († 1746) (habsburgischer Kämmerer, Generalfeldmarschallleutnant, Vizemarschall der Festung Leopoldstadtl; Ehepaar lebte dort)

Maria Anna Theresia Adriana v.B. (*28.1.1679 Berleburg/Westerwald, †25.2.1744)
∞ 13.4.1713 zu Rommeljan: Johann Konrad von Ritz zu Etgendorf und Niederembt (1713-† 24.12.1723, □ Lipp)

Sophia Alexandrina Charlotte Franziska v.B. (†22.3.1748 Düsseldorf, □ Rösrath)
∞ 8.9.1717 Lipp: Andreas Johann Heinrich Wilhelm Stael v. Holstein (*1679, †3.1.1762 Düsseldorf, □ Rösrath), Hofratspräsident

Maria Margareta Theresa v.B. (†23.2.1780, □ Klingenmünster)
∞ Georg Ludwig von Jungkem gen. Müntzer von Mohrenstamm (* 10.10.1676, ~ 15.10.1676 Bretten, †1748, □ Stiftskirche Klingenmünster), Oberamtmann zu Landeck/Pfalz

Abb. 7: Linie Böckum-Rommeljan-Frankenberg-Hohenholz – Teil B

auch nach außen zu verdeutlichen, nannten sich die Nachkommen dieser Linie auch „zu Frankenberg“, obwohl die Herren von Buer nur die Vogtei und nie das Haus Frankenberg besaßen. Außerdem vermehrten sie 1678 mit Erlaubnis von Kaiser Leopold ihr Wappen um das Wappen der Herren von Frankenberg (siehe Abb. 5).

1642 wurde die Linie Böckum-Rommeljan-Hohenholz in den Reichsfreiherrenstand erhoben. Unter den Personen der letzten Generationen dieser Linie waren unter anderem ein Bergischer Marschall, ein Generalleutnant der Kavallerie, der auch Bergischer Pfennigmeister war, sowie ein weiterer Generalleutnant, der Interimsgouverneur von Düsseldorf und Gouverneur der Festung Jülich war. Auch führten einige Personen der letzten Generation den Grafentitel. Urkundlich ist die Erhebung in den Grafenstand jedoch nicht nachgewiesen. Vermutlich 1758 verstarb der letzte männliche Nachkomme dieser Linie kinderlos. Die Herrensitze Böckum und Rommeljan wurden an die weiblichen Familienmitglieder und deren Ehemänner vererbt.

2.1.2. Die Linie Bavier-Latum-Caspersbroich

Johann, Stammvater der Linie Bavier-Latum-Caspersbroich, wohnte zunächst in Ratingen.

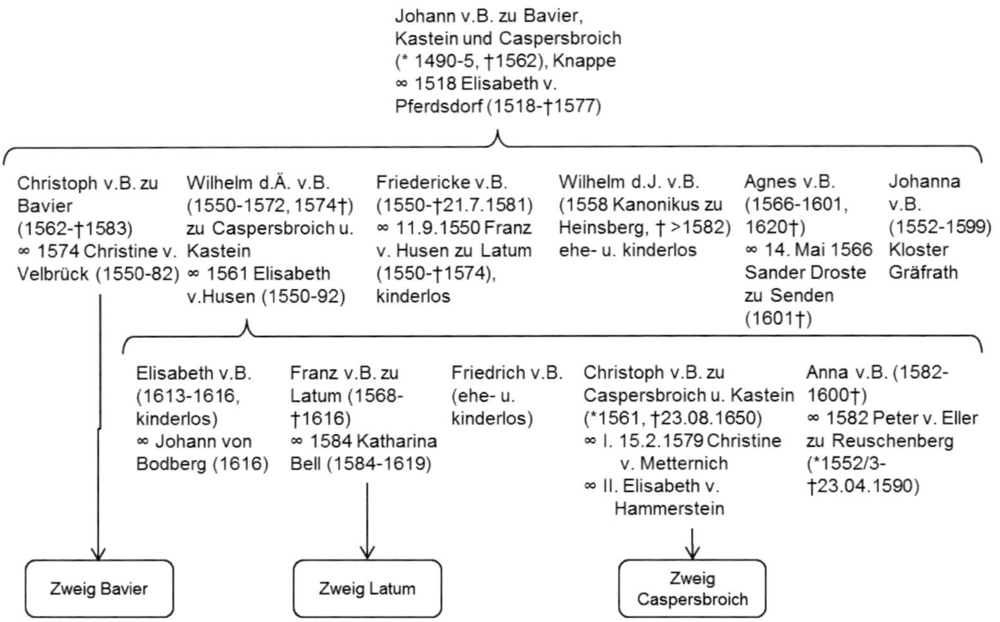

Abb. 8: Linie Bavier-Latum-Caspersbroich

Nach der Heirat mit Erbtochter Elisabeth von Pferdsdorf zog er auf das nur wenige Jahre zuvor gekaufte Schletzgut in Erkrath und nannte dieses fortan *Haus Buer* (später *Haus Bavier*). Um 1539 kam durch Erbschaft Haus Caspersbroich, Stammsitz der Herren von Pferdsdorf in Solingen-Oligs, in die Familie. Später vererbte Johann die Häuser Bavier und Caspersbroich an jeweils einen Sohn, so dass sich die Zweige Bavier und Caspersbroich bildeten. Zusätzlich bildete sich durch die Erbschaft des Hauses Latum beim linksrheinischen Lank-Latum der Familienzweig Latum.

Der Herren von Buer zu Bavier (siehe Abb. 9), die identisch mit den von Machtan erwähnten *Herren von Baur zu Baur* sind, wurden zu Förderern der reformierten Gemeinde in Erkrath. Über viele Jahre erlaubten sie reformierte Gottesdienste auf Haus Bavier. Erst in den 1680er Jahren entfremdeten sich die Herren von Buer und die lokale reformierte Gemeinde soweit, dass Anna Elisabeth von Bodelschwingh, Witwe von Hermann Sigismund von Buer, keine Gottesdienste auf Haus Bavier mehr erlaubte, dafür jedoch der Gemeinde ein Grundstück zum Bau einer Kirche schenkte. Dort im Zentrum Erkraths steht noch heute das evangelische Pfarrzentrum mit Gemeindeamt, Altenheim und Kindergarten. 1735 starb der letzte männliche Nachkomme dieses Zweigs und Haus Bavier fiel an die verschwägerten Herren von Nechtersheim.

Der Zweig Latum (siehe Abb. 10) fand bereits nach wenigen Generationen ein tragisches Ende. Grund für den Niedergang war eine hohe Verschuldung kombiniert mit der vollständigen Zerstörung Latums im Dreißigjährigen Krieg (1642). Von diesem Schicksal erholte sich der Familienzweig nicht mehr und starb 1699 aus.

Am längsten blühte der Caspersbroich-Zweig (siehe Abb. 11, 12 und 13). Die beiden wichtigsten Vertreter dieses Zweigs waren zweifellos zum einen Johann Christoph von

Christoph v.B. zu Bavier
(1562-† ca. 1583)
∞ 12. 03.1574 Christine v. Velbrück
(1550-82)

Gisele v.B. zu Bavier
(1600)
∞ 1600 Gerhard Otto von Weiss zu Vettelhoven (1578-1615), Amtmann zu Schleiden u. Saffenburg, Rat und Hofmeister von Graf Philipp von der Mark

Peter v.B. zu Bavier „und Linn“
(* ca. 1578 - †11.11.1651, □ 20.11.1651 Mettmann), reformiert
∞ I. 17.9.1602 Elisabeth v. Merode (1602- †02.03.1605)
∞ II. 1613/4 Christina v. Wachtendonk, (1613/4- † 1634) kinderlos
∞ III. 31.10.1636 Kornelia Felicitas von Bernsau (1636-† 1641)

Elisabeth v.B.
(1643)
Priorin Kloster Dünnwald

aus Ehe I.

Johann Florenz v.B.
(* 1603-5, †1635)
kaiserl. Rittmeister, kinderlos

aus Ehe III.

Hermann Sigismund v.B. zu Bavier u. Huckarde
(* ca. 1637, †09.1673, □ 25.09.1673 Mettmann)
∞ 30.05.1669 Anna Elisabeth v. Bodelschwingh
(* 1653, †3.4.1698)

Philip v.B.
(starb jung)

Christina Margaretha v. B.
(1683-1694)
∞ Bertram Marsilius v. Nechtersheim gen. Krümmel zu Firmenich
(~ 18.3.1635, †1690/1)

Wilhelm Gisbert Christoph Ludwig Freiherr v.B. zu Bavier und Huckarde
(* ca. 1670-2 - †29.3.1736, □ 02.04.1736 Erkrath)

Wilhelm Wirich v.B.
(*/~14.03.1673 Haus Bavier - † 1727)

Abb. 9: Linie Bavier-Latum-Caspersbroich – Zweig Bavier

Franz v.B. zu Latum
(1568 - †1616)
∞ 1584 kath. Kirche Linn, Katharina Bell (1584-1619), bürgerlich

1. Rutger v.B. (05.1616†)

2. Bertram v.B., zu Latum
(1607-†1638, ehe- u. kinderlos)

3. Wilhelm v.B zu Latum
(1616-61, 1664†), ehelos, vermutlich uneheliches Kind mit Magd

4. Heinrich (“Fendrich”) v.B. zu Latum
(1616-65, † um 1665), 15 Jahre kurköln. Fähnrich Regiment Flans
∞ 1640 Eva Reinertz
(1640-51, † um 1651), bürgerlich

Laurenz Bertram v.B. zu Latum
(1664-† 14.6.1699, □ Kirche Lank)
∞ 16.03.1665 Düsseldorf (Eheberedung)
Anna Isabelle v.Lüninck a.d.H. Niederpreis (1665-†1669), kinderlos

5. Anna („Poti“) v.B.
(1620-55, 1657 †)
∞ I. N.N. (1638†)
∞ II. 1638/9 Laurenz Potty (1639-64), kurköln. Captainleutnant Regiment Flans, kinderlos

6. Gertrud v.B.,
(1616-21, 1639 †), ehe- u. kinderlos

7. Mechtild v.B.,
(1616-38, 1639 †), ehe- u. kinderlos

8. Angela (“Backum”) v.B.,
(1616- † 9.4.1677)
∞ ~1633 Johann Wilhelm v. Backum zu Hamm (1595-†3.2.1661)

9. Elisabeth v.B.,
(1612-40, † April 1652)
Kloster Neuss, Priorin

10. Adelheid v.B.,
(1612-61, 1664 †)
Kloster Neuss, Küchenmeisterin, später Priorin

11. Johanna v.B.
(1620-21)

Abb. 10: Linie Bavier-Latum-Caspersbroich – Zweig Latum

Christoph v.B. zu Caspersbroich u. Kastein
(*1561, †23.8.1650, □ 06.09.1650 Wald), reformiert,
fürstlicher Kammerjunge, herzoglicher Rat, pfalz-neuburgischer Hofmeister für die Herzogin, Amtmann zu Windeck
∞ I. 15.2.1579 Christine v.Metternich (1579, 1598 †), kinderlos
∞ II. <1594 Elisabeth v. Hammerstein (*Hoerop*) (1594-1607)

1. Johann Christoph v.B.
(*1598, †11.01.1676; □ Wald),
reformiert,
pfalz-neuburgischer Hofmeister,
Geheimer Rat und Stallmeister von
Ludwig I. Fürst von Anhalt-Köthen,
kurpfälzischer General-kommisar,
Geheimrat zu Heidelberg
∞ 1630 Maria Elisabeth von Wrede
∞ N.N.

aus Ehe m. Maria
Sophia Elisabeth
v.B.
(† mit 2 Jahren)

2. Wilhelm v.B. (verstarb jung/kinderlos)

3. Friedrich v.B. zu Caspersbroich und Kastein
(* Caspersbroich, 1622-†18.01.1667
Caspersbroich, □ Wald), reformiert, Kapitän d.
Generalstaaten, Kolonel u. Oberst d.
schwedischen Armee (Bawyrsches Regiment),
Generalmajor in dänisch-schleswig-holsteinische-gottorfschen Diensten,
kurfürstlich-brandenburgischer Generalleutnant,
Geheimer und Wirklicher Kriegsrat, Mitglied
des preußischen Generalstabs
∞ I. 1642 Martha Magdalene Weltrowitz von
Cralowitz (*1613, †27.5.1645, □ Hamburg)
∞ II. 1646 Clarella v. Sehestedt

Teil B

4. Agnes v.B. (kinderlos)

5. Catharina Gertrud
v.B. (1639), kinderlos

6. Elisabeth v.B.
(†25.8.1680), kinderlos

7. Margaretha v.B.
(kinderlos)

8. Johanna v.B.
∞ 04.05.1638 Johann v.
Goltstein zu Frenz

9. Odilia Dorothea v.B.
(kinderlos)

Abb. 11: Linie Bavier-Latum-Caspersbroich – Zweig Caspersbroich – Teil A

Buer/Bawyr (* 1598, †1676), der pfalzneuburgischer Hofmeister, Geheimer Rat und Generalkommissar sowie Stallmeister von Fürst Ludwig I. von Anhalt-Köthen war. Zum anderen sein Bruder Friedrich von Buer/Bawyr (†1667), eine schillernde Persönlichkeit, der es nicht nur gelang, bereits in jungen Jahren Kapitän der Generalstaaten zu werden, sondern darüber hinaus später auch Kolonel und Oberst der schwedischen Armee, Generalmajor in dänisch-holsteinisch-gottorfschen Diensten und schließlich kurfürstlich-brandenburgischer Generalmajor. Von ihm liegt eine Vielzahl an Nachrichten vor, die ihn durchweg als einen wenig zimperlichen Offizier beschreiben, der keinem Konflikt aus dem Weg ging. In Dänemark wurde er wegen Verrats zum Tode verurteilt, später aber – nach Verzicht auf einen Anspruch in Höhe von 24.000 Taler – vom dänischen König Christian IV begnadigt. Zu der Zeit als er zum preußischen Generalstab gerechnet wurde, leistete er sich direkt vor dem litauischen Fürsten Radzivil eine Schlägerei mit dem Leutnant von Kalkstein. Und einige Jahre zuvor lag er mit dem Kommandanten der preußischen Festung Pillau (heute: Baltijsk bei Kaliningrad) in heftigem Streit, wohl als Friedrich den Ausbau der Festung überwachte bzw. die Festung musterte.

Die Nachkommen Friedrichs waren weniger bedeutend und mussten wegen einer noch aus dem 16. Jahrhundert stammenden großen Schuldenlast[17] einige Güter, u.a. auch Caspersbroich (um 1676) und Kastein (1700), verkaufen. Der letzte bekannte Zweig zog in die Pfalz, wo verschiedene Personen der Familie Hofkavaliere und Hofdamen am Heidelberger Hof wurden.

17 Die Familie hatte ihre Güter beim Herzog von Berg auslösen müssen, nachdem dieser die Güter wegen Landesverrat des Kanonikers zu Heinsberg Wilhelm d.J. von Buer († nach 1582) beschlagnahmt hatte. Zur Auslösung wurden größere Kredite aufgenommen, die auch noch ca. 100 Jahre später auf den Gütern lasteten.

Friedrich v.B. zu Caspersbroich und Kastein
(* Caspersbroich, 1622-†18.01.1667 Caspersbroich,
□ Wald), Mitglied des preußischen Generalstabs
∞ I. 1642 Martha Magdalene Weltrowitz von
Cralowitz (*1613, †27.5.1645, □ Hamburg)
∞ II. 1646 Clarella v. Sehestedt

ein Kind aus Ehe II wurde 1648 getauft

aus Ehe I.

Christian Friedrich v.B. zu Kastein
(* um 1644, †1674), Amtmann zu Burg Landeck in der Pfalz, Stadtschreiber und Amtmann im Amt Klingenmünster Generaladjudant und Hofkavalier beim Kurfürsten Carl Ludwig
∞ 25.08.1670 Bergzabern: Eleonore Elisabeth Charlotte Pawel (Paul) v. Ramingen (1670-†11.09.1719 an der Roten Ruhr)

Marie-Jeanne v.B. (†1732)
∞ Pierre Lobgeois (†1726)

Marie Catharine Francisca v.B. (1713)
oo Conrad Albert von Zontelande

Ludwig Friedrich Christophel v.B.(~20.7.1671 Bergzabern)

Carl v.B. zu Kastein
(* ca. 1674/5-1746)
∞ Johanna Eleonore Luise v. Drexler (1745†)

Teil C

aus Ehe II.

Christoph v.B.
(starb als Kind)

Friedrich Wolfgang Christoffel Freiherr v.B. zu Caspersbroich
(*1646-54, †1685), ursprünglich reformiert, später katholisch, Hauptmann im Bernau'schen Infantrie-Regiment
∞ 1679 Maria Antonetta v. Kortenbach zu Wissen (1679-1686), trennten sich später von Tisch und Bett

Marie Charlotte F. v.B.
(~1679 Caspersbroich - † 01.10.1757 Stift Zissendorf, *Herzfieber*)

Johann Philipp v.B.
(starb jung)

Charlotta v.B.
(verstarb in Kindheit)

Magdalena (Hellenberg) Elisabeth v.B.
∞ Friedrich Georg von Bönen

Margaretha Clara v.B.
(1675-†15.01.1729 Mummenscheid bei Solingen-Wald)
∞ 17.03.1690 Friedrich Anton v. Mumm v. Schwarzenstein (1690-†4.6.1728), brandenburgischer Fähnrich, Obervogt der geschlossenen Handwerker zu Solingen

Louisa Elisabeth v.B.
∞ 27.01.1690 N. aus dem Erlenkotten, Kötter aus Allenkotten bei Wuppertal

Charlotte Sophia v.B.
(*1658, † 30.04.1740)
∞ 23.02.1686 Johann Adam v. Hücking zu Bechhausen (†1704)

Maria Catharina v.B.
(1687-1693)
∞ Henrich v. Wedeman

Anna Theodora (Dorothea) v.B. (1689-1690)
∞ Wilhelm David v. Düngeln gen. Essen

Abb. 12: Linie Bavier-Latum-Caspersbroich – Zweig Caspersbroich – Teil B

Durch Heirat mit einer Erbtochter aus der Familie Leyser von Lambsheim kamen noch einmal verschiedene Güter in Deidesheim in die Familie. Dort lebte die letzte Generation des Caspersbroich-Zweigs bis zu ihrem Aussterben Anfang des 19. Jahrhunderts.

Offensichtlich war man sich damals der Tatsache bewusst, dass mit dem Tod der Letzten dieses Zweigs das Geschlecht Buer/ Bawyr (und auch das Geschlecht Leyser von Lambsheim) ausgestorben war, denn auf dem Deidesheimer Friedhof wurde ein Grabstein errichtet, der ein gestürztes Doppelwappen der Herren von Buer/ Bawyr und Lambsheim zeigte. Der Grabstein, der heute leider verschollen ist, zeigte folgende Inschrift:[18)]

Hier ruhet die Asche des Freyherrn Carl von Bawyr Weiland Königlich bayrischen Majors gebohren den 22ten May 1746, gestorben den 15ten August 1809. Und dessen hochedler Schwester der Fräulein Maria Anna von Bawyr geboren den 12ten April 1734, gestorben den 8ten Januar 1813. Als die letzten Zweige des Hochedlen Stammes der Leyser von Lambsheim. Beweint von allen Starben Sie, um verdienstvoll gegen die Armen, Ewig zu leben. Requiescant in pace. Amen.

18 Egenberger (1964-66), S. 342. Ebenda findet sich auch ein Foto des Grabsteins.

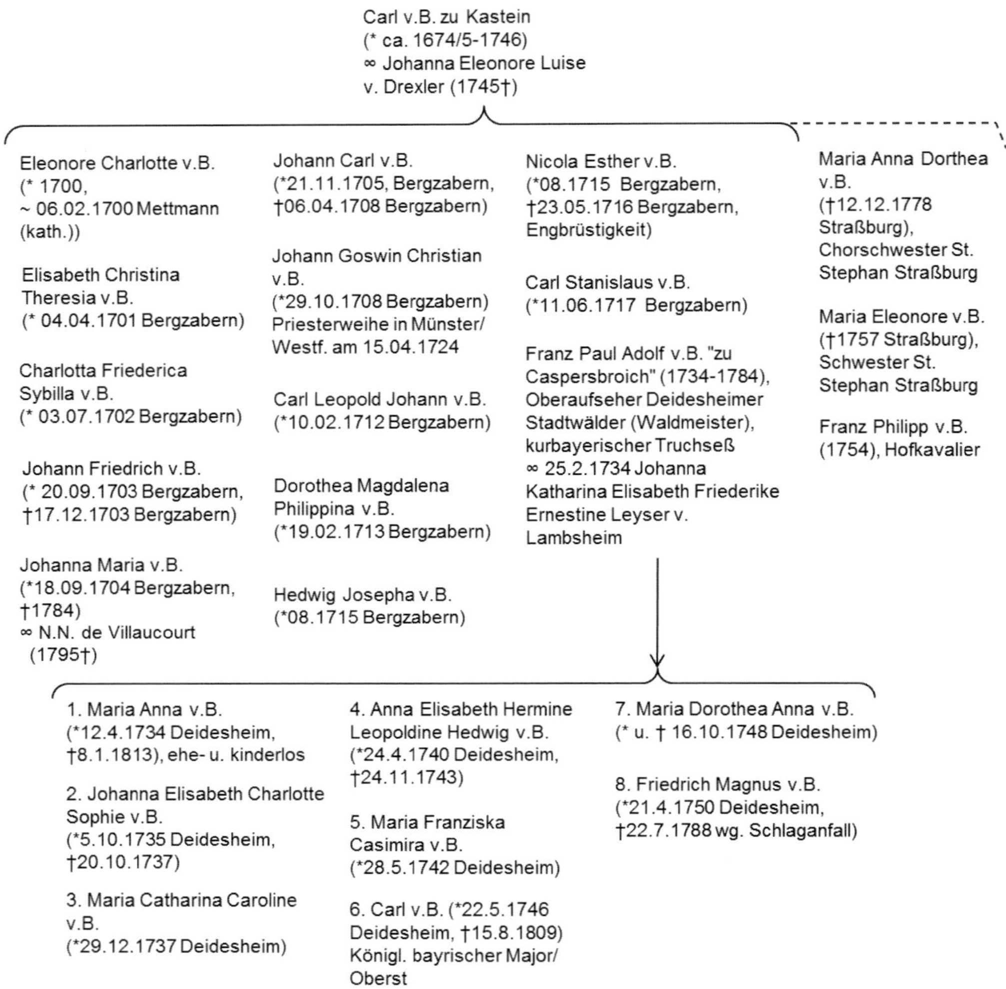

Abb. 13: Linie Bavier-Latum-Caspersbroich – Zweig Caspersbroich – Teil C

2.2. Abstammung von den Herren von Werden (1223 – 1340)

Eine Verwandtschaft zwischen den Geschlechtern Buer und Landsberg wird seit langem als sicher angenommen. Bereits Fahne (1874), zwei frühere Direktoren des Staatsarchivs Münster, Philippi (1929) und Kohl (1973), sowie Machtan (1973) äußersten entsprechende Annahmen.[19] Allerdings konnte die genaue Abstammungslinie bisher nicht identifiziert werden.

Von den Herren von Landsberg wiederum weiß man sicher, dass diese von den Herren von Werden abstammen.[20] Letztere stellten bis ca. 1240 den Werdener Stadtvogt, der im Auftrag des Werdener Abts die Gerichtshoheit in der Stadt ausübte. Die sichere Stammfolge der Herren von Werden-Landsberg beginnt

19 Fahne (1874), S. 124, Philippi (1929), S. 16 und Machtan (1973), S. 29. Kohls Vermutung findet sich bei Machtan (1973), S. 25.

20 Zur frühen Genealogie der Herren von Werden-Landsberg siehe Philippi (1929), Landsberg-Velen (1934) und Stavenhagen (1937).

Abb. 14: Wappen der Herren von (Werden-) Landsberg

mit eben diesem Werdener Stadtvogt Wessel von Werden (urkundl. 1223-1240). Wessel war Vater von Philipp von Werden (urkundl. 1259-†1297), der bergischer Vasall und 1291 erster Burgmann (*Castellanus*) auf der gerade neu errichteten bergischen Landesburg *Landsberg* oberhalb von Kettwig an der Ruhr wurde. Ab 1294 nannte sich Philipp nach der Burg Landsberg und gab diesen Namen an seine Nachkommen weiter.

Als Indizien für die Verwandtschaft zwischen den Geschlechtern Buer und Werden-Landsberg nannte Machtan die offensichtliche Übereinstimmung der Wappen und die Nachricht, dass *Wilhelm von Landsberg* und ein *Johannes de Bure* gemeinsam die Vormundschaft für ihren Blutsverwandten *Wetzel von Landsberg* ausübten. 1333 bestätigten die beiden dem Werdener Abt, dass sie von diesem 160 Mark für ihr Mündel Wetzel erhalten haben. Darüber hinaus existieren weitere Hinweise für die Verwandtschaft:

- Rotger von Buer schwor 1342 in Anwesenheit seiner Brüder Friedrich und Werner von Buer sowie Wilhelm und Rainer von Landsberg der Stadt Dortmund Urfehde.
- 1348 urkundete Friedrich von Buer gt. Schilling zusammen mit Rainer von Landsberg.
- Aus dem Jahr 1360 wird berichtet, dass Rotger von Buer und Rainer von Landsberg, seines Zeichens Ritter, bergischer Rat und Amtmann zu Angermund, gemeinsam durch Ratingen geritten seien.
- Beide Familien brachten eine Vielzahl von Juristen hervor. *Wessel von Werden*, Bruder von *Philipp von Werden-Landsberg*, war Richter (*iudex*) in Recklinghausen. Eine Verbindung zu den 1298-1300 auftretenden *Gerhardus dictus de Bure* und *Thidericus dictus de Bure*, Ratsherren (*consules*) der Stadt Recklinghausen, ist naheliegend, da auch die Ratsherren juristische Funktionen wahrnahmen. Bis 1299 wurden die Ratsherren noch Schöffen (*scabini*) genannt. Und wie bereits oben dargestellt, waren viele Männer der späteren, gesicherten Stammfolge der Familie von Buer Gerichtsmänner und Schöffen.

Und auch die Werdener Ministerialentätigkeit beider Geschlechter liefert ein gewichtiges Indiz: Wie bereits angemerkt stellten die Herren von Werden bis ca. 1240 den Werdener Stadtvogt. Kurz nach 1240 wurde die Stadtvogtei abgeschafft. Daraufhin hatten die Herren von Werden bis nach 1300 die Funktionen des Schultheißen (*scultetus*) und Meier (*villicus*) auf dem zentralen Werdener Oberhof Barkhoven inne, denn der o.g. Richter Wessel war gleichzeitig auch Schultheiß und Meier dieses Hofs, unter dessen Namen er bereits 1264 (*Wiscelus de Barchoven*)[21] und noch einmal 1287 (*Wescelo sculteto dicto de Barghoven*) erscheint. 1301 tritt ein *Philippus villicus zu Barkhoven* auf. Bei ihm handelt es sich vermutlich um einen Sohn von Richter Wessel, der nach seinem Onkel Philipp von Werden-Landsberg benannt wurde. Ein weiterer Sohn war vermutlich der 1292 als Zeuge auftretende Werdener Vasall/ Ministeriale *Adolf von Barkhoven.* Auf der Buer'schen Seite war Ludekin von Buer (Senior) ab spätestens 1343/4 Werdener Drost, so dass Ludekins Vater die Schultheißen- oder Drosten-Funktion um 1310 übernommen haben könnte. Dieser nicht sicher bestimmbare Vater war vermutlich der zwischen 1292 und 1333 erscheinende Werdener Vasall und Ministeriale *Ritter Dominus Johann(es) von Bure*, der 1292 zusammen mit obigem Adolf von Barkhoven erscheint. In einer Quelle aus dem Jahr 1319, in der vor dem Werdener Abt die Hörigen des Hofs Barkhoven ihre Pflichten als Hofesleute beschreiben, steht er an der Spitze der Ministerialenzeugen. Wenn man zusätzlich berücksichtigt, dass Ludekin (Senior) und seine Erben vor 1353 eine Rente aus Hof Barkhoven verkauften, dann spricht all dies für eine direkte Erbbeziehung zwischen den Herren von Werden und den Herren von Buer.

Das nach obigen Ausführungen noch fehlende Bindeglied zur Familie von Werden ist wohl der 1292 erscheinende Ritter ... *dicto Schillinc de Bure*. Er war Ministeriale des Erzbischofs von Köln und wird unter vertrauenswürdigen Männern (*viris discretis*) im Rahmen der Klärung einer Streitsache genannt. Daher ist anzunehmen, dass er 1292 bereits etwas älter war. Diese Vermutung wird dadurch gestützt, dass die in der Urkunde nach ihm genannten *Henrico et Rembodone fratribus de Budberg*, kurkölnische Amtmänner zu Rees und Rheinberg sowie Liedberg, bereits 1274 urkundlich nachzuweisen sind. Die Brüder werden 1292 also ca. 40 Jahre oder älter gewesen sein. Wenn man, wie allgemein üblich, davon ausgeht, dass die Reihenfolge der Zeugennennung Rückschlüsse auf Status und Alter der Zeugen zulässt, dann müsste ... *dicto Schillinc de Bure* spätestens 1240-50 geboren worden sein und somit vglw. sicher derselben Generation wie Wessel von Werden, Richter in Recklinghausen, und Phillip von Werden-Landsberg angehört haben. Diese Einordnung kann tatsächlich auch urkundlich abgesichert werden. Es handelt sich bei diesem *...dicto Schillinc de Bure* nämlich aller Wahrscheinlichkeit nach um den schon 1269 und 1275 erscheinenden *Wilhelm genannt Schilling*, der offensichtlich ein bisher unbekannter Bruder von Philipp von Werden-Landsberg war!

Wilhelm genannt Schilling (von Bure) fügt sich perfekt in die Stammfolge Werden-Landsberg-Buer ein. Philipp von Werden-Landsberg hat seinen Sohn Wilhelm demnach nach seinem Bruder genannt. Außerdem hatten die Brüder Wilhelm und Philipp jeweils eine Tochter namens Mechtild. Diese beiden könnten nach der Mutter oder einer Schwester von Wilhelm und Philipp benannt worden sein. Auch dass Wilhelm kurkölnischer Ministeriale war und dem Namen nach ab spätestens 1292 Lehen der Abtei Werden in Buer besessen haben muss, passt zu den Nachrichten, die von seinem Vater Wessel vorliegen. Jener hatte 1239 sein Haus in Werden zum Offenhaus des Erzbischofs von Köln gemacht. D.h., auch er war gleichzeitig Werdener Ministeriale und Vasall des Kölner Erzbischofs.

Das Geschlecht *Buer* hat seinen Namen demnach um 1292 angenommen, d.h. ungefähr zeitgleich mit der Annahme des Namens *Landsberg* durch Philipp (1294), aber etwas später als die Annahme des Namens *Barkhoven* durch Wessel (1264).

Angesichts dieser langen Indizienkette ist vergleichsweise sicher festzustellen,

21 LAV NRW, R, Herrenstrunden Johanniterkommende, U 18.

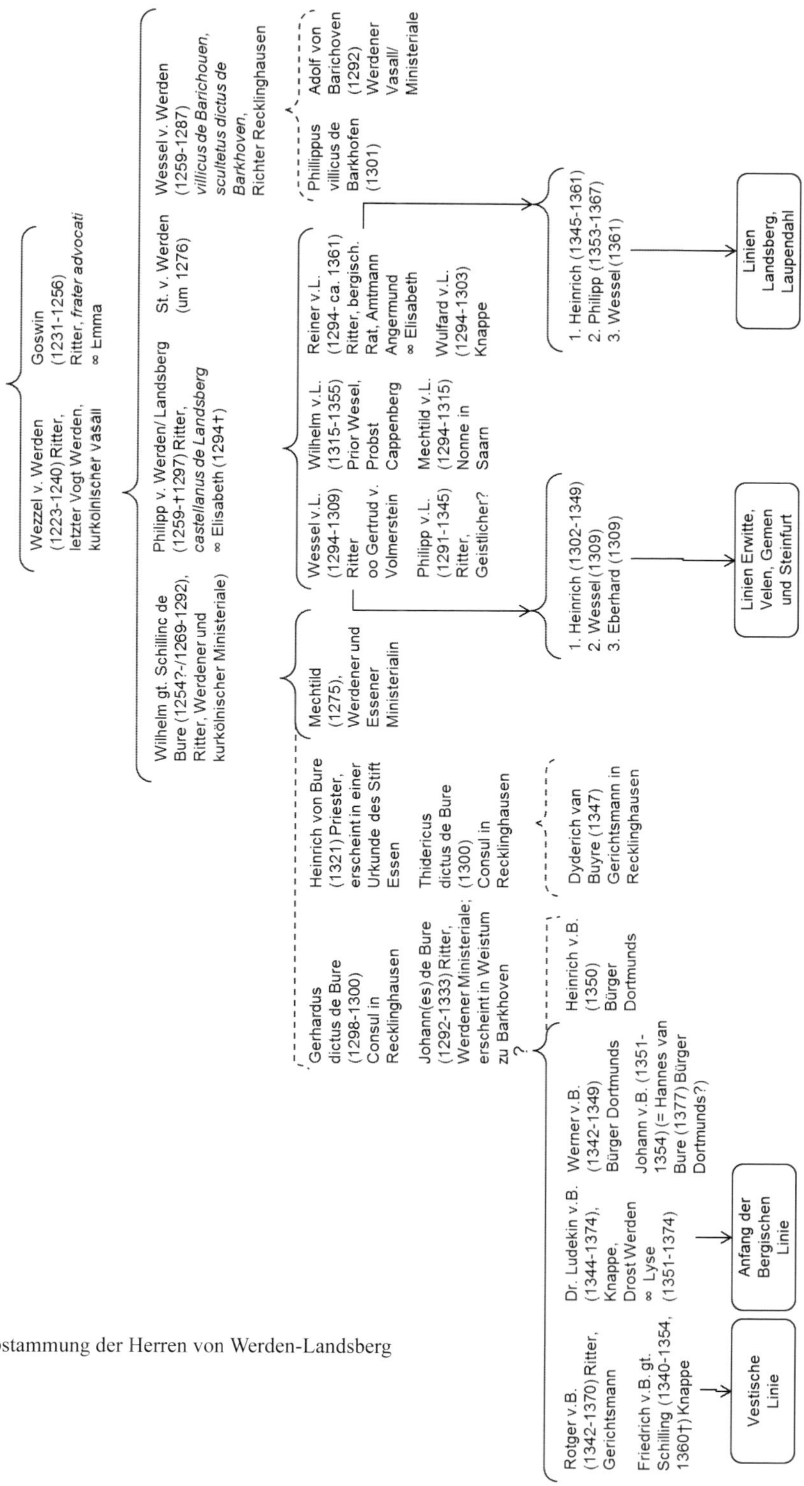

Abb. 15: Abstammung der Herren von Werden-Landsberg

Abb. 16: Wappen der Herren von Bornheim, Buschfeld und Sechtem

dass die Herren von Buer über *Wilhelm genannt Schilling von Buer* in direkter Linie von den Herren *von Werden* abstammen, es sich also insgesamt um einen Familienverband Werden-Landsberg-Buer handelt (siehe Abb. 15).

2.3. Abstammung von den Herren von Bornheim (1173 – 1223)

Der Direktor des Staatsarchivs Münster, Philippi, vermutete 1929, dass die Herren von Werden nicht erst mit Wessel von Werden (urkundl. 1223-1240) den Werdener Stadtvogt stellten. Aus den in früheren Werdener Urkunden immer wieder auftretenden Stadtvogtnamen *Wessel* und *Ludolph/Ludekin* folgerte er, dass diese beiden Vornamen wohl die Leitnamen der Herren von Werden gewesen seien. Basierend auf dieser Annahme leitete er eine lückenhafte Stammfolge ab, die bis zu einem mutmaßlichen Stammvater Ludolph (urkundl. ca. 1040-1080) zurückreicht.[22]

Landsberg-Velen dagegen präsentierte in seiner Veröffentlichung aus dem Jahr 1934 eine andere These. Er führte die Familie Werden-Landsberg auf einen Stammvater *Everhardus, nobilis, advocatus et dapifer*, d.h. einen Dynasten, zurück.[23] In seinem Versuch eines Filiationsbeweises arbeitete Landsberg-Velen jedoch mit unbewiesenen Annahmen. Eine solche unbewiesene und laut Stavenhagen falsche Annahme ist die, dass ein zwischen 1104 und 1140 erscheinender *Everhardus advocatus et dapifer* identisch ist mit einem erst um 1150 erscheinenden *Everhardus homo nobilis*.[24] Insgesamt sind die ersten drei Generationen der Stammtafel von Landsberg-Velen[25] wohl als reine Spekulation anzusehen, da für diese Generationen keinerlei Filiationsnachweise existieren, d.h. die dargestellten Abstammungspfeile unbewiesen bleiben. Landsberg-Velen begründet seine Darstellung allein mit den mehrfach erscheinenden Vornamen Wessel in Kombination mit den Positionen Vogt und Drost sowie mit der Tatsache, dass die Brüder Werenbert und Gerlach zwischen 1203 und 1215 mit dem Beinamen *de Werdena* erscheinen.[26] Aber schon Philippi hatte 1929 festgestellt: *„Damit ist jedoch nicht gesagt, daß alle mit dem Namen von Werden erscheinenden Personen diesem Geschlecht angehören müssen:*

22 Philippi (1929), S. 10. Stavenhagen (1937) schließt sich den Ausführungen an.

23 Landsberg-Velen (1934), S. 9 f und 13.

24 TW 98 (S. 64, Z. 32 f), Stavenhagen (1937), S. 649.

25 Landsberg-Velen (1934), S. 20.

26 Landsberg-Velen (1934), S. 14.

es können ebenso, wie es in Münster der Fall war, zwei oder noch mehr verschiedene Geschlechter nach dieser Stadt benannt worden sein.“[27] Die Beinamen waren nämlich zu jener Zeit noch keine gefestigten Nachnamen, sondern beschrieben die Herkunft (*de Werdena* = aus Werden).

Doch auch Philippi selbst erlag der offenbar einladenden Versuchung, die sich aus der Kombination von Vornamen *Wessel*/*Werenbert* (für Philippi war *Wessel* eine Koseform von *Werenbert*), Vogtposition und Beiname *de Werdena*. Auch er fügte die entsprechenden Personen in seine Stammfolge der Herren von Werden ein, versah die Verbindungen zwischen den verschiedenen Personen/Generationen jedoch zumindest mit einem Fragezeichen.[28]

Sowohl Philippis als auch Landsberg-Velens Thesen zur Abstammung des Werdener Stadtvogts Wessel sind also aufgrund der unbewiesenen, nur schwach gestützten und teilweise wohl falschen Annahmen wenig glaubwürdig.

An dieser Stelle soll eine neue Theorie vorgestellt werden, die sich aus den obigen Erkenntnissen zum Familienverband Werden-Landsberg-Buer ableitet und sowohl mit Machtans These zur Abstammung der Herren von Buer von den „rheinischen Schilling“, als auch mit einer entsprechenden, vagen Vermutung Fahnes[29] übereinstimmt. Die Schilling von Bornheim nannten sich nach dem kurkölnischen Bornheim bei Bonn, wo sie Vögte im Dienst der Erzbischöfe von Köln waren.[30] Bereits auf den ersten Blick lassen sich mehrere Indizien für eine Verwandtschaftsbeziehung zwischen den Herren von Bornheim und dem Familienverband Werden-Landsberg-Buer ausmachen:

- Die Herren von Bornheim sowie die aus ihnen hervorgegangenen Herren von Sechtem und Buschfeld führten wie der Familienverband Werden-Landsberg-Buer den weiß gegitterten roten Querbalken in Gold als Stammwappen.[31]
- Die Herren von Bornheim trugen wie die Herren von Werden-Landsberg-Buer teilweise den Beinamen *Schilling.*
- Beide Familien stellten Vögte und Ministeriale der Erzbischöfe von Köln.
- Beide Familien verwendeten die Vornamen Wilhelm, Everhard, Ludolf und Reiner/Reinhard.

Abb. 17: Heutiges Wappen der Stadt Bornheim (Rheinland)

Der Stammvater der Bornheimer, Wilhelm Schilling I., war Ministeriale des Kölner Erzbischofs und Vogt zu Bornheim. Er erscheint als *Willelmus Sceillinc* erstmalig 1173.[32] Der älteste Sohn war Wilhelm Schilling II. (urkundl. 1197-1227[33]), ebenfalls Vogt zu Bornheim und verheiratet mit einer Mechtild. Eine namentlich nicht bekannte Tochter von Wilhelm Schilling I. heiratete Goswin von Alfter, kurkölnischer Marschall. Ein weiterer Sohn von Wilhelm Schilling I. war Hermann von Bornheim (ur-

27 Philippi (1929), S. 2.

28 Philippi (1929), S. 10.

29 Fahne (1874), S. 124

30 Zu den Herren von Bornheim und ihrer Genealogie siehe Bornheim-Schilling (1940).

31 Bornheim-Schilling (1940), S. 192. Die Stadt Bornheim führt noch heute das Gitterbalken-Wappen, lediglich ergänzt um ein Schöffenschwert (siehe Abb. 17).

32 LAC I 445.

33 Bornheim-Schilling (1940), S. 28 gibt an, dass Wilhelm Schilling II. nach 20 Jahren urkundlicher Pause 1247 noch einmal siegelt und der nächste gleichen Namens 1260 dann sein Sohn Wilhelm III. sei. Wahrscheinlicher erscheint es, dass der 1247er Wilhelm ein Sohn von Wilhelm Schilling II. ist. Dies könnte dann auch das Problem der beiden Wilhelme (Wilhelm III. und Wilhelm I. Schilling von Rile) lösen, die Bornheim-Schilling in dieselbe Generation einordnet. Vermutlich waren sie Cousins.

kundl. 1229-1248), kurkölnischer Kämmerer. Wilhelm Schilling II. wiederum hatte u.a. die Söhne Wilhelm Schilling III. und Reiner (*Rener*). Offenbar gehörten die Herren von Bornheim zum allerengsten Machtzirkel um den Kölner Erzbischof.

Damit lässt sich nun eine konkrete These formulieren: **Wessel von Werden, Stadtvogt zu Werden, und sein urkundlich nachgewiesener Bruder Goswin waren Söhne von Wilhelm Schilling II. von Bornheim.**
Die These wird durch eine Reihe von Namenszusammenhängen gestützt:

- Wilhelm Schilling II. von Bornheim hat demnach seinen mutmaßlichen Sohn Goswin, Wessels Bruder, nach seinem Schwager Goswin von Alfter, Marschall des Kölner Erzbischofs, benannt.
- Wessels Sohn Wilhelm wurde entweder nach Wessels Vater Wilhelm Schilling II. oder Wessels Bruder Wilhelm Schilling III. benannt. Wessels Sohn Wilhelm erhielt aber offenbar nicht nur den Vornamen, sondern gleichzeitig auch den *Schilling*-Beinamen des Großvaters bzw. Onkels. Um Wessels Sohn Wilhelm in Urkunden von seinen Bornheimer Verwandten unterscheiden zu können, erhielt er später dann zusätzlich den Beinamen *de Bure*.
- Die beiden Enkelinnen von Wessel mit Namen *Mechtild* haben ihren Namen entweder von Wessels Mutter oder, falls auch Wessel selbst eine Tochter nach seiner Mutter nannte, von eben dieser (bisher nicht nachgewiesenen) Tochter Wessels (= Tante der beiden Enkelinnen Wessels).
- Philipp von Werden-Landsbergs Sohn Reiner/Reinhard, späterer Amtmann zu Angermund, wurde nach seinem Onkel Reiner benannt.

Die genannten Indizien (identisches Wappen, beide Familien waren Vasallen des Kölner Erzbischofs und stellten Ministeriale/Vögte, identischer Beiname *Schilling*, Verwendung gleicher Vornamen, mehrere direkte Zusammenhänge bei den Vornamen) sind in dieser Kombination wohl kaum zufällig. Sie sprechen deutlich für obige These und damit auch dafür, dass es sich bei der hier betrachteten Familie mit an Sicherheit grenzender Wahrscheinlichkeit um einen Familiengesamtverband Bornheim-Werden-Landsberg-Buer handelt.

Stadtvogt Wessel wird sein Werdener Amt also vermutlich dem Erzbischof von Köln zu verdanken haben. Dieser wird dafür gesorgt haben, dass die regional wichtige und auch sicher einträgliche Position des Stadtvogts des zur Kölner Diözese gehörenden Orts Werden mit dem Sohn eines ihm eng vertrauten kurkölnischen Ministerialen besetzt wurde. Dass Wessel 1239 sein Haus in Werden dem Kölner Erzbischof zum Offenhaus machte, muss man wohl als Gegenleistung interpretieren.

An dieser Stelle sei auch noch einmal auf die ursprünglich dynastische Herkunft der Herren Schilling von Bornheim hingewiesen. Wilhelm Schilling II. siegelte 1247 mit einem Reitersiegel, welches das Stammwappen der Familie zeigt.[34] Da solche Reitersiegel hohen Herren vorbehalten waren, sind eine ursprüngliche Unfreiheit und ein späterer Aufstieg in den Niederadel für die Familie mit Sicherheit auszuschließen. Die Herren von Bornheim werden vielmehr Edelfreie/Dynasten gewesen sein. Die Gründung des Klosters *Schillingscapellen* im Jahr 1197 durch den Bornheimer Stammvater Wilhelm Schilling I. spricht sehr deutlich für diese Vermutung.[35] Denn eine Klostergründung, inklusive der Beschaffung der erforderlichen Reliquien, war nur einer sehr angesehenen und gleichzeitig sehr vermögenden, d.h. einer hochadeligen Familie möglich. Auch ist die sehr frühe Wappenführung (nachweisbar ab spätestens 1247) ein Indiz für einen dynastischen Hintergrund des Familienverbands. Das Fehlen des Namenszusatzes *nobiles* ist

34 Bornheim-Schilling (1940), S. 28 und 189.

35 LAC I 558.

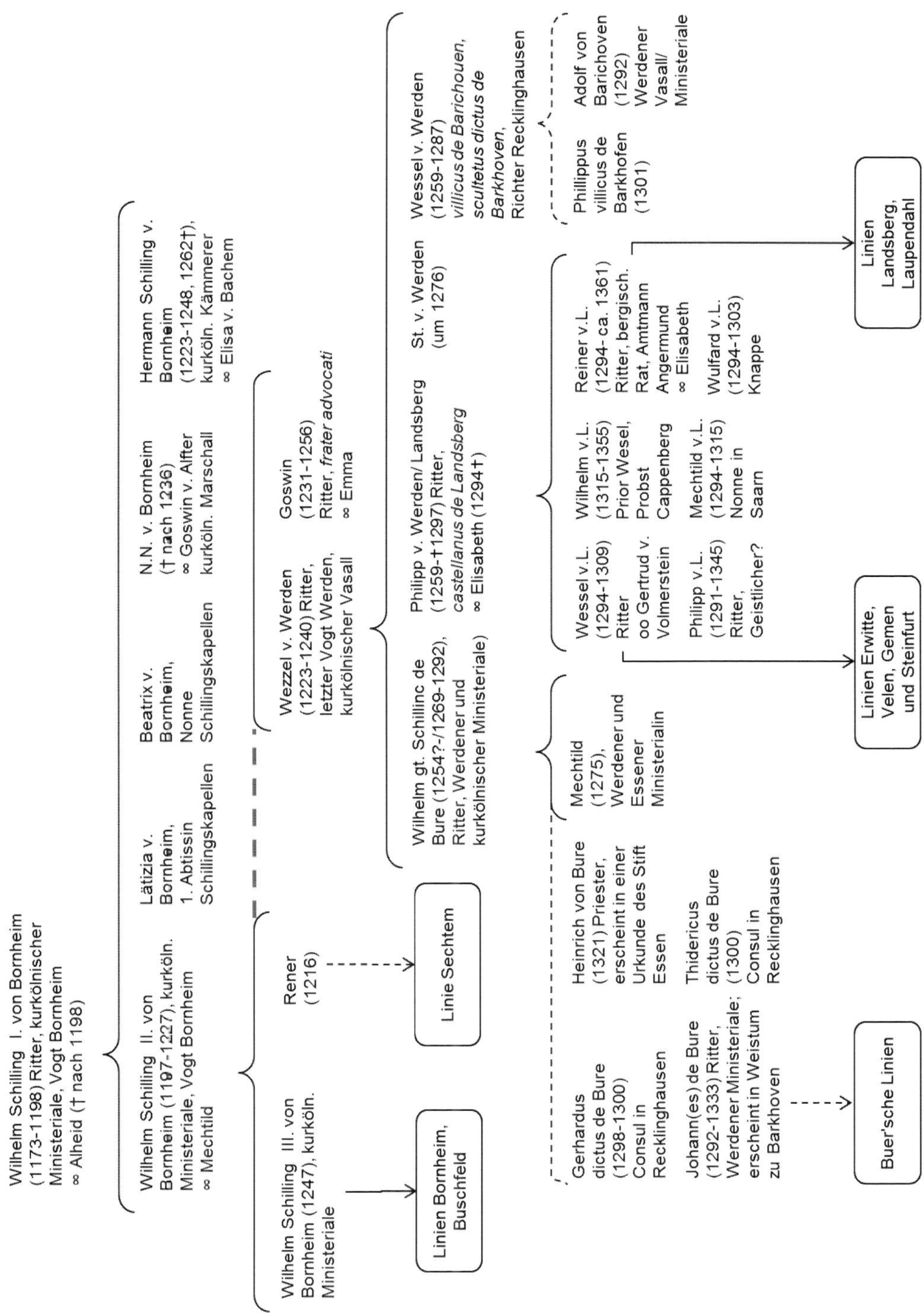

Abb. 18: Abstammung der Herren von Bornheim

als Gegenargument übrigens unbrauchbar, da Ministeriale den Zusatz nicht führten, auch bei ursprünglicher Edelfreiheit nicht.[36)]

Damit kann sich die noch blühende Linie der Grafen von Landsberg-Velen zwar nicht mehr auf den ab 1115 erscheinenden Everhard zurückführen. Doch ist der ab 1173 erscheinende kurkölnische Ministeriale dynastischen Ursprungs Wilhelm Schilling I., Vogt von Bornheim und Gründer des berühmten Klosters Schillingskapellen, sicherlich ein mehr als gleichwertiger „Ersatz".

3. Fazit

Die vorliegende Arbeit zeigt anschaulich, dass viele der frühen Stammfolgen bis heute nur unzureichend analysiert sind und unser genealogisches „Wissen" zumindest zum Teil auf kaum belegten Vermutungen basiert. Die fortschreitende Digitalisierung aber wird eine deutlich höhere Vernetzung der Urkundenbestände ermöglichen, so dass auch in Zukunft eine Vielzahl von überraschenden Erkenntnissen zu erwarten ist.

Hinsichtlich des Familienverbands Bornheim-Werden-Landsberg-Buer stellt sich noch immer die Frage nach der Herkunft des Wappens. Die auffallende Ähnlichkeit mit einer Vielzahl westfälischer und rheinischer Wappen (Grundmuster: Roter Querbalken in Gold) wurde schon im WGfF-Artikel thematisiert. Die dort im Ausblick genannten Anregungen für weitere Forschungen gelten noch immer.

Ergänzend wäre auch eine neuerliche Aufarbeitung des Familienverbands Bornheim-Sechtem-Buschfeld wünschenswert. Die Arbeit von Schilling-Bornheim (1940) enthält neben vielen äußerst interessanten Nachrichten bei genauem Studium der frühen Generationen auch einige zweifelhafte Aussagen. So etwa die Ausführungen zu Wilhelm Schilling II., Wilhelm Schilling III. und Wilhelm Schilling I. von Rile. Möglicherweise ist an dieser Stelle in die Stammfolge eine weitere Generation (d.h. Wilhelm Schilling IIa. und IIb.) einzufügen. Doch konnte dies im Rahmen der vorliegenden Arbeit nicht abschließend geklärt werden. Es bleibt daher noch einige Arbeit zu tun.

36 Stavenhagen (1937), S. 652.

4. Verzeichnisse

4.1. Korrekturen & Ergänzungen des WGfF-Artikels

WGfF-Artikel	Beschreibung	Quelle
S. 225	**Ergänzung:** Für die geäußerte Vermutung, dass Friedrich Schillings Frau Lyse eine Schwester von Ludeke Unverzagt war, spricht auch, dass Ludeke eine gleichnamige Tante hatte. Diese hatte um 1330 Borchard von Westerholt geheiratet.	Frin (1985/86), S. 171 und 184 (19d)[37]
S. 235/ F. 142	**Korrektur:** Gemäß neuer Urkundennummerierung lautet die Signatur LAV NRW, R, Stift Gerresheim, U 216.	-
S. 235/ F. 143	**Ergänzung:** Siehe auch Hermann als Siegelnder am 28. Juni 1436 in LAV NRW, R, Stift Gerresheim, U 221.	-
S. 237	**Ergänzung:** Zwischen 1480 und 1490 siegelte Heinrich von Buer zusammen mit Aelff von Ulenbroich, Schultheiß zu Gerresheim, eine Reihe von Gerresheimer Urkunden. Danach war er zu jener Zeit Ministeriale des Stifts Gerresheim. 1474 verkaufte Heinrich zudem eine Rente.	LAV NRW, R, Stift Gerresheim, U 299, 329, 331, 344, 350
S. 238/ F. 182	**Korrektur**: Hermann wurde nicht in den Altar St. Nicolai in Erkrath investiert.	-

37 Frin, Herjo: Das Adelsgeschlecht von Wittringen und Unverzagt aus dem Stamme von der Horst angesessen zu Wittringen in Gladbeck im Vest Recklinghausen. In: Vestische Zeitschrift, Bd. 84/85, 1985/86, S. 97-186.

S. 239/ F. 190	**Korrektur**: Die korrekten Geokoordinaten lauten 51.246958, 6.954978.	-
S. 240/ Abb. 5 u. S. 244/ F. 225 u. 226	**Korrektur**: Hellenberg von Buer war mit Heinrich und Elisabeth von Buer mit Alexander v. Drimborn verheiratet.	-
S. 245, F. 232	**Korrektur**: Die Mutter von Maria Freiin von Merode war Maria von Seevenberghe, nicht Maria von Liderberg. Peter von Buer war mit Maria von Merodes Schwester Elisabeth von Merode verheiratet.	Siehe F. 232
S. 246	**Ergänzung**: 1612 erscheint Johann Hermann unter der bergischen Ritterschaft zu Opladen (*Hans Hermann von Bauir zu Boecken*).	Fahne (1853), S. XV.
S. 248	**Ergänzung**: Im April 1637 bekam Johann verschiedene Güter von seiner Stiefmutter Elisabeth von Nagel geschenkt, allerdings nur unter der Bedingung, dass er die Stifterin in Ehren hält „*gleich seiner Gattin Maria von Byuwyr zu Romelian, Frau zu Franckenberg, gebor. Weschpfennig*" und dass die Stifterin nicht selbst noch Kinder bekommt (sie war zu diesem Zeitpunkt ca. 40 Jahre alt).	LAV NRW, W, A 462 I Gesamtarchiv von Romberg, U 2652.
S. 248, F. 258	**Ergänzung:** Der Ehevertrag befindet sich im Spee'schen Archiv.	Spee'sches Archiv, J 5,2.
S. 251	**Ergänzung**: 1652 wurde Johann Friedrich „*durch einen Edelmann mit einem Officier und 50 Soldaten*" im Auftrag des Kurfürsten von Brandenburg aus Haus Rommeljan entführt. Angeblich im Auftrag des verstorbenen Vaters, um eine adelige Erziehung und die Vermittlung der reformierten Religion sicherzustellen. Der Großvater mütterlicherseits, Johann Bertram von Scheidt gen. Weschpfennig, schickte wegen des Vorfalls am 13. Mai 1652 eine Petition an seine Kaiserliche Majestät mit der Bitte, den Kurfürsten dazu zu bewegen, Johann Friedrich wieder in die Obhut seiner Mutter zu geben.	Moser (1774), S. 67 f.[38]
S. 252/ Abb. 6, S. 253	**Korrektur**: Maria Anna Adriana von Buer/Bawyr und Maria Johanna Theresia von Buer/Bawyr sind ein und dieselbe Person: Maria Theresia Anna Adriana von Buer (1707-†2.1744) ∞ 13.4.1713 Johann Konrad von Ritz zu Etgendorf und Niederembt (1713-†24.12.1723, □ Lipp) Außerdem sind Maria Antonette von Buer und Sophia Dorothea von Buer ein und dieselbe Person: Maria Antonette v.B. zu Frankenberg (†1745/6) I. oo 1700 Johann Winand de Graan, Hauptmann/ Oberstleutnant II. oo <1722: Jan Filip Desfeigny de la Tournelle († 1746) (habsburgischer Kämmerer, Generalfeldmarschallleutnant, Vizemarschall der Festung Leopoldstadtl; Ehepaar lebte dort) Johann Friedrich hatte somit 11, nicht 13 Kinder.	Richter (2012)[39] und Kneschke (1859), S. 606.[40]
S. 255 (Ende)	**Ergänzung:** Zwischenzeitlich trat 1751/2 ein Herr Waldbott von Bassenheim als Besitzer von Haus Böckum auf. Vermutlich aufgrund der Ehe der Maria Elisabeth Amalia Bawyr von Frankenberg mit einem Waldbott von Bassenheim.	LAV NRW, R, Jülich-Berg, Hofrat, Nr. B I 75
S. 256, Abb. 9	**Ergänzung:** Sander Droste zu Senden erscheint in einem Reichkammergerichtsverfahren. Ab 1601 seine Witwe Agnes, ab 1620 ihre Tochter.	LAV NRW, W, A 030 RKG, W 1673
S. 257	**Ergänzung:** 1519 siegelte Johann eine Gerresheimer Urkunde.	LAV NRW, R, Stift Gerresheim, U 390
S. 259, Abb. 10 u. S. 260	**Korrektur**: Peter von Buer/Bawyr war in erster Ehe mit Elisabeth v. Merode, nicht mit deren Schwester Maria v. Merode verheiratet.	LAV NRW, R, RKG, Teil IV M-O 3737.

38 Moser, Johann Jacob: Von der Teutschen Religions-Verfassung. Frankfurt und Leipzig 1774.

39 Richter, Olaf: Der melancholische Spiegel – Erinnerungen an Maria Anna Maria Theresia Adriana von Ritz (1679-1744). In: Die Heimat (2012) 83, S. 90-96.

40 Kneschke, Ernst Heinrich (Hrsg.): Neues allgemeines Deutsches Adels-Lexicon., Band 1 (Aa-Boyve), Leipzig 1859.

S. 273	**Ergänzung**: Im Juli 1657 muss Friedrich seine Truppen unberechtigterweise in der Grafschaft Limburg geführt haben, denn Graf Mauritz zu Bentheim Tecklenburg protestierte schriftlich.	DUWD (Digitale Westfälische Urkunden-Datei), a1062770[41]
S. 276	**Ergänzung**: 1703 wohnten die Margaretha Clara und ihr Mann in Düsseldorf.	Fahne (1880), S. 381.[42]
S. 278, Abb. 14	**Ergänzung:** Johann Goswin von Buer/Bawyr wurde am 15. April 1724 in Münster/Westf. zum Priester geweiht.	Kohl (1999) , S. 19[43]
S. 279	**Ergänzung**: 1753 verkaufte Johann Katharina „v. Bawyr geb. v. Leyser" ein Sechstel am Mückenhäuserhof an Claudius Moritz von Gagern. 1775 wurden die Lehen der Frau von Bawyr geb. Leyser von Lambsheim in Deidesheim, Ruppersberg, Ebertsheim, Alsheim-Gronau und Lambsheim erneuert. 1788 verkaufte die Familie von Bawyr dem Regierungsrat Christian von Oberndorf ein Gut zu Alsheim-Gronau.	Clemm (1973/4), S. 36, 119, 310.[44]
S. 279	**Ergänzung:** Nachdem Franz den Pirschknecht Spindler erschlagen hatte, verklagte ihn der Mainzer Bischof. Es folgte ein jahrelanger Rechtsstreit. Franz stand jedoch offensichtlich unter dem Schutz des Pfalzgrafen.	Maders (1788), S. 279-291. [45]
S. 284	**Ergänzung**: Wessels Bruder Goswin erscheint mit Frau Emma als "Bruder des Werdener Vogts" noch im August 1246. D.h. Wessel wird zu diesem Zeitpunkt vermutlich noch gelebt haben.	LAV NRW, R, Herrenstrunden, Johanniter-kommende, U 12

41 Fürstliches Archiv Rheda, Urkunden Limburg, Nr. 714.

42 Fahne, Anton: Das Geschlecht Mumm oder Momm – Ein Beitrag zur Landes-Cultur- und Sitten-Geschichte. In: Chroniken und Urkundenbücher hervorragender Geschlechter, Stifter und Klöster, Bd. 3, Düsseldorf 1880.

43 Kohl, Wilhelm: Die Weiheregister des Bistums Münster 1699-1731, Bd. 2. In: Veröffentlichungen der Historischen Kommission für Westfalen: Geschichtsquellen des Bistums Münster, Bd. 10, Münster 1999.

44 Clemm, Ludwig (Bearb.): Oberrheinische Reichsritterschaft. Bestand F2. In: Repertorien des Hessischen Staatsarchivs Darmstadt. Darmstadt 1973/74 (Stand: August 2006).

45 Maders, Johann: Sammlung Reichsgeschichtlicher Erkenntnisse in Reichsritterschaftlichen Angelegenheiten. 21. Bd., Frankfurt und Leipzig 1788.

4.2. Abkürzungsverzeichnis

Abb.	Abbildung(en)
Bd.	Band/ Bände
BSB	Bayerische Staatsbibliothek
ca.	circa
bzw.	beziehungsweise
d.h.	das heißt
d.Ä.	der Ältere
d.J.	der Jüngere
f / ff	und die folgende(n) Seiten
F.	Fußnote(n)
gt.	genannt
HAA	Herzoglich Arenbergisches Archiv
Hrsg.	Herausgeber
LAC [Bd.] [U]	Lacomblet, Theodor Joseph: Urkundenbuch für die Geschichte des Nieder-rheins, Bd. I – IV, Düsseldorf u.a. 1840-1858.
LAV NRW, R	Landesarchiv NRW, Abteilung Rheinland
LAV NRW, W	Landesarchiv NRW, Abteilung Westfalen
NLA-StAOS	Niedersächsisches Landesarchiv – Staatsarchiv Osnabrück
o.g.	oben genannte

S.	Seite(n)
Slg.	Sammlung
StdA	Stadtarchiv
StdARE	Stadtarchiv Recklinghausen
T.	Tafel(n)
TW	Crecelius, Wilhelm: Traditiones Werdinenses. In: ZBGV Bd. 6, Bonn 1869, S. 1-68 und ZBGV Bd. 7, Bonn 1871, S. 1-60.
U	Urkunde(n)
u.a.	und anderem
urkundl.	urkundlich
WGfF	Westdeutsche Gesellschaft für Familienkunde
Z.	Zeile(n)
ZBGV	Zeitschrift des Bergischen Geschichtsvereins

4.3. Bildnachweis

Abb. 1: Siebmacher (1605), T. 113, Fahne (1848), S. 19, Spießen (1903), T. 54 (Buer).
Abb. 2: Dietmar Ahlemann
Abb. 3: Dietmar Ahlemann
Abb. 4: Dietmar Ahlemann
Abb. 5: StdA Meerbusch, © Dietmar Ahlemann
Abb. 6: Dietmar Ahlemann
Abb. 7: Dietmar Ahlemann
Abb. 8: Dietmar Ahlemann
Abb. 9: Dietmar Ahlemann
Abb. 10: Dietmar Ahlemann
Abb. 11: Dietmar Ahlemann
Abb. 12: Dietmar Ahlemann
Abb. 13: Dietmar Ahlemann
Abb. 14: Brechtel (1554-68), Spießen (1901/03), T. 190.
Abb. 15: Dietmar Ahlemann
Abb. 16: Fahne (1848), S. 45 (nachkoloriert: Dietmar Ahlemann), Siebmacher (1605), T. 119, Redinghoven (Ende 17. Jahrhundert), S. 80.
Abb. 17: Wikipedia „Bornheim (Rheinland)“, besucht am 25. Juli 2012.
Abb. 18: Dietmar Ahlemann

4.4. Literaturverzeichnis

Ahlemann, Dietmar: Die Herren von Buer – Eine westdeutsche Familiengeschichte vom Hochmittelalter bis in das 19. Jahrhundert. In: WGfF e.V. (Hrsg.): Jahrbuch 2012, Bd. 274, Köln 2012, S. 213–300.

Bornheim-Schilling, Werner: Geschichte der Familie Bornheim 1107-1940, Köln 1940.

Burghardt, Werner: Regesten zur Geschichte Buers aus dem Archiv Westerholt-Arenfels, in: Beiträge zur Stadtgeschichte (Gelsenkirchen-Buer), Bd. 3, Recklinghausen 1968, S. 71-97.

Brechtel, Stephan: Wappenbuch des Heiligen Römischen Reiches. Nürnberg um 1554 – 1568. (BSB-Signatur: Cod.icon. 390)

Egenberger, Kurt: Die Leyser von Lambsheim – Ein erloschenes Geschlecht in Deidesheim und sein gestürztes Wappen. In: Pfälzische Familien- und Wappenkunde, Bd. 5, Ludwigshafen/Rhein 1964-1966, S. 333-342.

Fahne, Anton: Geschichte der kölnischen, jülichschen und bergischen Geschlechter in Stammtafeln, Wappen, Siegeln und Urkunden, 2 Bd., 1848 und 1853.

Fahne, Anton: Schloß Landsberg und die römische Landwehr. In: ZBGV Bd. 10, Bonn 1874, S. 116-124.

Griese, Gustav, Weigel, Helmut: Die Freiheit Horst und Buer und das Kirchdorf Gelsenkirchen. In: Heimatbund Gelsenkirchen (Hrsg.): Gelsenkirchen – Kleine Chronik einer großen Stadt. Gladbeck 1965.

Junkers, Heinz-Ewald: Gesamtgeschichte des Rittersitzes Rommeljans in der Honschaft Bracht bei Ratingen, nahe Wülfrath/ Homberg, o. O. 1980. (Kopie im Stadtbibliothek Ratingen, Signatur 1997/70)

Landsberg-Velen, Alfred von: Ein neuer Versuch zur Klarlegung der ersten Anfänge des Geschlechtes Werden-Landsberg. In: Landsberg Jahrbuch für den Landsbergschen Familien-Verband, 8.-12. Jg. 1930-1934, Münster 1934, S. 5-21.

Ledebur, Leopold von: Denkwürdige Siegel. In: Archiv für Geschichte und Alterthumskunde Westphalens, Bd. 3, Lemgo 1828, S. 158-164.

Lohmann, Friedrich Wilhelm: Eine alte Bruderschaft in den Dekanaten Wattenscheid und Essen (Kaland, erneuert 1326). In: Beiträge zur Geschichte von Stadt und Stift Essen, Heft 48, Essen 1930, S. 51-97.

Machtan, Karl: Das Geschlecht derer von Buer. In: Beiträge zur Stadtgeschichte (Gelsenkirchen-Buer), Bd.7, Gelsenkirchen-Buer 1973, S. 5-40.

Niederau, Kurt: Eine niederbergische Wappentruhe. In: Beiträge zur Solinger Geschichte. In: Anker und Schwert, Bd. 5, Duisburg 1983, S. 51-67.

Niederau, Kurt: Die Herren v. Bawir auf Latum. In: Meerbuscher Geschichtshefte – Beiträge zur Geschichte und Volkskunde der Stadt Meerbusch und ihrer ehemals selbständigen Gemeinden, Heft 14, Meerbusch 1997, S. 4-30.

Oligschläger, Franz Wilhelm: Kleine Beiträge zur Niederrheinischen Adelsgeschichte. In: ZBGV Bd. 12, Bonn 1877, S. 95-105.

Osmann, Horst: Zur Geschichte des ehemaligen Bavierhofes. In: “Usser Dorp” – Vereinszeitschrift der Ercroder Jonges 1982 e.V., Ausgabe 7, Erkrath 1996, S. 13-22.

Philippi, Friedrich: Die Anfänge der gräflichen und freiherrlichen Familie von Landsberg. In: Landsberg, Vierteljahresschrift für den Landsbergschen Familienverband, 4./7. Jg., Velen-Westfalen 1926-1929, S. 1-37.

Redinghoven, Johann Gottfried von: Sammlung Redinghoven, Bd. 69: Wappenbuch. Wappen der Adeligen aus dem Kölner und Mainzer Domstift. Adelsprüfungen [u.a.]. Ohne Jahr. (BSB Signatur: Cgm 2213(69))

Schleicher, Herbert M.: Ernst von Oidtmann und seine genealogisch-heraldische Sammlung in der Universitätsbibliothek zu Köln, 17 Bände, Köln 1992-1999.

Siebmacher, Johann: Erneuert und Vermehrten Wappenbuchs Ander Theil (Faksimile-Nachdruck des Originals v. 1605. Erschienen bei Rudolph Helmers in Nürnberg), Nürnberg 1703.

Spießen, Max von (Hrsg.): Wappenbuch des westfälischen Adels, mit Zeichnungen von Professor Ad. M. Hildebrandt, 2 Bd., Görlitz 1901-1903.

Stavenhagen, Oskar: Landsberg. In: Genealogisches Handbuch der kurländischen Ritterschaft, Teil 3, 2: Kurland, Lfg. 9-12, Bd. 2, Görlitz 1937, S. 648-666.

„... ein weißes wollenes Gewand zu tragen unter Weglassung des Überwurfes,..."*

Dechantin Elisabeth von Backem und der Stoppenberger Schleierstreit [1)]

von Arno und Ramona Vauseweh

Nähert man sich, gleich aus welcher Richtung, dem im Norden der Groß- und Industriestadt Essen gelegenen Stoppenberg[2)], so liegt dieser heute, unauffällig und kaum bemerkt, hinter Häusern und der neuen St. Nikolaus-Kirche verborgen. Die Bebauung aus der Zeit der Industrialisierung hat bewirkt, dass die Erhebung in ihrem Umfeld eingeebnet erscheint. Schaut man jedoch zwischen den Gebäuden hindurch nach oben, macht sich der Bergcharakter durchaus bemerkbar. Hat man den Berg – besser: Hügel – dann erstiegen, bietet sich zu den laubfreien Jahreszeiten – im Spätherbst, Winter und Vorfrühling – von der ehemaligen alten Stiftskirche aus ein herrlicher Blick weit über das nördliche Ruhrgebiet.

Der Stoppenberg ist – soweit urkundlich zurückzuverfolgen – seit bald 1000 Jahren Ort des Gebets und spirituellen Lebens, wenngleich auch die Bewohner während der vergangenen Jahrhunderte verschiedentlich gewechselt haben. Eine recht eindrückliche Episode aus dem Stiftsleben des späten 15. Jahrhunderts, die einen langwierigen Rechtsstreit über gut zwölf Jahre nach sich zog, soll im Folgenden näher untersucht werden.

Die Studie gliedert sich in vier Teile:

1. Zunächst wird der Leser mit dem Ort des Geschehens vertraut gemacht. Eine knappe Chronik vermittelt die Entwicklung der voraufgegangenen Jahrhunderte. Zum behandelten Zeitpunkt war der Stoppenberg bereits lange Zeit ein Ort des Gebetes und wurde dazu von Frauen bewohnt und bewirtschaftet.

2. Ein zweiter Teil stellt die Hauptakteurin und ihr familiäres Umfeld vor, soweit es die wenigen historischen Zeugnisse über sie und ihre Angehörigen zulassen. Da Elisabeth von Backem aus einem adeligen Haus stammt, existieren zumindest einzelne Dokumente, die Rückschlüsse über ihre Familie zulassen.

3. Der Hauptteil des Beitrags will die besonderen Geschehnisse vom 11. September 1460 aufarbeiten. Die Auseinandersetzung am Stoppenberg wird im geschichtlichen Umfeld verortet, der auslösende Streit sowie die sich daraus ergebenden Ereignisse werden anhand von Augenzeugendokumenten dokumentiert und entfaltet.

* Zitiert nach Meyer, Carl: Geschichte des ehemaligen freiweltlichen Damenstiftes und der Bürgermeisterei Stoppenberg. Essen, 1925, S. 62. – Erweiterte Fassung der Arbeit von Arno und Ramona Vauseweh: „Schweigt, ihr Albernen! Man sollte euch den Hintern versohlen!" Dechantin Elisabeth von Backem und der Stoppenberger Schleierstreit. In: Vestischer Kalender 85 (2014), erscheint voraussichtlich Oktober 2013.

1 In Memoriam Dr. Helmut Weigel (11. 6. 1926 bis 1. 7. 2001), Vorsitzender des Vereins für Orts- und Heimatkunde Gelsenkirchen-Buer (1988-1993), der immer vorhatte, zu diesem Ereignis zu schreiben.

2 Carl Meyer leitet den Namen Stoppenberg von dem niederdeutschen Wort „Stauken" = (Baum-)Stümpfe ab und denkt dabei an einen von Bäumen befreiten Gipfel, vgl. Meyer 1925, S. 32.

4. Die abschließende Zusammenfassung zeigt Ursachen und Konsequenzen für die Beteiligten auf und würdigt das Ereignis in seiner Bedeutung.

Im Mittelpunkt des Beitrags steht ein Stück Frauengeschichte, das vermittelt, mit welcher Entschlossenheit Frauen bereits vor mehr als 500 Jahren für ihre Unabhängigkeit und den Erhalt ihres bisherigen Lebensstandards einstanden.

Um eine möglichst große Nähe zum historischen Geschehen herzustellen, werden im Beitrag überwiegend Urkundentexte zum Ereignis zitiert. Die ausführlichen Zitate vermitteln Authentizität und erlauben es, die Sprache der damaligen Menschen zu bewahren und die vergangene Epoche auf diese Weise dichter an unsere heutige Zeit heranzurücken.

Bei den meisten Stiften lässt sich heute nur schwer eingrenzen, wann sie aus den vormaligen Klöstern zur stiftischen Form der religiösen Gemeinschaften übergegangen sind. Bereits im 9. Jahrhundert nahm eine Entwicklung ihren Anfang, bei der sich Klöster und ihre Bewohner mehr und mehr aus dem strengen monastischen Regelwerk zu lösen versuchten: „Die Frauenklöster blieben... von Versuchen, sich durch Übergang zu stiftischer Verfassung Erleichterung zu verschaffen, nicht verschont. Die Prämonstratenserinnen... von Stoppenberg waren... erfolgreich“: Sie „hatten die Nonnenregel aufgegeben und waren Stiftsdamen geworden:“[3] Und das wollten sie auch für die Zukunft bleiben.

3 Hegel, Eduard: Kirchliche Vergangenheit im Bistum Essen. Essen, 1960, S. 139

1 Zur Geschichte und Baugeschichte des Konventes und der Stiftskirche SS. Maria und Nikolaus auf dem Stoppenberg – eine kurze Chronik[4]

Aus der Geschichte und Baugeschichte des Ortes sind Eckdaten bekannt, die einen kurzen historischen Abriss der dem behandelten Ereignis voraufgegangenen fast 400 Jahre ermöglichen.

4 Zur nachfolgenden Darstellung wurde folgende Literatur benutzt: Beese, Birgit ; Karla, Marion (Red.); Der Oberstadtdirektor (Hrsg.) ; Volkshochschule der Stadt Essen (Hrsg.): Kanonisse, Zimmerfrau und Begine: Frauen im mittelalterlichen Essen. Essen, 1990, S. 18f. – Clemen, Paul: Die Kunstdenkmäler der Rheinprovinz, Bd. 2.3: Die Kunstdenkmäler der Stadt und des Kreises Essen. Düsseldorf, 1893, S. 72-76. – Dehio; Georg (Hrsg.) ; Schmitz-Ehmke, Ruth (Bearb.): Handbuch der Deutschen Kunstdenkmäler Nordrhein-Westfalen. Erster Band: Rheinland. München ; Berlin, 1967, S. 183f. – Gerchow, Jan: Geistliche Damen und Herren : Die Benediktinerabtei Werden und das Frauenstift Essen (799-1803). In: Essen – Geschichte einer Stadt. Essen, 2002, S. 58-167. – LWL-Kulturstiftung (Hrsg.) ; Gropp, Birgit (Text) ; Lechtape, Andreas (Fotos): Ein Stück vom Himmel : Die schönsten Klöster in Westfalen. Regensburg, 2012. – Hegel, Eduard: Kirchliche Vergangenheit im Bistum Essen. Essen, 1960. – Heimann, Heinz-Dieter: Städtische Feste und Feiern : Manifestationen der Sakramentalgemeinschaft im gesellschaftlichen Wandel. In: Seibt, Ferdinand (Hrsg.) ; Gleba, Gudrun (Hrsg.) ; Grütter, Heinrich Theodor (Hrsg.) ; Lorenz, Herbert (Hrsg.); Müller, Jürgen (Hrsg.) ; Tewes, Ludger (Hrsg.): Vergessene Zeiten – Mittelalter im Ruhrgebiet. Katalog zur Ausstellung im Ruhrlandmuseum Essen (20. September 1990 bis 6. Januar 1991), Bd. 2. Essen, 1990, S. 171f. – Henze, Anton: Reclams Kunstführer Baudenkmäler. Bd. III, Rheinlande und Westfalen. 2. Aufl. Stuttgart, 1961, S. 195. – Kosch, Clemens: Die romanischen Kirchen von Essen und Werden. Architektur und Liturgie im Hochmittelalter. Regensburg, 2010, S. 28-30. – Meyer, Carl: Geschichte des ehemaligen freiweltlichen Damenstiftes und der Bürgermeisterei Stoppenberg. Essen, 1925 – Wilt, Andreas , Siebenmorgen, Harald (Hrsg.): Alltag und Sachkultur in spätmittelalterlichen Frauenzisterzen. In: 750 Jahre Zisterzienserinnen – Abtei Lichtenthal. Faszination eines Klosters (Ausstellung des Badischen Landesmuseums, 25. Februar bis 21. Mai 1995, Karlsruhe, Schloss – in Zusammenarbeit mit der Cistercienserinnen-Abtei Lichtenthal). Sigmaringen, 1995, S. 30-62

Abb. 1a: Stoppenberg, Stiftskirche SS. Nikolaus und Maria, Ansicht von Süden

Abb. 1c: Stoppenberg, Stiftskirche SS. Nikolaus und Maria, Grundriss

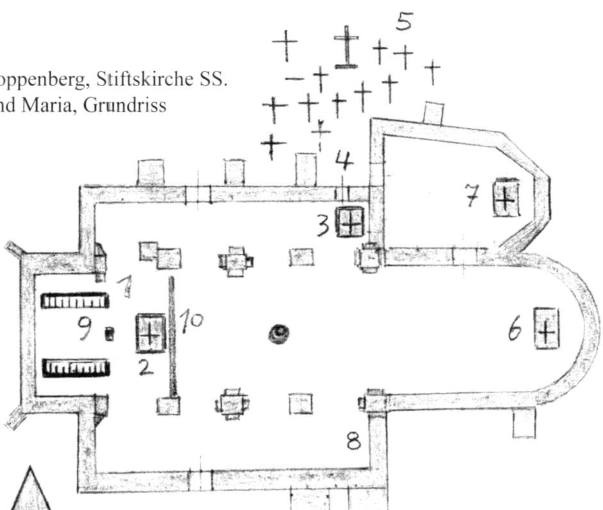

1 Nonnenempore

2 Konventaltar St. Maria (?)

3 Altar im nördlichen Seitenschiff: St. Margaretha

4 Hagioskop zum

5 Stiftsfriedhof

6 Hochaltar SS. Nikolaus u. Maria

7 Andreaskapelle (erbaut 15. Jh.) mit St. Andreas-Altar

8 späterer Standort des St. Margarethen-Altars (?)

9 Chorgestühl

10 Trenngitter (Lettner) zur Gemeindekirche

Abb. 1b: Stoppenberg, Stiftskirche SS. Nikolaus und Maria, Längsschnitt

1073 wird der Vorgängerbau der heutigen Kirche von der Essener Äbtissin Swanhild[5] *in monte, quem vulgari lingua vocant Stophenberch*[6] – „auf dem Berg, der in der Volkssprache Stoppenberg genannt wird" – als *oratorium*[7] errichtet und am 27. Januar 1074 vom Kölner Erzbischof Anno[8] dem heiligen Basilius, Nikolaus und Martinus geweiht. Zunächst besteht das Oratorium vermutlich aus einer Saalkirche[9] mit eingezogenem Kastenchor[10] und dient als Nebenkirche des Stiftes Essen.

Nach 1100 entsteht durch einen Um- und Erweiterungsbau des Gründungsbaues eine dreischiffige romanische Pfeilerbasilika[11]. Sie besteht aus einem zweijochigen Langhaus[12] und einer Dreiergruppe von Fenstern in der Süd- und Nordwand des östlichen Joches[13], dem anschließenden Sanktuarium[14] aus quadratischem Chorhaus[15] und Halbkreisapsis[16]. Ein westliches Turmpaar fasst die ursprünglich ein Halbjoch tiefe Nonnenempore ein, die im 13. Jahrhundert durch Erweiterung nach Westen vergrößert wird. Die an der Nordseite des Chores im 15. Jahrhundert errichtete St. Andreas-Kapelle schließt mit einem 5/8-Schluss (Abb. 1). Drei Altäre sind bis 1475 in der Kirche vorhanden: im Chor der Hoch- und Gemeindealtar, auf der Nonnenempore der Konventaltar und ein Nebenaltar im nördlichen Seitenschiff, der St. Margarethen-Altar. Rund um die Kirche gruppieren sich das Kapitelhaus und die Kurien der Konventualinnen. Umschlossen werden sie von der Mauer der Stiftsimmunität.

Um 1121 ist die Stoppenberger Kirche zunächst religiöser Mittelpunkt eines Prämonstratenser-Doppelklosters. Mönche und Nonnen leben zusammen auf dem Klostergelände „unter einem Dach". Sie wohnen zwar in streng getrennten Bereichen, treffen aber bei den Stundengebeten und Messen aufeinander – die Nonnen versammeln sich auf der Nonnenempore im Turmbereich im Westteil der Kirche, die Männer im abgeschrankten Gestühl ebenerdig in der Nähe des Hochaltars im Ostchor.

Nach 1140 erfolgt auf Weisung der männlichen Ordensleitung der Prämonstratenser die Trennung aller Doppelklöster. Für die Ordensoberen ist die Anwesenheit ihrer geistlichen Schwestern für das männliche Seelenheil zu gefährlich. Die Trennung wird vollzogen und der Konvent der Prämonstratenserinnen auf dem Stoppenberg dem Männerkloster Knechtsteden bei Dormagen unterstellt. Die Sanktimonialen sind strengen Regeln unterworfen. Wie alle geistlichen Frauen hatten sie für das Seelenheil aller Christgläubigen zu beten und täglich die Messe zu feiern. Denn in der mittelalterlichen Welt sind die Auf-

5 Swanhild leitete das Damenstift Essen ab 1058. Sie starb nach 1085.

6 Meyer 1925, Urkunde (Anlage I.), S. 455

7 Gebetsraum, Hauskapelle

8 Erzbischof Anno leitete die Erzdiözese Köln von 1056-1075.

9 Saalkirche: rechteckiger, flachgedeckter Kirchenraum

10 Kastenchor: Aufenthaltsort der Konventmitglieder und Priester, an den Kirchenraum – Aufenthaltsort der Laien – anschließend; geht in das Sanktuarium über, in dem der Hochaltar aufgestellt ist.

11 Basilika: meist dreischiffige Säulenhalle mit höherem Mittelschiff und niedrigeren Seitenschiffen, die Schiffe durch je eigene Fenster beleuchtet; s. auch Anm. 12.

12 Langhaus: Kirchenschiff, ein allen Gläubigen zugänglicher Raum, im Gegensatz zum den Klerikern und Konventmitgliedern vorbehaltenen Chor und Sanktuarium.

13 Joch: von Pfeiler- oder Säulenpaaren bestimmter Raumteil einer dreischiffigen Pfeilerbasilika mit Haupt- und zwei Seitenschiffen. Im gebundenen System sind jedem quadratischen Gewölbe im Mittelschiff je ein halbes Quadrat im südlichen und nördlichen Seitenschiff zugeordnet.

14 Sanktuarium: schließt an den Chor an, Bereich des Hochaltars, rückwärtig von einer Apsis eingefasst.

15 Chor und Chorhaus: der für die Geistlichkeit vorbehaltene und für den Konventgottesdienst abgesonderte Teil des Kirchengebäudes, Aufstellungsort des Chorgestühls, nicht zu verwechseln mit dem anschließenden Sanktuarium.

16 Apsis: halbkreisförmiger überwölbter Chorabschluss des Sanktuariums einer Kirche, Standort des Altars

Abb. 2: Konventualinnen halten das Stundengebet

gaben klar verteilt: Die geistlichen Frauen – Nonnen und Stiftsdamen – und Männer – Kleriker, Mönche und Stiftsherren – sollen beten, die Adeligen die Beter und die Bauern schützen und die Bauern und später auch die Städter die Beter und den Adel ernähren. Zu den Stundengebeten kommen noch weitere Gottesdienste hinzu, wie Jahrzeiten[17], Seelmessen und Memorien zum Seelenheil für den Konvent mit Begehung des Friedhofes, für Wohltäter des Stiftes, Familienangehörige und Freunde der Konventualinnen. So bestimmen geistliche Lesungen und Betrachtungen, Heilige Messen und Stundengebete im Wechsel mit Arbeit und Erholung den Tag.

1224 wenden sich die verbliebenen Konventualinnen nach dem Auszug der Mönche an den Kölner Erzbischof Engelbert I.[18] und bitten um Hilfe, weil die zur Bestreitung ihres Lebensunterhalts notwendigen Schenkungen frommer Stifter und Wohltäter ausbleiben. Worauf dieser ihnen, um die Gläubigen zu größerer Freigebigkeit zu veranlassen, die Erlaubnis zum melodischen Kirchengesang gewährt (Abb. 2). In der darüber ausgestellten Urkunde liest sich das so: *...geliebte Töchter, da eure Kirche nur schwache und dürftige Einkünfte hat und ohne Hilfe der Gläubigen nicht bestehen kann, so haben wir... euren frommen Bitten... zugestimmt, und gewähren, damit die Christgläubigen zur Wohl-*

17 Erklärungen zu diesem Fachwort wie auch zu weiteren Fachbegriffen siehe Glossar.

18 Erzbischof Engelbert I., der Heilige, regierte von 1216 bis zu seiner Ermordung im Hohlweg zu Gevelsberg im Jahr 1225, die Diözese Köln.

tätigkeit mit größerem Eifer der Ergebung euch zugetan seien,... bei der Feierlichkeit der Messen und Horen mit lauter Stimme für Jesus Christus, euren wahren Bräutigam, mit dessen Freundschaft ihr glücklich verbunden seid, melodischen Gesang vorzutragen.[19)] Zu Beginn der Juli 1224 ausgestellten Urkunde wünscht *Engelbert durch Gottes Gnaden Erzbischof der Kölner Kirche... den in Christo geliebten Klosterfrauen von Stoppenberg Heil und wahres Glück*, um kurz danach fortzufahren, *...so müssen wir doch den Frauen, welche sich durch den heiligen Gehorsam gebunden haben, mit größerer Sorge beistehen, da dieselben wegen ihrer Schwäche bekanntermaßen sich weniger helfen können.*[20)]

1227 gibt *Heinrich, durch Gottes Gnaden römischer König*[21)] *allzeit Mehrer des Reiches,... durch... Schreiben allen bekannt,... die Kirche der hl. Maria und des seligen Nikolaus bei Stoppenberg und die Leute und die Güter, welche dieser Kirche zugehören, unter...* [seinen] *besonderen Schutz...* [zu] *nehmen, mit dem Willen, daß durch...* [seine] *freigebige Gnade alle Güter, welche die genannte Kirche besitzt und in Zukunft unter Gottes Fügung als Besitz erwerben wird, von allem Zwang der Vögte und aller Last im übrigen frei und ausgenommen sei durch königlichen Entschluß.*[22)]

1431 wird der in der Stoppenberger Kirche errichtete und zu Ehren der hl. Jungfrau Margaretha geweihte Nebenaltar dotiert. Dies soll zum Heil der Seelen aller verstorbenen Gläubigen und zur Ehre und zum Lobe Gottes, der Jungfrau Maria und der Altarheiligen geschehen. Als Einkünfte sind für den Rektor des Altars 18 Malter Frucht, zusätzlich sechs Malter Mengfrucht als Gerste und Weizen, ebenso ein Wohnhaus mit anliegendem Garten am Fuße des Kirchberges bestimmt. Der Priester ist zur Residenz verpflichtet und darf kein anderes Benefizium annehmen. In der Woche sind am Altar zu bestimmten und passenden Zeiten drei Messen zu lesen. Den Kaplänen am Hauptaltar hat der Altarist, wenn sie ihn bitten, *bei den Messen und anderen ehrbaren kirchlichen und göttlichen Diensten*[23)] zu helfen. Das Recht der Altarverleihung liegt in Händen der Priorin, der Schatzmeisterin und der Vorsteherin der Kornkammer.

Neben dem Vikar bzw. Rektor der Margarethen-Vikarie wirkte ein weiterer Priester, vermutlich als Vizekurat – in den Schriftzeugnissen Kaplan genannt – ebenfalls in der seelsorgerischen Betreuung der Kanonissen, der weltlichen Stiftsangehörigen und der Bewohner der benachbarten Hofstätten mit.

Am 11. April 1460 nehmen Prior Frater Arnoldus und der Konvent des Karthäuserklosters auf der Graveninsel bei Wesel – *domus Insule Regine coeli prope Wesaliam*[24)] – den Stoppenberger Konvent in die Gebetsbruderschaft bzw. den Gebetsbund ihres Klosters auf. Damit verpflichten sich beide Konvente zu gegenseitiger Fürbitte als eine Maßnahme der Jenseitsvorsorge zur Erlangung des Seelenheils. Zum Stoppenberger Konvent gehören zu diesem Zeitpunkt *Katharina op den Berghe, Elsken van Backem, Bathe Onversaven, Oelken Voes, Heylken Doppen, Griete van Dungelen, Fye van Witten, Dorothee Sondach, Bele van Steenhuys, Jutte van Ulenbrock, Fye van Schoeren, Jutte van Histvelt, Coenken Schillincks, Aleit op*

19 Meyer 1925, Urk. (Anlage V.), S. 463

20 Meyer 1925, Urk. (Anlage V.), S. 463

21 König Heinrich VII., (*1211, †1247), Sohn Kaiser Friedrichs II. (*1194, †1250), regierte als Mitkönig die deutschen Lande des Heiligen Römischen Reiches Deutscher Nation von 1228-1235, 1235 abgesetzt, weil er gegen die Interessen des Vaters handelte, von diesem bis zu seinem Tode gefangen gehalten; vgl. Herz, Paul; Mischer, Olaf ; Darm, Janina (Mitarb.): Zeitläufe. In: Geo Epoche : Das Magazin für Geschichte 25(2007), S. 158-169, S. 162.

22 Meyer 1925, Urk. (Anlage IV.), S. 460f.

23 Meyer 1925, Urk. (Anlage VII.), S. 465ff.

24 Meyer 1925, S. 42

den Berghe, Fye van den Davenle, Aleit van Backem, Flüster van der Ghoye, Ydeken van den Vytingehave und Jutta van der Lieten[25], insgesamt 19 Frauen. Die Auflistung umfasst vermutlich alle zu dieser Zeit residierenden Sanktimonialen.[26]

Im gleichen Jahr beginnt am 14. September der sogenannte Stoppenberger Schleierstreit. In diesem Zusammenhang ist der Begriff Schleier eher symbolisch zu verstehen. Kopfbedeckungen trugen im Mittelalter alle erwachsenen Frauen. „Geschleiert“ steht für das Dasein als Nonne, ein äußeres Zeichen dafür, dass man sich den strengen Ordensregeln unterwarf. Die Kanonissen des Stoppenbergs dagegen lebten ein freieres Leben. Sie hatten Anspruch auf persönlichen Besitz, wohnten in einer eigene Wohnung (Kurie), hatten eine bis zwei Mägde als Personal, konnten ihre Familie besuchen und hatten die Möglichkeit, zwecks einer Heirat aus der Stiftsgemeinschaft auszuscheiden – ein Standard, den die Stoppenberger Stiftsdamen nicht gewillt waren, kampflos wieder aufzugeben.

Die Auseinandersetzung um geschleierte oder ungeschleierte geistliche Frauen sollte 15 Jahre dauern. Den Anfang der Auseinandersetzung schildert das anschauliche und lebendig geschriebene Protokoll des von der Dechantin Elisabeth (Elsken) von Backem hinzugezogenen Notars und Klerikers Everhardus Hartnegge genannt Materstrunk. Schreiben zur Rechtssache aus der Feder von Vertretern beider Parteien geben Einblick in ihren weiteren Verlauf bis hin zum abschließenden Urteil (Kapitel 3). Vorab ein paar Worte zu Dechantin Elisabeth von Backem und ihrer Familie.

25 Meyer 1925, S. 42

26 1803 wird das Stift säkularisiert (aufgehoben), das Gotteshaus Pfarrkirche der röm. kath. Gemeinde Stoppenberg. Seit 1964 dient sie einer Niederlassung der Unbeschuhten Karmeliterinnen als Klosterkirche. Sie trägt heute das Patrozinium „Maria in der Not“; vgl. Kosch 2010, S. 42.

2 Die niederadelige Familie von Backem auf Haus Leythe im Kirchspiel Buer[27]

Elisabeth von Backem bzw. Bachem oder Backum[28] entstammte einem niederadeligen Geschlecht aus dem Vest Recklinghausen. Sowohl Jahr und Tag ihrer Geburt als auch ihres Todes sind unbekannt. 1456 wird sie als Stiftsdame[29] und 1460 als Dechantin zu Stoppenberg genannt. Ihre Eltern waren Heinrich von Backem, 1425-1430 Amtmann im Vest Recklinghausen, und Fyge Unverzagt. Heinrichs Geburtsjahr ist unbekannt. Letztmalig genannt wird er um 1449.

27 Zum Nachfolgenden benutzte Literatur: Brock, Rudolf ; Griese, Gustav (Hrsg.) : Haus Balken. In: Burgen und Schlösser in Gelsenkirchen. Gelsenkirchen, 1960, S. 100-105. – Brock, Rudolf ; Griese, Gustav (Hrsg.): Haus Leythe bei Buer. In: Burgen und Schlösser in Gelsenkirchen. Gelsenkirchen, 1960, S. 115-117. – Burghardt, Werner: Regesten zur Geschichte Buers aus dem Archiv Westerholt-Arenfels 1362-1565. In: Beiträge zur Stadtgeschichte, Bd. III(1968), S. 71-97. – Frin, Herjo: Das Adelsgeschlecht von Wittringen und Unverzagt aus dem Stamme von der Horst angesessen zu Wittringen in Gladbeck im Vest Recklinghausen. In: Vestische Zeitschrift, Bd. 84/85(1985/1986), S. 97-186. – Griese, Gustav: Burg und Schloß Berge. In: Burgen und Schlösser in Gelsenkirchen. Gelsenkirchen, 1960, S. 84-95. – Vauseweh, Arno: Die Pfarrei St. Urbanus Buer in den Zeiten der Reformation und Gegenreformation. In: Vestische Zeitschrift, Bd. 84/85(1985/1986), S. 365-389. – Weigel, Helmut: Adeliges Landleben auf Haus Berge und seine wirtschaftlichen Grundlagen in der Neuzeit (1521-1900). In: Beiträge zur Stadtgeschichte, Bd. X(1980), S. 157-218

28 Nach Heinrich Pennings bezeichnet der Name Backum bzw. Bachem oder Backem einen alten „Heim“-Ort, der bis in die vorkarolingische Zeit zurückreicht. -heim, in der ursprünglichen altsächsischen Form –hem, bedeutete Herdstelle, Haus, dann Dorf. In späterer Zeit wird –heim zu –um. Das heutige Wort Backum erscheint um 1150 in der Form „Backheim“. Sein Bestimmungswort „Back“ geht auf ein niederdeutsches Wort zurück und bedeutet so viel wie Rücken, Hügelrücken. Ins Neuhochdeutsche übertragen würde Backem also Haus oder Dorf(-Siedlung) auf dem Hügelrücken bedeuten; vgl. Pennings, Heinrich: Geschichte der Stadt Recklinghausen und ihrer Umgebung. Bd. I. Recklinghausen, 1930, S. 59.

29 Meyer 1925, S. 102

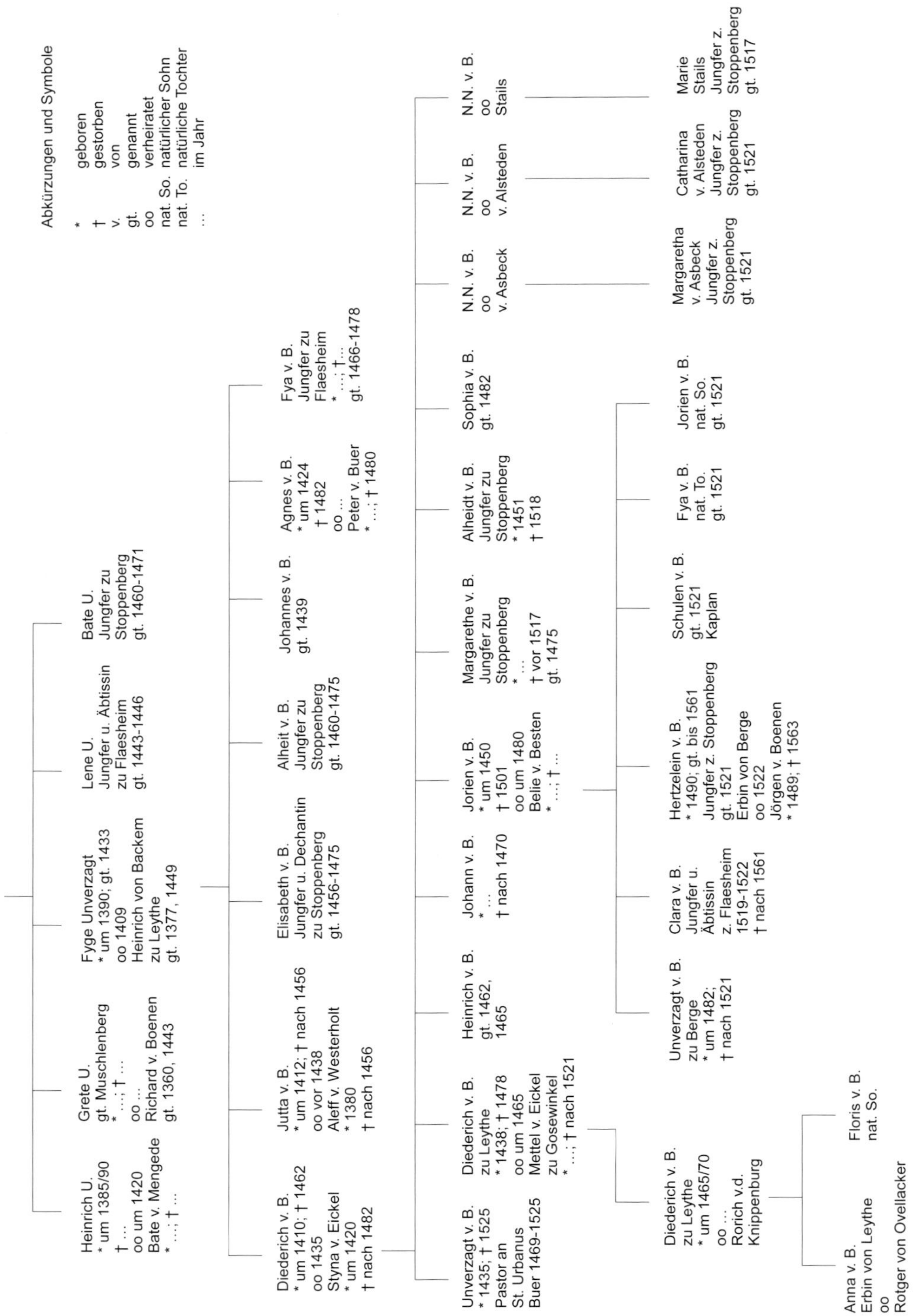

Abb. 3: Stammtafel der Familie von Backem-Unverzagt (Ausschnitt)

Er gehörte zu den begütertsten Grundherren im Süden des Kirchspiels Buer. Als Aufsitzer des Hauses Leythe in der Bauerschaft Surresse besaß er gleichzeitig die festen Häuser Berge in der Bauerschaft Erle und Balken in der Bauerschaft Sutum. Der grundherrliche Streubesitz umfasste etwa 70 Hofstätten mit ca. 350 eigenhörigen Bauern.

Aus Heinrichs Ehe, geschlossen 1409 mit Fyge Unverzagt, gingen mindestens sieben Kinder hervor. Von den sechs Geschwistern der späteren Dechantin Elisabeth erbte Diederich die festen Häuser Leythe, Berge und Balken. Ein weiterer Bruder, Johannes, wird 1439 genannt. Zwei Schwestern, Jutta und Agnes, werden standesgemäß verheiratet – die eine mit Aleff von Westerholt, die andere mit Peter von Buer, Adeligen aus der engsten Nachbarschaft. Ihre Schwestern Alheit und Fya lebten als Kanonissen in den Stiften Stoppenberg und Flaesheim an der Lippe (Abb. 3).[30)]

Wenn adelige Familien ihre Töchter in ein Kloster bzw. Stift schickten, spielten u.a. zwei wichtige Überlegungen eine ausschlaggebende Rolle: Eine solche geistliche Institution gewährleistete genau wie eine entsprechende Heirat die standesgemäße Versorgung der jungen Frauen. Darüber hinaus sicherten diese weiblichen Angehörigen durch Gottesdienst und Gebet die Jenseitsvorsorge für ihre Familie.

Elisabeths ältester Bruder Diederich wurde 1410, etwa ein Jahr nach der Eheschließung der Eltern, geboren, ihre ältere Schwester Jutta im Jahr 1412. Demnach dürfte Elisabeth frühestens um 1413/14 geboren sein.[31)] Da im Jahr 1485 Magaretha von Dunghelen als Dechantin genannt wird,[32)] ist anzunehmen, dass Elisabeth zuvor verstorben ist.

Es gibt nicht genug Schriftzeugnisse, mit deren Hilfe man eine vollständige Biografie der Stoppenberger Dechantin rekonstruieren kann. Eine der Nachrichten stammt aus dem Jahr *1475 August 23 (die Mercurii)*. In einer Urkunde erfahren wir von den drei Kanonissen Alheidt, Margaretha und Elisabeth, die zu dieser Zeit als Stiftsdamen auf dem Stoppenberg lebten, denn: *Vor dem Notar Everhardus Materstrunck de Hatnege, kölnischer Kleriker, erklärt Didericus de Baeckhem, armiger*[33)], *filius quondam diderici de baeckhem, daß er verpflichtet sei, seinen in Stoeppenberge wohnenden Schwestern Ailheidis und Margareta „ratione cujusdam certe renunciationis atque resignationis siti facte" alljährlich folgende Einkünfte zu überweisen: 1. ex manso hensen... to distelhem et ex bonis suis toe der roeder leyten 4 Malter Getreide, halb Weizen, halb Gerste, ferner 2 fette Schweine, 20 Hühner und 4 „ancas"*[34)]*, 2. er soll für jede Schwester jährlich aussäen ½ Scheffel Flachs; 3. die Schwestern sollen alljährlich erhalten aichte brende eickerens in reser marken off in berger marcke sowie 16 Fuder Holz; 4. die Schwestern sollen ferner solche Einkünfte erhalten, wie sie ihr Vater didericus de baeckem „agneten de baeckem sorori sue" aus den zu beckhusen gelegenen Gütern moelmans und heynen angewiesen hat, ferner wie sie beatrix unversagedes zu genießen pflegte ex bonis et manu dirici de Wullentorpe. Diese Übertragung geschah in stoppenberge in domo Elisabeth de baeckhem, diaconisse ibidem, in Gegenwart der Brüder Arnold und Johannes de gysenberge, beide armigeri.*[35)]

30 Grochtmann, Hermann: Meisterinnen und Äbtissinnen des Klosters und Stiftes Flaesheim. In: Flaesheim : Zur 800 Jahrfeier 1166-1966. Münster, 1966, S. 75-77, S. 76

31 Alle Daten zur Familie von Backem vgl. Weigel, Helmut: Die adelige Familie von Backem-Unverzagt auf Leythe und Berge, Materialsammlung (liegt dem Autor in handschriftlicher Form vor).

32 Meyer 1925, S. 103

33 *armiger* = Knappe; pl. *armigeri*

34 *ancas*, vermutlich im Originaltext verschrieben oder schlecht lesbar für *aucas* (lat. pl., *auca* = Vogel, Gans).

35 Burghardt 1968, Regest 18, S. 76

Nachdem Diederich der Ältere von Backem, Herr auf Leythe, Balken und Berge, um 1462 verstorben war, wurde sein zweitältester Sohn Diederich das Oberhaupt der neuen Familie, Backem auf Leythe. Sein Erbteil wurde als der größere Teil des väterlichen Erbes eingeschätzt. Er sicherte von da an auch die Versorgung der unverheirateten Schwestern, wie bereits geschildert. In Folge von Erbstreitigkeiten zwischen Diederich und seinem Bruder Jorien, dem Erben von Berge und Balken, und einer nachfolgenden Erbauseinandersetzung[36] im Hause Backem wurden im Jahr 1482 die jährlichen Einkünfte zum Lebensunterhalt der beiden Stiftsdamen Alheidt und Margarete von Backem, die sie bisher von ihrer Familie erhalten hatten, von ihrem Bruder Jorien den inzwischen veränderten Familienstrukturen angepasst. Ihre Übertragung fand jedenfalls nicht mehr in der Kurie von Elisabeth von Backem statt, sondern geschah *in der Wohnung der beiden Schwestern to Stopenberge*.[37] Ob Dechantin Elisabeth von Backem zu diesem Zeitpunkt bereits verstorben ist, wird nicht ersichtlich.

Zu Beginn der Auseinandersetzung war Elisabeth vermutlich im gestandenen Alter von etwa 45 Jahren und bekleidete ein verhältnismäßig hohes Amt, was sich wahrscheinlich mit einem entsprechenden Selbstbewusstsein verband: In der von 1460 bis 1475 dauernden Auseinandersetzung mit der Essener Fürstäbtissin zeigte sie sich standhaft und konnte die bisherige Lebensweise der Kanonissen auf dem Stoppenberg erfolgreich durch alle Instanzen verteidigen.

36 Nachzulesen ist die Erbauseinandersetzung bei Vauseweh, Arno ; Vauseweh, Ramona: Backems Krüz : Ein spätmittelalterlicher Mordfall und sein Gedächtnisort. In: Vestischer Kalender 74(2003), S. 22-28.

37 Burghardt 1968, Regest 23, S. 77

3 Der Stoppenberger Schleierstreit[38]

3.1 Auf sakralen Pfaden – der Prozessionsweg von Essen auf den Stoppenberg

Am Tage nach Fronleichnam hielten die Essener Bürger die Sakramentsprozession... (Abb. 4). *Vor Sonnenaufgang wurde ausgezogen, denn der weite Weg durch die Felder nahm mehrere Stunden*[39] *in Anspruch.*[40] In Begleitung einiger erwachsener Scholare (Schüler) trugen einer oder zwei Kanoniker des Herrenkapitels der Essener Damenstiftskirche, gekleidet in Röcklein, Stola und Chormantel, das heilige Sakrament[41]. Wie gebräuchlich verließ die Prozession die Münsterkirche durch das Rote Tor (*rubea janua*[42]), zog durch das Kettwiger Tor[43] aus der Stadt und ging eine Strecke weit auf dem öffentlichen Weg, der nach Kettwig führte. Kurz darauf wandte man sich nach rechts und

38 Literatur zum Thema Liturgie, Prozession und Schleierstreit: Arens, Franz / Historischer Verein für Stadt und Stift Essen (Hrsg.): „Der Liber ordinarius der Essener Stiftskirche und seine Bedeutung für die Liturgie, Geschichte und Topographie des ehemaligen Stiftes Essen." Beiträge zur Geschichte von Stadt und Stift Essen. Heft 21(1901), hier: S. 53-55. – Bärsch, Jürgen ; Bordawé; Katrinette (Hrsg.) ; Schilp, Thomas (Hrsg.): Stiftsliturgie und städtische Religiosität im Mittelalter : Beziehungen und Abgrenzungen im Zeugnis des Liber ordinarius. In: Herrschaft, Liturgie und Raum : Studien zur Mittelalterlichen Geschichte des Frauenstiftes Essen (Essener Forschungen zum Frauenstift Bd. 1). Essen, 2002, S. 132-145. – Meyer 1925, S. 456-458

39 Die Zeit für den Weg hin und zurück betrug ca. sechs bis acht Stunden; vgl. Bärsch 2002, S. 141.

40 Alle Zitate in Abschnitt 3 sind, wenn nicht anders gekennzeichnet, zu finden bei Meyer 1925, Anlage II, S. 456ff. und Arens 1901, S. 53ff.

41 Das heilige Sakramet – die konsekrierte, d.h. gewandelte Hostie (Brot) – befand sich in einer runden Deckeldose (Pyxis).

42 Rotes Tor, Rote Pforte – porta rubea oder rubea janua – Ein- und Ausgang der Laien von der Vorhalle unter der Schatzkammer vor dem südlichen Querhaus; Ort von Rechtshandlungen mit Thronsitz eines stiftischen Amtsträgers, vgl. Kosch 2010, S. 10.

43 Kettwiger Tor – eines der vier Essener Stadttore, im Süden gelegen.

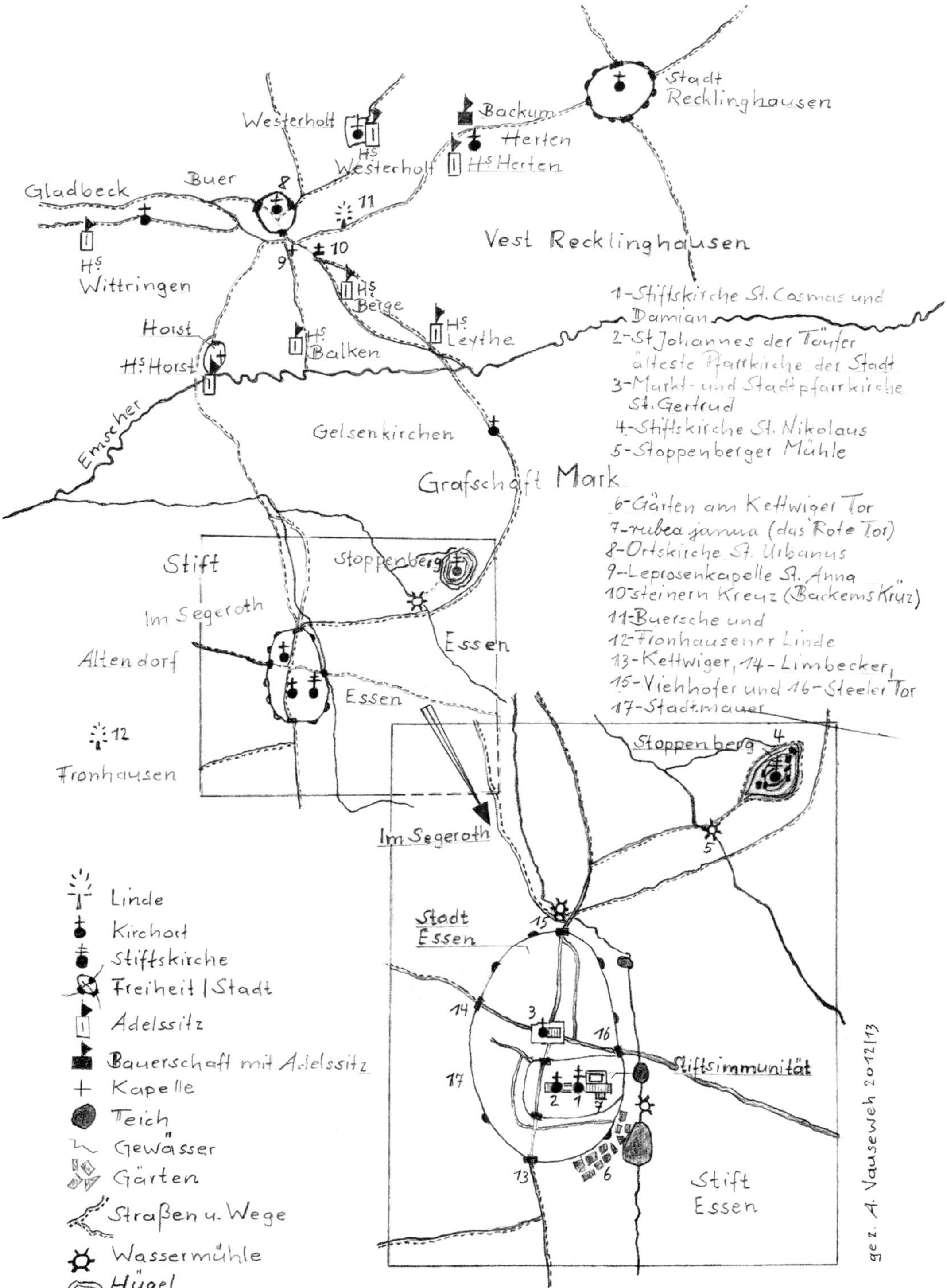

Abb. 4: Kartenausschnitt: Vest Recklinghausen – Stift Essen – Grafschaft Mark, um 1460

zog nahe an der Linde von Fronhausen vorbei nach Altendorf über das Segeroth/Segerade (Zegherade) nach Stoppenberg.

Beim Auszug aus dem Stift sangen die Scholaren das Responsium *homo quidam* und darauf *de Sanctis* einzeln, wie bei den anderen Bittprozessionen. Mit ihnen sangen abwechselnd auch die Laien, zuweilen sogar die Kleriker. Drei Mal hielt man auf dem Wege an. Dann las man stehend den heutigen Anfang des Evangeliums nach Johannes: *In principio erat verbum* – „Im Anfang war das Wort“ – zuerst auf dem Segeroth, an einer Stelle, die das „Voshol“ (Fuchshöhle) genant wurde. Sobald sich die Prozession der Stoppenberger Mühle näherte, sang man das Responsorium vom heiligen Nikolaus, dem Patron der Stoppenberger Kirche.

Unterdessen kamen oben vom Berge die Stiftsdamen des Stoppenberger Konvents ebenfalls in einer Prozession mit dem heiligen Saktament herab und trafen am Fuße des Berges unter den Bäumen mit der Essener Prozession zusammen. Dann hielt ein Frater eine Predigt. Danach wurde eine Geldkollekte, die „Spynde“, gehalten. Anschließend begleiteten die Stoppenberger Sanktimonialen die Essener Prozession unter dem Gesang *Verbum caro factum est* – „Das Wort ist Fleisch geworden“, oder einem anderen Responsorium vom Feste an die äußerste Grenze ihrer Immunität. Hier betete der Kanonikus das Gebet vom heiligen Sakrament, verkündete den Stiftsdamen die Ablässe (*indulgentias*); machte das Kreuzzeichen über sie mit dem heiligen Sakrament und entließ sie. Dann kehrten die Kanonissen auf den Stoppenberg zurück.

Nun setzte die Prozession der Essener Bürger ihren Weg fort. Zum zweiten Male hielt man auf dem Gesamtwege bei „Wischoven“ an, und wiederum wurde eine Pause gemacht und das Johannesevangelium gesungen. Über den „Schlangenberg“ kehrten Kanoniker, Scholare und Bürger nach Essen zurück. „Kurz vor dem Einzuge in die Stadt, sobald die Prozession bei den Gärten vor dem Kettwiger Thore angekommen war, wurde zum dritten Male das Johannesevangelium gesungen und darnach allen Teilnehmern an der Prozession die Indulgenzien, in derselben Weise, wie dem Stoppenberger Konvent erteilt. Während des ganzen Zuges spendete der Kanonikus allen denjenigen, welche sich am Wege eingefunden hatten und niedergekniet waren, mit dem h[eiligen] Sakrament den Segen.“

Vom Kettwiger Tor aus zog die Prozession in Richtung der Kirche des hl. Johannes des Täufers[44], die der Damenstiftskirche SS. Cosmas und Damian und dem Atrium vorgelagert ist. Beim Eintritt in die Johanniskirche wurden die Prozessionsteilnehmer vom Frauenkonvent an der Münsterkirche und einem Kanoniker im Chormantel und dem Rauchfass, die ihnen bis zur Tür entgegen gegangen waren, empfangen und unter dem Gesang des Responsoriums *Immolabit hedum* in die Stiftskirche geführt. Dort nahm man folgende Aufstellung: Der Priesterkanoniker stand mit dem heiligen Sakrament vor dem Hochaltar, das Gesicht zum Kirchenvolk gewandt, die Stiftsdamen blieben beim Grabe des Stifters Bischof Altfried stehen und sangen eine Antiphon von dem heiligen Sakrament. Mit der Messe vom heiligen Sakrament, gesungen von den Klerikern und Scholaren, wurden die Prozessionsfeierlichkeiten beendet.

Der Liber Ordinarius enthält zur Prozessionsdurchführung der Essener Bürger am Tage nach Fronleichnam noch folgende Anweisungen: *Auf dem Prozessionsweg soll der Priester häufig mit dem Sakrament über die Leute das Kreuz machen, die herbeikommen und vor dem Sakrament niederknien.* Wenn an den

44 St. Johannes Baptist – Pfarr- und Taufkirche der Stiftskirche SS. Cosmas und Damian, der heutigen Domkirche, mit verbindendem Atrium vorgelagert.

einzelnen Stationen am Prozessionsweg das Evangelium „Im Anfange...“ beendet ist, und wenn in der Stiftskirche die Kollekten (Gebete) beendet sind, sollen drei Kreuze über das Kirchenvolk gemacht werden und dabei gesprochen werden *Benedictio dei patris et filii et spiritus sancti descendat super vos et maneat semper, Amen* – „Der Segen Gottes des Vaters und des Sohnes und des heiligen Geistes steige über euch herab und verbleibe immer, Amen“.

3.2 Äbtissin und Dechantin – Konfrontation in aller Öffentlichkeit

Über den Verlauf des Weges, den der Konvent des Essener Damenstiftes am Sonntag, dem 14. September 1460, zum Stoppenberg zurücklegte, sind wir im Gegensatz zum Verlauf der Sakramentsprozession der Essener Bürger am Tage nach Fronleichnam mit dem gleichen Ziel so gut wie gar nicht unterrichtet.

Es handelte sich um die sogenannte Stoppelheiligenprozession „am Tag der Kreuzerhöhung (14. September), anscheinend eine religiöse Erntedankfeier“[45], die vermutlich von der Essener Bürgerschaft ausging. Im Liber Ordinarius wird die Prozession nicht aufgeführt. Zu ihrer Durchführung kam die Essener Äbtissin auf den Stoppenberg. In Begleitung von Geistlichen, Laien und Kanonissen des Damenkapitels an der Essener Münsterkirche beabsichtigte die im Jahr zuvor zur Fürstäbtissin erhobene Sophia IV. von Gleichen, die Stoppenberger Stiftsdamen zu zwingen, das Nonnengelübde abzulegen, wieder den Schleier zu nehmen und den freiweltlichen Charakter des Stiftes aufzugeben. Ob sie den Termin bewusst gewählt hatte, um entsprechende Öffentlichkeit für ihre versuchte Machtdemonstration zu haben, lässt sich nur vermuten. Deutlich erkennbar für alle Prozessionsteilnehmer – auch für die Essener Bürger – maßregelt sie die Stoppenberger Dechantin und ihre Stiftsdamen vor der gesamten Gottesdienstgemeinschaft.

Ebenfalls lässt sich nur annehmen, dass Dechantin Elisabeth von Backem bereits eine derartige Machtdemonstration von Essener Seite geahnt hatte. Die Absicht der Äbtissin, zur Feier des Festes Kreuz-Erhöhung – das auf dem Stoppenberg mit feierlicher Prozession und zur Schaustellung der Reliquien begangen wurde, mit ihrem Gefolge zu erscheinen, hatte sich wahrscheinlich vorher als Gerücht herumgesprochen und die Dechantin veranlasst, ihren Notar und Kleriker Everhardus Hartnegge genannt Materstrunk, zur Aufnahme eines Geschehensprotokolls bereitzuhalten.

Seine Ausführungen geben in anschaulicher und ausführlicher Weise die Ereignisse erzählerisch wieder:[46]

„*Im Namen des Herrn, Amen. Im Jahre 1460 nach Christi Geburt... Sonntag, den 14. September zur Zeit der Messe, des Morgens zwischen 9 und 10, ..., trat die ... hochgeborene und ehrwürdige Äbtissin von Essen, zugleich mit einigen Kanonikern, Pfarrern, Seelsorgern und Notaren der Essener Kirche, von der dem Gotteshause gegenüber liegenden Seite in die Kirche zu Stoppenberg. Indem sie in die Kapelle des hl. Andreas eintrat, liess sie von der anderen Seite derselben Kirche die ehrwürdige und achtbaren Personen Elisabeth von Backem, Dekanin, und die übrigen dortselbst präbendierten Damen vor sich rufen und sagte, sie habe mit ihnen einige besondere Dinge im Geheimen zu besprechen. Deshalb wurden auf Befehl und Drängen der Äbtissin alle übrigen Personen beiderlei Geschlechts aus der Kapelle, freilich gegen ihren Willen, ausgeschlossen... – Unter anderem stellte nun die...*

45 Hegel 1960, S. 120

46 Dieses und die folgenden Zitate siehe Meyer 1925, S. 47-67.

ehrwürdige Äbtissin der... Dekanin und den anderen Kapitularinnen der Kirche in Stoppenberg [ihr Anliegen] *vor, indem sie bat, sie sollten doch ihre Schleier wiedernehmen und sie tragen, wie sie es vordem in früheren Zeiten getan hätten, und auch zu tun verpflichtet sein. Darauf erwiderte die... Dekanin mit ihren Kapitularinnen in aller Bescheidenheit und mit gebührender Ehrerbietung und sie baten inständig, man möge sie doch ohne Belästigung leben lassen, nach den Satzungen, Gewohnheiten, Rechten und Privilegien, von denen sie bisher Gebrauch gemacht hätten und dazu verpflichteten sie sich auch gemäß den Ansprüchen der Rechtskundigen. Von diesen Worten nicht befriedigt, befahl die... Äbtissin unter Drohungen, jene müssten hinfort wohl den Schleier tragen, wenn sie die Präbenden der Kirche genießen wollten; hierauf nahmen einige von den Kapitularinnen den Schleier, indem sie sich denselben aufs Haupt legten. Und da an eben diesem... Tage, dem Feste Kreuzerhöhung, der Jahrestag der Stiftung der Kirche in Stoppenberg gefeiert wurde, bei der eine große Menge von Christgläubigen zusammenströmte zum feierlichen Gottesdienste, so ging die... Äbtissin mit einigen geschleierten Stiftsdamen, mit ihren Pfarrern, Kanonikern und Notaren in nicht geringer Hast und Eile aus der... Kapelle heraus, um, wie es Sitte war, die Reliquien in Prozession über den Friedhof der Kirche zu tragen* (Abb. 5). *Sie traten in den hohen Chor, und dort fügte die... Äbtissin, umgeben von ihren Begleitern beiderlei Geschlechts, den geringeren Dingen noch schlimmere hinzu. Sie drängte sich nämlich mit großer Hast, Gewalt und Ungestüm in die Prozession der... Dekanin und ihrer Stiftsdamen, stiess die Stiftsdamen in der Prozession nach hinten zurück, zur nicht geringen, vielmehr zur grossen Beschämung derselben.*[47] *Indem sie so vor jenen über den Friedhof ging, kam man schliesslich zu dem Platze des Friedhofes, wo die Predigt gehalten werden sollte. Dort bestieg einer von den Kanonikern der Äbtissin, wie es vorher bestimmt war, die Kanzel und predigte und fing sehr bald an zu reden über nicht geschleierte Nonnen. Da trat eine von den nicht geschleierten Stiftsdamen, als sie die Absicht des Predigers zum Teil gemerkt hatte, vor ihn hin und sagte: ‚Lieber Herr, wenn Ihr nichts Anderes predigen wollt und könnt, als über diesen Gegenstand, so ist es für jetzt genug, und Ihr könnt ganz gut aufhören.' Darauf erwiderte*

47 Das Verhalten der Äbtissin bei der Prozession mag dem heutigen Leser recht rüde vorkommen. Allerdings agierten mittelalterliche Menschen gerne sehr symbolträchtig: Als höhergestellte Person stand der Äbtissin das Recht zu, die Prozession anzuführen. Dieses Recht nahm sie sich und machte mit dieser Handlung damit für alle Anwesenden sichtbar, dass sie es war, die das Sagen hatte.

der Prediger: ‚Schweigt, Ihr seid auf dem Wege zum Teufel!' Zudem aber forderte der Prediger am Ende der Predigt die umstehenden Christgläubigen auf, ein ‚Vater unser' zu beten für die anwesenden geschleierten Nonnen, damit sie im Guten befestiget würden, dann aber auch für die nichtgeschleierten ein ‚Vater unser', damit sie auf dem rechten Wege zurückkehren möchten. Hierauf sagte eine derselben: ‚Dazu haben wir Euch nicht eingeladen, wer hat Euch darum gebeten?' Der Prediger antwortete dann vor allem Volke: ‚Schweigt, ihr seid verrückt; mit Rutenstreichen auf eure posteriora müsstet ihr gezüchtigt werden.' Schließlich aber wurden wegen solcher Schmähungen und Beschimpfungen die Reliquien, ohne, dass sie zur Verehrung gezeigt wurden, wie es dort sonst Gewohnheit war, in Hast und Eile in die Kirche zurückgetragen. Dort wurde, leider, sogar das Hochamt, welches zur Feier jenes Festtages gehalten werden musste, wegen derartiger Bedingungen, Kränkungen, Schmähungen und Beschimpfungen leichtsinnigerweise unterlassen. Zu guterletzt rief die... Äbtissin die... Dekanin auf das Chor und untersagte ihr vor den übrigen Stiftsdamen die kirchliche Freiheit, fernerhin [untersagte sie ihr] *das Kirchensiegel von Stoppenberg zu gebrauchen und die Güter, welche zu der Kirche gehören, zu verkaufen oder zu veräussern: ferner bekundete sie dieses Verbot öffentlich vor ihrem Notar. Wegen aller dieser Beleidigungen, Belästigungen, Schmähungen und Beschimpfungen beklagt sich... Dekanin Elisabeth de Backem zugleich mit den übrigen Stiftsdamen Katharina op dem Berge, Beate Unversagedes, Auleke Vosses, Grete van*

Abb. 5: „Stoppelheiligenprozession" am Tag Kreuzerhöhung auf dem Stoppenberg

Dungelen, Fya van Witten, Jutta van Ulenbroich und die anderen, soweit sie zur Dekanin halten [...].

Es folgt die Nennung der Zeugen. Zum Schluss bezeugt *Everhardus, genannt Materstrunk, Kleriker der Kölner Diözese, durch kaiserliche Vollmacht , amtlicher Notar*, dass er *bei allen vorgenannten Ereignissen... mit den genannten Zeugen zugegen war und gesehen und gehört habe, dass sie sich so zugetragen haben* und *deshalb dies Schriftstück... mit eigener Hand geschrieben* und es mit seinem gewohnten Zeichen und Namen unterzeichnet habe.

Nach dieser Schilderung war es der Essener Fürstäbtissin gelungen, durch ihr demonstratives Auftreten bei der Stoppelheiligenprozession zumindest bei einem Teil der Stoppenberger Kapitularinnen das Tragen des Schleiers durchzusetzen. Spätestens nach dem Zwischenfall bei der Prozession hatten sich bei den Konventualinnen Parteien gebildet. Vielleicht war man sich auch zuvor nicht ganz einig, was die Strenge der gelebten Religiösität anging – nun brach der Konflikt auch unter den Stiftsdamen offen zu Tage.

3.3 Nonnen oder Stiftsdamen? Eine Auseinandersetzung um Ordensregel und Gelübde

Es gab jetzt zwei Gruppen, zwischen denen ein Streit entbrannte. Die geschleierten Sanktimonialen sahen sich nun als die alleinigen, rechtmäßigen Inhaberinnen der Stiftsgüter und Präbenden[48] an und betrachteten daher die ungeschleierten unter der Führung der Dechantin Elisabeth von Backem als Eindringlinge und versuchten sie zu verdrängen. Deshalb riefen die Geschleierten den Erzbischof Theodorich von Köln um einen Entscheid in der Streitsache an. Dieser scheint auf Seiten der Geschleierten gestanden zu haben, denn er entzog dem erzbischöflichen Offizial, der sieben Jahre vorher die Stoppenberger Konventualinnen als nicht zur Anlegung des Schleiers verpflichtet erklärt hatte, „aus bestimmten Beweggründen" die noch unentschiedene Streitsache und übertrug sie dem Dekan der Kirche St. Severin zu Köln. Dieser übermittelte daraufhin als Untersuchungskommissar am 19. Dezember 1461 den streitenden Parteien eine Vorladung zu einem Informationstermin „in der Kirche oder dem Kapitelsaale in Stoppenberg".

Als es zur Eskalation auf dem Stoppenberg kommt, ist der Kern der Auseinandersetzung – Rückkehr zu den strengeren Ordensregeln und eine entsprechende Lebensweise als Nonne oder ein gemäßigtes Leben als Weltgeistliche – nicht mehr ganz neu. Es muss bereits in den Jahren zuvor schon Bestrebungen gegeben haben, die Stoppenberger Stiftsdamen zu einem Dasein als Nonnen zu bewegen. Allerdings hatte der kölnische Offizial im Jahr 1453 – also sieben Jahre zuvor – die Position der Frauen durch ein entsprechendes Rundschreiben gestärkt und „die Stiftsdamen hatten alle Anfechtungen der Gegner bisher siegreich bestanden."[49]

Das Zusammenleben im Stift war nach dem Vorfall während der Prozession anscheinend mehr als belastet. Aus einer Vorladung zu einem Informationstermin geht hervor, dass zumindest die Geschleierten sich über Belästigungen durch die Gegenseite bei Erzbischof Theodorich von Köln beklagt haben.[50] – Die Nichtgeschleierten werden durch die Ge-

48 Für eine Stiftsdame bedeutet die Präbende (s. auch Pfründe) das Jahreseinkommen für ihren Lebensunterhalt. Darüber hinaus erhielt sie von ihren Verwandten weitere Zuwendungen.

49 Meyer 1925, S. 47. Das Rundschreiben ergeht, *obwohl schon früher durch Entscheidung unseres Vorgängers bestimmt worden ist, dass dieselben weltliche Stiftsdamen seien und nicht Nonnen*, ..., was andeutet, dass die Auseinandersetzung zeitlich noch weiter zurückreicht, ebd.

50 Meyer 1925, S. 51

schleierten ähnlich schlecht behandelt worden sein.

Von den innerstiftischen Auseinandersetzungen sind keine ausführlichen Darstellungen bekannt. Aber in der schriftlichen Niederlegung zum zukünftigen Charakter des Stiftes Stoppenberg aus dem Jahr 1475 geben Urkunden rückwirkend an, dass die Konventualinnen während der Zeit der Auseinandersetzung „schwere und unerträgliche Quälereien" erlitten hätten und darüber hinaus zur Wahrung ihrer Rechte „fast unzählige Prozesse" an der Römischen Kurie haben führen müssen, deren Kosten ihnen und dem Stift großen Schaden verursachten.[51] Dennoch ist anzunehmen, dass sowohl die Geschleierten als auch die Nichtgeschleierten währen der Jahre der Auseinandersetzung ihren Gebetsverpflichtungen trotz allen Streites nachkamen und sich, soweit es irgend möglich war, aus dem Weg gingen.[52]

Die nachfolgenden Verhandlungen durch den Kölner Offizial Bach gestalteten sich für die Ungeschleierten ungünstig. Es hieß, dass das, *was von seiten der genannten opponierenden Nonnen oder Jungfrauen versucht worden ist, unerlaubt, verkehrt, ungerecht, verwegen und de facto anmassend gewesen ist und ist, dass endlich die genannten Opponenten, insgesamt und einzeln.. und eine jede von ihnen zu verurteilen ist, wie wir sie auch verurteilen, nämlich, dass sie gehalten seien, das Kleid und den Schleier des genannten Ordens wieder anzulegen... und sich in dem Tragen dieses Kleides und Schleiers zu bekräftigen..., die Güter, welche nach den Akten veräußert sind, wieder zu erwerben, und... dass die Klägerinnen teilhaben an den Gütern, Erträgnissen...* [und] *Einkünften... des Klosters, ferner...* [verurteilen wir die Verklagten] *zur Erstattung der Unkosten dieses Prozesses* [...].

Daraufhin riefen die Unterlegenen die Gerichtsbarkeit Papst Paul II. an. Kaplan Johannes Pintor, Erzdiakon der Kathedralkirche zu Elne[53], wurde zum Richter bestellt. Mit einem Schreiben vom 14. Januar 1463 forderte er von den streitenden Parteien die Vorlage aller Akten und Urkunden zum Rechtsstreit.

Es vergingen fünf Jahre. Kaplan und Erzdiakon Pintor, Doktor beider Rechte, war inzwischen Bischof in Elne geworden. Scheinbar hatte er in der Zwischenzeit Wichtigeres zu tun gehabt, als die Klärung der Auseinandersetzung voranzutreiben, denn erst am 20. Februar 1468 lud er die Prokuratoren (Anwälte) beider Parteien vor. Er untersagte ihnen alle Handlungen, die die Rechtslage verdunkeln könnten. Die Partei der Ungeschleierten vertrat der *umsichtige Herr* Magister Johannes Wirlemann, Prokurator bei der römischen Kurie, die der Geschleierten der *umsichtige Herr* Magister Christian Demel. Die Anwälte wurden vor das erzbischhöfliche Gericht in Köln geladen. Es erschien Magister Wirlemann, Magister Demel fehlte jedoch und wurde daher für *contumax*[54] erklärt.

Betrachtet man die zeitlichen Abläufe und die Auswahl der Zuständigen sowie die Entfernungen, über die hinweg kommuniziert wurde (Essen, Elne, Rom), sollte die weitere Klärung der Angelegenheit wohlmöglich verschleppt werden. Es scheint, als seien absichtlich Unterlagen und Informationen zurück gehalten worden: *Es wurde nämlich Klage geführt, dass einige Herren Prälaten, Richter, Offiziale, ordentliche und außerordentliche Kommissare,... in der genannten Gemein-*

51 Meyer 1925, S. 60

52 Die Lebensgewohnheiten im Stift boten dafür außerhalb der Gebets- und Gottesdienstzeiten genügend Möglichkeiten, allein schon, da die Frauen nicht im gemeinsamen Schlafsaal nächtigten, sondern in eigenen Wohnungen lebten.

53 Stadt in den Pyrenäen, zwölf Kilometer südlich von Perpignan

54 dt. trotzig, eigensinnig, störrisch, unbeugsam

de... und Diözese und anderswo Dokumente bei sich zu haben und zurückhalten, die für den Prozess aber *unbedingt notwendig* sind.[55] Entsprechend wird von der Seite der Nichtgeschleierten die Herausgabe dieser Unterlagen verlangt, dies *im Original oder in glaubwürdigen Abschriften.*[56]

Inzwischen war die Öffentlichkeit insofern berührt, als dass sie nach dem Vorfall während der Prozession und später entsprechend unter Androhung von Strafe angemahnt wurde, die Durchsetzung des geforderten Schleiertragens nicht zu behindern.[57] Nichts desto trotz werden die Angehörigen der Stiftsdamen, die ja alle aus adeligen Häusern stammten, versucht haben, den Ausgang der Auseinandersetzung in ihrem Sinne zu beeinflussen.

Über die Jahre hatte der Bischof von Elne den Fall abgegeben. Für ihn wurde der Auditor (Richter) des päpstlichen Palastes, Antonius de Grossis, mit der Rechtsprechung vom Papst betraut. Er fällte ein Urteil zugunsten der geschleierten geistlichen Frauen: *Unter Anrufung des Namens Christi, indem wir... Gott allein vor Augen haben, verkünden ... und erklären wir durch... unser endgültiges Urteil, welches wir auf... Rat und... Zustimmung der Herren Mitauditoren hin gefällt haben, in dem Prozess ... zwischen den... Nonnen des... Klosters vom Orden des hl. Augustinus in Stoppenberg, Diözese Köln, nämlich Hildegunde Dobbe, Bela Steynhuiss, Sophie van der Dungheren, Jutta Histfeldts, Felicitas van der Goy und Ida van dem Vitinghove einerseits und gewissen Elsa de Backhem, Katharina Upmberge, Beata Unversaget, Margaretha de Dungelen nebst Konsorten andererseits wegen und betreff des Ordenskleids des genannten Ordens vom hl. Augustinus und die Ablegung des Schleiers, sowie der Veräußerung von Gütern des genannten Klosters ..., vor dem hochwürdigen Herrn Offizial der ehrwürdigen Kölner Kirche ..., daß durch selbigen Herrn Offizial zugunsten eben der Nonnen, welche die Ordensgelübde ablegen und den Schleier deponieren, gut* [richtig] *vorgegangen, festgesetzt und entschieden worden sei und daß sein endgültiger Urteilsspruch zu bestätigen sei, wie wir ihn auch bestätigen ..., und daß die genannten widersprechenden und unbotmäßigen Nonnen in die deswegen entstandenen Kosten zu verurteilen seien, wie wir sie verurteilten; die Festsetzung dieser Kosten behalten wir uns für später vor. So habe ich, Antonius de Grossis, Auditor, entschieden.*

3.4 Freiweltliche Frauengemeinschaft – der Status am Stoppenberg wird offiziell

Doch die Unterlegenen, die Ungeschleierten, gaben nicht auf. Sie appellierten weiter an den Papst. Dieser übertrug Untersuchung und Rechtsprechung an den Auditor Nicolaus de Waldis. Auf Antrag der beiden Parteien wurde jedoch das Verfahren von diesem Richter weggerufen und an den Dekan Johannes Husmann aus Köln, der an der römischen Kurie residierte, übertragen.

Die Dechantin und ihren Anhang vertrat Prokurator und Syndikus Johannes Schmedekink, die Partei der Geschleierten nahm sich zwei Anwälte: Magister Henricus Stenweck und Henricus Hecht. Nun reihte sich Termin an Termin. Mehrere Kanonissen starben darüber hinweg, Nachfolgerinnen rückten nach. Endlich wurde dann elf Jahre nach Ausbruch des Streites am 8. Juli 1471 das letztinstanzliche Urteil gesprochen: *Indem wir zu Gericht sitzen und Gott allein vor Augen haben, verkünden, beschließen und erklären wir nach Anrufung des Namens Christi ..., daß* die ... *Urteile ... gegen die genannten Elsa, Dekanin, Katharina up dem Berge, Beata Unversaget, Margarethe de Dungelen und*

55 Meyer 1925, S. 54f.

56 Meyer 1925, S. 55

57 Meyer 1925, S. 51f.

ihre Prozeßgenossen, null und nichtig sind und dem Mangel der Nullität unterlegen haben und unterliegen, daß... diese Urteile zu annullieren, zu kassieren und zu widerrufen sind, und wir heben sie auf, kassieren und widerrufen sie hierdurch; ferner erklären wir, daß die genannten Gegnerinnen der Dekanin Elsa und der Kapitularinnen wie auch ihrer Prozeßgenossen, zu verurteilen sind in die Kosten der deswegen gemachten ordentlichen Instanzen, und wir verurteilen sie hiermit dazu; die Taxationen derselben behalten wir uns für später vor. – Zur Beglaubigung und – Bezeugung alles und jeglichen, was oben gesagt ist, haben wir den amtlichen Notar, unsern unterzeichneten Sekretär in diesen Sachen, beauftragt, dieses gegenwärtige Schreiben oder amtliche Dokumente, das die oben angeführten Urteile enthält, anzufertigen und zu publizieren, und haben befohlen, es durch Anhängung unseres Siegels zu bekräftigen.

Somit hatte sich die Gruppe der Konventualinnen unter Führung der Dechantin, die den Schleier nicht tragen wollte, durchgesetzt und mit viel Ausdauer und Stehvermögen den Prozess gewonnen. In letzter Instanz wurde ihnen die Freiheit von Gelübde und Nonnentracht zuerkannt. Am 23. Juli 1475 trat das gesamte Kapitel der geistlichen Frauengemeinschaft im Nonnenchor der Stoppenberger Kirche um 1 Uhr nachmittags zusammen, um den erlangten Status ihrer Institution endgültig in einer Urkunde niederzuschreiben und für die Zukunft zu sichern. Anwesend waren an diesem Sonntag ... *die edele Frau Elsa von Bachem, Dechantin, und die Damen Hilla Dobben, Greta von Dungelen, Bela von dem Steinhues, Jutta von Ulenbrock, Alkina von Bachem, Alkina op dem Berge, Lutgardis Steinhaus, Wibbeke Schimgels, Greta de Bachem, Jutta Schelen, Clara Hasenkamps, Catharina de Asbecke, Catharina von Witten und Perpetua von Witten, Stiftsdamen der Kirche oder des Stiftes zu Stoppenberg in der Diözese Köln...* (Abb. 6). Sie erklärten vor Notar Konrad Hoe von Recklinghausen, Kleriker der Diözese Köln, *in Anwesenheit der ehrsamen und verschwiegenen Männer Bernard Risseken, Vikar oder Priester an der gedachten Kirche, Ritter Rüdiger von Witten und Heinrich Borcken, Laien aus dem Bistum Köln, die als Zeugen hinzugeladen* waren, *daß seit beiläufig hundert und mehr Jahren, ja noch mehr, gleich von dem Zeitpunkte an wo der... Ort Stoppenberg der Nutznießung kirchlicher Personen überwiesen wurde, nämlich Jungfrauen und Fräulein, die aus ritterbürtigem Geschlecht entsprossen sind, sich dorthin begaben, um entweder auf immer oder bis sie sich entschlössen, in die Welt zurückzukehren und sich zu verehelichen, zuerst als Novizen und dann als Stiftsdamen in wachsender Tugend und Vollkommenheit sich Gott zu weihen und so in dem Stande tadellos und anspruchslos lebten, soweit dies die menschliche Schwachheit zulässt, daß also von diesem Zeitpunkte an die Jungfrauen und Fräulein in ehrbarer Tracht und Kleidung stets aufgetreten sein, daß sie aber dort niemals eine klösterliche oder Ordensregel oder Gelübdeablegung sowie das Tragens des Schleiers vorgefunden oder eine solche Regel angenommen oder beobachtet hätten oder zu ihrer Beobachtung angehalten und verpflichtet worden wären.*

Es seien jedoch im Laufe der letzten verflossenen Jahre auf Anstiften einiger Gegner eine Auflehnung bei gewissen Damen des Stiftes, welche den Schleier annahmen, zuwege gebracht worden, wobei dann Uneinigkeit, Hader und Zwietracht entstanden sei wegen der Änderung der Lebensweise und weil sie eine Ordensregel und den Schleier angenommen hätten und trügen.

Nachdem nun durch Urteil der kirchlichen Obrigkeit der Stiftscharakter festgelegt worden war, beschlossen die Sankimonialen *in dieser althergebrachten Lebensweise fest und beharrlich zu deren Festhaltung, Beobach-*

Abb. 6: Der Stoppenberger Kanonissenkonvent um 1475

tung und Verteidigung zusammenzustehen, verbleiben und [zu] *beharren... Sollte aber etwa eine von ihnen im Geiste höherer Frömmigkeit Neigung bekommen, eine strengere Lebensweise oder eine klösterliche Ordensregel mit Gelübdeablegung anzunehmen, soll dieselbe fortan Stelle und Pfründe* in Stoppenberg verlieren.

Von nun an sollten alle volljährigen Kanonissen, bevor sie zur Gemeinschaft der Konventualinnen und zum Besitz ihrer Pfründe zugelassen wurden, dem Stiftsgeistlichen der Kirche in die Hände schwören, *wie auch die Dechantin und Canonicae auch einzeln, wechselseitig gelobt und versprochen haben, diese Vereinbarung, Gelöbnis und Anordnung sowie alles und jegliches oben Ausgeführte zu halten und zu beobachten, und selbigen niemals bei Strafe des Verlustes der Pfründe zuwiderhandeln oder ungehorsam sein zu wollen.*

4 Anerkannt von höchster Instanz – Zusammenfassung und Ausblick

1488 bekamen die Stoppenberger Stiftsdamen durch eine Verfügung von Papst Innozenz VIII. *nach der Art der Stiftsdamen oder Jungfrauen der anderen weltlichen Kirchen der Stadt und Diözese Köln,...*[58] das Tragen eines weißen wollenen Gewandes *unter Weglassung des Überwurfes* zugestanden. Damit war ihre Lebensweise als freiweltliche Stiftsdamen auch offiziell von höchster Stelle bestätigt worden.

Als Tochtergründung der Abtei Essen hatte Stoppenberg nach 1073 im Laufe seiner Entwicklung als geistliche Frauengemeinschaft bereits sehr früh den Status eines Nonnenklosters abgelegt, das sich anfangs nach der Regel der Prämonstratenser ausrichtete. Diese Entwicklung versuchte die Essener Stiftsleitung, voran die Fürstäbtissin, bei der Prozession am 14 September 1460 rückgängig zu machen und den Konventualinnen in einem 15 Jahre dauernden Prozess den Nonnenstatus aufzuzwingen.

1460, zum Zeitpunkt des Schleierstreits, war Stift Stoppenberg – von Swanhild, der Äbtissin des Essener Stiftes 1060 als Kloster gegründet – dem Essener Stift inkorporiert und hatte selbst keine Äbtissin, die der Gemeinschaft vorstand. Als Dechantin war Elisabeth als Vorsteherin der Stoppenberger Gemeinschaft der Fürstäbtissin in der Rangfolge eigentlich nachgeordnet. Stift Stoppenberg befand sich dazu im Territorium der Fürstäbtissin, sie hatte hier die Oberhoheit, fühlte sich entsprechend als Herrscherin und sah es als notwendig an, dies auch auf dem Stoppenberg deutlich zu machen.

Das Verhalten der Fürstäbtissin kann als Bemühen im Zuge der Reformbewegungen (Klosterreform) des 15. Jahrhunderts gewertet werden: Die kirchlichen Obrigkeiten waren darauf bedacht, die alten klösterlichen Ordnungen zu erneuern und die Konvente zu strengerem Einhalten der gemeinsamen Regeln zurückzuführen, um dadurch eine tiefere Religiosität wiederherzustellen. In den zum Streit vorliegenden Dokumenten aus der Zeit der Auseinandersetzung werden die Stiftsdamen in den Schreiben der Gegenseite konsequent als „Nonnen" bezeichnet, was ein Beharren auf deren Position deutlich unterstreicht.[59]

Zusätzliche persönliche Gründe der Äbtissin für ihr Handeln sind darüber hinaus durchaus denkbar: Sehr wahrscheinlich wollte Sophia von Gleichen mehr Einfluss auf den Konvent auf dem Stoppenberg ausüben. Dabei konnte sie eine Verweltlichung oder gar eine Überheblichkeit gegenüber dem hochadeligen Stift allein schon aus ständisch-herrschaftlichen Gründen nicht hinnehmen und versuchte die Bewohnerinnen für jetzt und in Zukunft entsprechend zu disziplinieren.[60]

Es ist zu vermuten, dass sich Elisabeth von Backem der Fürstäbtissin gleichgestellt fühl-

58 Meyer 1925, S. 62

59 In den Dokumenten der Gegenseite werden die Nichtgeschleierten als „Jungfrauen" oder „Fräulein" bezeichnet.

60 Unliebsame Konkurrenz in nächster Nähe zum eigenen Kloster auszuschalten, um so den rar gewordenen Nachwuchs aus den umliegenden Adelshäusern auf das eigene Stift zu konzentrieren, wäre ebenfalls als ein Grund für das Verhalten der Äbtissin denkbar; vgl. Gerchow 2002, S. 77.
Dagegen lässt sich allerdings einwenden, dass die Essener Stiftsdamen dem Hochadel entstammen, die Stoppenberger Damen dagegen aus dem niederen Adel. Es handelt sich daher um eine andere „Klientel", die mit der angebotenen religiösen Lebensweise angesprochen wird, und ist als alleinige Ursache für die Auseinandersetzung kaum ausreichend.

te, und ebenfalls versuchte, zu verteidigen, was sie als ihren Machtbereich betrachtete. Darüber hinaus waren ihre Anhängerinnen von der Richtigkeit ihres Anliegens schon deswegen überzeugt, weil schon seit mehr als zweihundert Jahren die ehemaligen Prämonstratenserinnen als freiweltliche Adelige geduldet und betrachtet wurden. Betrachtet man die vollständigen Namenslisten der Stiftsdamen zu Anfang und zu Ende des Streits, fällt auf, dass die ursprüngliche Anzahl von 19 auf 15 Konventualinnen zurückgegangen war. Einige der Konventualinnen waren zu Ende der Auseinandersetzung bereits verstorben. Neue Konventualinnen waren nachgerückt. Darüber hinaus wird offensichtlich, dass der Kern der Anhänger der Dechantin aus ihren Schwestern, Tanten und Nichten bestand – ein gewisser „Familienzusammenhalt" ist daher kaum von der Hand zu weisen.

Aus der Kenntnis ihrer überlieferten Tradition und vom Charakter der freiweltlichen Ausrichtung ihres Stiftes überzeugt, fand die Gruppe der Kanonissen um die Dekanin Elisabeth von Backem den Mut, der Äbtissin Sophia von Gleichen die Stirn zu bieten und um den Erhalt ihrer bisherigen gemeinsamen Lebensweise (*vita communis*) von Kanonissen und Kanonikern nach der Aachener Regel von 816 einzutreten. In der Auseinandersetzung wird das von der Äbtissin verlangte erneute Tragen des Schleiers, das klassische Kennzeichen des vormaligen Nonnendaseins, zum Symbol für einen Rückschritt zu einer von den Stiftsdamen bzw. ihren Vorgängerinnen längst abgelegten Lebensweise. Mit ihrer Haltung, den Schleier nicht wieder anlegen zu wollen, verbindet sich das eigentliche Anliegen der Stiftsdamen: Sie sind nicht bereit, ein Gelübde abzulegen und künftig als Nonnen zu leben.

Für die Dechantin von Stoppenberg und für die Mehrzahl ihrer Mitschwestern war es entscheidend, ihren bisherigen Lebensstandard zu erhalten. Dieser zeichnete sich im Vergleich mit einem Dasein als Nonne, aber auch im Vergleich zu einem Frauenleben des Mittelalters überhaupt von großer Unabhängigkeit aus: Die Stiftsdamen hatten nicht nur die Möglichkeit, die Gemeinschaft wieder zu verlassen, falls sich ein geeigneter Ehekandidat fand. Sie lebten in der Frauengemeinschaft ein ähnliches Leben wie zuvor in ihren Familien, dies eventuell sogar in größerer Unabhängigkeit. Die Damen unterhielten ihren eigenen Hausstand, sie lebten in eigenen Häusern und hatten Dienstboten, empfingen Besuch ihrer Familien und konnten genauso den Angehörigen Besuche abstatten. Darüber hinaus hatten die niederadeligen Frauen des Stoppenbergs persönlichen Besitz, über den sie selbst verfügen konnten, sie konnten beispielsweise Geld sparen und davon Stiftungen machen. Durch ihr beherztes Eintreten und ihre Ausdauer gelang es ihnen, die Privilegien, die sie als Adelige für sich beanspruchten, auch für die Zukunft und für nachfolgende Stoppenberger Stiftsdamen zu bewahren. Ihr Verhalten und besonders das ihrer Dechantin gibt Zeugnis von einem ausgeprägten Selbstbewusstsein unter den niederadeligen Damen des ausgehenden Mittelalters.

Abbildungsnachweis

Abb. 1: Arno Vauseweh, nach Vorlagen aus Kosch 2005, Clemen 1893, nicht maßstabgetreu
Abb. 2, 5, 6: Ramona Vauseweh, Bleistiftzeichnungen nach mittelalterlichen Vorlagen und Meyer 1925
Abb. 3: Arno Vauseweh, nach Frin 1985/86 und Weigel
Abb. 4: Arno Vauseweh, nach verschiedenen Karten, nicht maßstabgetreu

Glossar zu Frauenstift, Liturgie, Gottesdienst und Jenseitsvorsorge im Hoch- und Spätmittelalter

Aachener Regel – in der Kaiserpfalz Aachen im Jahre 816 auf einer Reichssynode für die *vita communis* (gemeinsame Lebensweise) von Kanonissen und Kanonikern auf Grundlagen der Augustinusregel erlassene Statuten (s. Augustiner-Chorfrauen).

Ablass – Fachbegriff aus der katholischen Theologie. Die (mittelalterliche) Kirche gewährt eine Verkürzung der Leidenszeit im Fegefeuer – dem Ort, in dem vor dem Eintritt in den Himmel die im Diesseits begangenen Sünden gebüßt werden. Dafür erbringt der Gläubige vorab sog. fromme Leistungen.

Äbtissin – Leiterin eines Klosters bzw. eines weitgehend selbständigen Frauenstiftes

Altar – Im engeren Wortsinn sind mit der Bezeichnung Altar nur der Altartisch (Mensa) und die daran gebundenen Rechte gemeint – nicht das darauf befindliche Retabel. Jeder Altar ist einem oder mehreren Heiligen geweiht. In der Frühzeit des Christentums wurden Altäre möglichst über den Gräbern der Märtyrer errichtet. Daraus entwickelte sich die Sitte, in jeden Altartisch Heiligenreliquien – vor allem diejenigen des jeweiligen Kirchenpatrons, d.h. des Namengebers der Kirche – einzumauern. Zum Altar gehört jeweils ein bestimmtes Vermögen (= Altarpfründe), aus dessen Ertrag der diensthabende Priester entlohnt werden konnte. Die an öffentlichen Altären – Hochaltar, Pfarraltar oder häufig der Kreuzaltar – gelesenen Messen sind für die ganze Gemeinde bestimmt. Die an Privataltären gelesenen Messen kommen vor allem dem Seelenheil des betreffenden Stifters zugute. Privataltäre befinden sich in Privatkapellen oder an Seitenwänden und Pfeilern größerer Kirchen.

Altarist – s. Kaplan

Anniversar – s. Jahrzeitbuch, der Begriff bezeichnet manchmal auch die Jahrzeitfeier.

Antifon – Wechselgesang als Einstimmung und zum Abschluss der Psalmen im Stundengebet

Atrium – Vorhof einer Kirche mit Säulenhallen auf drei Seiten, oft mit Brunnenanlage in der offenen Hofmitte, im Gegensatz zum Kreuzgang für Laien zugänglich

Augustiner-Chorfrauen – Im 11. Jahrhundert nach kanonikalen (weltgeistlichen) Grundsätzen lebende Frauen, zunächst in Doppelklöstern, später – seit dem 12. Jahrhundert – nach Männern und Frauen getrennt, orientieren sie sich an der Augustinusregel.

Augustinusregel – älteste Regelung des Gemeinschaftslebens der Kanoniker, dem Kirchenvater Augustinus (354-430) zugeschrieben. Zu den Anforderungen gehören der Verzicht auf persönlichen Besitz, Enthaltsamkeit und die Unterordnung des Einzelnen unter die Bedürfnisse der Gemeinschaft und die Autorität des Klosteroberen.

Benefizium – s. Pfründe

Causae piae (pl.) – von lat. *causa*, Grund, Ursache / lat. *pius*, fromm. Hinter einer Schenkung oder einem Vermächtnis stand zumeist ein religiöser oder wohltätiger Vorsatz. Diese Absichten werden als *Causae piae* bezeichnet.

Chor – durch Chorschranken abgesonderter Teil des Kirchengebäudes für den Stiftsgottesdienst der Kanoniker, Aufstellungsort des Chorgestühls, in dem für die Geistlichkeit vorbehaltenen Raum vor dem Hochaltar. Ist der Chor nicht von gleicher Breite wie das Kirchenschiff, wird er eingezogener Chor genannt.

Chorgestühl – Gestühl der Konventsmitglieder im Chor mit Rückwand, für die Stundengebete der geistlichen Gemeinschaft

Damenstift – s. Stift

Dechantin – s. Priorin

Donation – (einmalige) Schenkung. Im Zusammenhang mit der Jenseitsvorsorge ein Geschenk an die Kirche in frommer Absicht (*Causae piae*). Man schenkte liturgisches Gerät, Bilder, Glocken, Glasfenster etc., welche mit der Aufnahme in die Kirche zur *res sacra* wurden. Ihre Schädigung oder Zerstörung galt fortan als Sakrileg. Wie viele Inschriften zeigen, erhofften sich die Donatoren mit ihrem Geschenk eine positive Wirkung auf ihren Aufenthalt im Jenseits. Die Donation wird oft fälschlicherweise als Stiftung bezeichnet. Sie begründet aber im Gegensatz zu dieser kein Rechtsverhältnis, sondern entspricht einem einmaligen Rechtsakt bzw. Schenkungsakt.

Eucharistie – Teil der Messe. Diese setzt sich zusammen aus einem vorbereitenden Wortgottesdienst mit Gebeten und Bibellesungen sowie dem Hauptteil, der Eucharistiefeier. Die Eucharistiefeier geht zurück auf das letzte feierliche Mahl Jesu mit seinen zwölf erstberufenen Jüngern am Vorabend seines Todes. Die römisch-katholische Kirche lehrt, dass sich in der Eucharistie die Wandlung von Brot und Wein in den Leib und das Blut Christi (Realpräsenz) vollzieht. Auch die geweihte Hostie wird als Eucharistie bezeichnet. Wer sie empfängt, muss frei sein von schweren Sünden, d.h., sich gegebenenfalls vorher nach der Beichte im Bußsakrament mit Gott versöhnen. Für Sterbende war der Empfang der Eucharistie das letzte Ziel.

Fegefeuer – lat. *purgatorium ignis*. Das Fegefeuer bezeichnet den Ort, an dem die Seelen der Verstorbenen vor ihrem Eintritt in den Himmel geläutert werden. Der Name leitet sich vom mittelhochdeutschen *fegen* (= reinigen) ab. Anders als in der Hölle dauert der Aufenthalt der Seele im Fegefeuer nicht ewig, sondern nur so lange, bis die begangene Sündenschuld durch die erlittenen Qualen getilgt worden war. Von den Konsequenzen steht das Fegefeuer dem Himmel näher als der Hölle, da vollständige Läuterung und der Übergang in den Himmel das Ziel darstellen. Im Diesseits konnte der Gläubige Einfluss auf diese Zeit im Fegefeuer nehmen und den Aufenthalt durch Buße und Gute Werke verkürzen (s. Ablass). Die Verkürzung der Zeit im Jenseits wird durch die Kirche vermittelt. Erst im Konzil von Lyon (1247) wurde die Lehre vom Fegefeuer offiziell festgelegt.

Frauenstift – s. Stift

Gebetsbund – Vereinbarungen zwischen Klöstern und Abteien, um einander gegenseitig geistlichen Beistand für den Todesfall zu gewähren. Um den Gebetsverpflichtungen termingerecht nachkommen zu können, wurden Gedenkbücher angelegt.

Gestühl – s. Chorgestühl

Gute Werke – Oberbegriff für fromme Leistungen, die den Gläubigen die Leidenszeit im Fegefeuer verkürzen. Zu den Guten Werken zählen die sechs Werke der Barmherzigkeit (Mt 25,34-46), das Bestatten der Toten, Gebet, Lichtopfer, Wallfahrt, Förderung des kirchlichen Kultes und Schmuckes (s. auch Seelgerät). Von den Reformatoren wurde der Nutzen der Guten Werke für das Seelenheil bestritten.

Hagioskop – Wandöffnung zwischen Kirchenraum und Kirchhof. Nicht zum Hindurchblicken, sondern nach mittelalterlicher religiöser Vorstellung dazu bestimmt, die Ausstrahlung der kirchlichen Heilswirkung – beispielsweise die der Altarreliquie – nach außen zu den Verstorbenen dringen zu lassen (s. auch Reliquie).

Himmel – Der Himmel ist der Wohnsitz Gottes zusammen mit seinem Hofstaat von Engeln und Heiligen sowie nach dem jüngsten Tag auch aller Gläubigen. Damit bezeichnet er weniger ein räumliches Jenseits als für den Gläubigen einen Zustand übernatürlicher und ewig fortdauernder Glückseeligkeit durch die unmittelbare Anschauung Gottes.

Hochaltar – Hauptaltar im Sanktuarium einer Kirche, dem Kirchenheiligen geweiht; s. auch Altar

Hölle – Im frühen Christentum war die Hölle noch kein wesentliches Thema, zu zentral war der Gedanke einer Naherwartung. Auch biblisch gibt es für spätere Höllenvorstellungen kaum Grundlagen (Hölle als Gegensatz zum Reich Gottes, vgl. Mk 9,47). In der mittelalterlichen Jenseitstopografie bezeichnet sie das Fernsein von Gott. Die Höllenstrafe setzt sich aus dem Entzug der Anschauung Gottes und den sog. Höllenqualen zusammen. Ewiges Feuer oder Eis, Finsternis, Pech und Schwefel sind die vorherrschenden Elemente in den Schilderungen von Höllenqualen. Das Gleichnis vom reichen Mann und armen Lazarus (Lk 16,19-31) berichtet von „Heulen und Zähneklappern" an diesem Ort. In der christlichen Vorstellung des Mittelalters erleiden die abgefallenen Engel (= Teufel) und die als Todsünder (s. Sünde) gestorbenen Menschen hier ihre ewige Strafe (Verdammnis).

Hostie – von lat. *hostia* = Opfertier, Schlachtopfer. Dünne, weiße, runde Scheibe aus ungesäuertem Brot. Nach dem Glauben der römisch-katholischen Kirche wird dieses bei der Messfeier (Messe) in den Leib Christi gewandelt und in der Kommunion den Gläubigen gereicht. In der katholischen Kirche werden konsekrierte (gewandelte) Hostien streng von unkonsekrierten unterschieden und im Tabernakel aufbewahrt.

Immunität – (1) die Freiheit eines Klosters bzw. Stiftes von Abgaben und seine Unabhängigkeit von weltlichen Eingriffen, die vom König durch Privileg der geistlichen Institution zugestanden wurde – (2) durch Mauern und Tore eingefriedeter Bezirk eigenen Rechts um Kirche und Nebenbauten, z.B. Kathedrale, Kloster oder Stift

Jahrzeit – Am jährlich wiederkehrenden Todes- oder Begräbnistag (Jahrtag) ließen die Hinterbliebenen für das Seelenheil des Verstorbenen eine oder mehrere Messen lesen. Vermögende Leute spendeten ein gesungenes Seelenamt anstelle der stillen Jahrzeitmesse. Daneben gab es auch gestiftete Jahrzeiten (Jahrzeitstiftungen); sie beruhten auf einer letztwilligen Verfügung des Verstorbenen oder seiner Nachkommen, wurden aus dem jährlichen Ertrag des vermachten Vermögens finanziert und waren auf ewige Zeiten angelegt.

Jahrzeitbuch – Das Jahrzeitbuch, auch Anniversar (von lat. *Anniversarium* = Jahrzeittag) oder Seelenbuch (lat. *liber animarum*), ist eine Art immerwährender Kalender, in welchem die Todestage von Verstorbenen eingetragen werden. Es dient den Pfarreien, Stiften, Klöstern oder Bruderschaften und den Gemeinden als Agenda, da sie anhand des Anniversars die Jahresgedächtnisse feierten. Neben dem Sterbedatum und dem Namen der Stifter enthielt das Jahrzeitbuch meist weitere Angaben, beispielsweise liturgische Einzelheiten, wie die Jahrzeit zu begehen sei oder Einträge über die Spende und Finanzierung des Totengedächtnisses.

Jahrzeitstiftung – Ein Gläubiger vermacht einer Kirche einen Teil seines Kapitals. Aus den Zinsen dieser Kapitalanlage sollte bis in alle Ewigkeit ein Priester besoldet werden, damit er am jährlich wiederkehrenden Todestag der Stifterin oder des Stifters eine Messe liest. Ganz nach Größe des Kapitals waren die Jahrzeitfeiern einfach oder umfangreich. Letztere schlossen Almosen für die Armen, Glockenläuten und anderes mit ein. Die gestiftete Jahrzeit konnte eine stille Seelmesse sein, d.h., sie wurde nicht laut gesprochen und ließ sich in einer Viertelstunde abfeiern Der Gottesdienst konnte aber auch bis hin zu prunkvollen Totenoffizien anwachsen, bei denen mehrere Kleriker bereits am Vorabend mit dem Singen von Psalmen begannen. Am Morgen schlossen sich ein ebenfalls gesungenes Seelenamt mit Prozession über das Grab des Verstorbenen an.

Jenseitsvorsorge – Moderner Sammelbegriff für alle Maßnahmen, die zu Lebzeiten für ein günstigeres Jenseits getroffen werden. Dazu gehörte u.a. das Geben von Almosen, Gute Werke, Stiftungen und Donationen sowie die Mitgliedschaft in Gebetsbünden.

Kanoniker – oder Stiftsherr, Weltgeistlicher = Priester oder lediglich Inhaber niederer Weihen, er führt zusammen mit anderen Geistlichen nach einer mönchsähnlichen Regel (Augustinerregel) ein gemeinschaftliches Leben und versieht mit diesen den Gottesdienst in einer Stiftskirche. Im Gegensatz zu Mönchen verfügten Kanoniker über Privatbesitz und lebten in ihrer eigenen Wohnung.

Kanonisse – Chorfrau, Regularkanonikerin, Angehörige eines Frauenstiftes, die als geistlich lebende Frau keinem religiösen Orden angehört und an ihre geistliche Gemeinschaft nicht durch ewiges Gelübde gebunden ist und als Stiftsdame, auch Sanktiomoniale oder Konventualin genannt, nach kanonikalen – weltgeistlichen – Regeln in einem Stift wohnt, dies vor allem seit dem 12./13. Jahrhundert.

Kapelle – (1) Kirche ohne Pfarrrechte bzw. mit eingeschränkten Pfarrechten. Zu den Pfarrechten gehört das Tauf-, Totenbestattungs- und Zehntrecht. – (2) kleiner, kirchenrechtlich von einem anderen Gotteshaus abhängiger Kirchenbau oder Anbau an eine Pfarrkirche mit Nebenaltar

Kapitelhaus/Kapitelsaal – Versammlungsraum bzw. –ort einer Geistlichen Gemeinschaft von Männern oder Frauen, s. auch Konvent, Kapitel – am Kreuzgang innerhalb der Klausur gelegen

Kapitel – Gemeinschaft von Kanonissen bzw. Kanonikern, bezeichnet auch deren tägliche Versammlung

Kaplan – von lat. *cappelanus* = Kapellengeistlicher. Der Priester, der eine der an Kapellen oder (Neben-)Altären gestifteten Messpfründen innehat. Im Unterschied zum Pfarrer hat der Kaplan keine eigene Pfarrei. Im Mittelalter las er vornehmlich Seelmessen und leistete das Chorgebet.

Karthäuser – Angehörige eines Männerordens, in dem strenge Schweigegebote der Ordensregel bestimmend sind.

Kelch – Trinkgefäß, meist Silber vergoldet, dient zur Aufnahme des Weins – nach der Wandlung in der katholischen Kirche das Blut Christi – bei der Eucharistiefeier.

Klausur(anlage) – Komplex aus Wohn- und Arbeitsräumen einer geistlichen Gemeinschaft im Umfeld der Konventskirche. Er bildet den Ort der *vita communis* und ist für Laien und Angehörige des jeweils anderen Geschlechts nicht zugänglich.

Kleriker – Geistlicher, Priester

Kloster – von lat. *claustra* = Riegel, Schloss. Damit bezeichnet das Kloster ursprünglich einen abgeschlossenen Bereich, der für Laien nicht zugänglich ist. Mit ihrem Rückzug ins Kloster lösten sich die Mönche und Klosterfrauen vom weltlichen Leben wie auch von ihren persönlichen Gütern, um sich restlos Gott hinzugeben und unterwarfen sich der strengen Ordensregel. Damit die Mönche sich ganz dem Gottesdienst und Gebet widmen können, werden sie von Wohltätern unterstützt. Diese erhoffen sich im Gegenzug für ihre Unterstützung die fürbittende Hilfe der Mönche für ihr Seelenheil.

Klosterreform – erneuerte strenge Rückbindung an die ursprünglichen monastischen Ideale und Zustände, im Mittelalter mehrfach durchgeführt, besonders in der zweiten Hälfte des 15. Jahrhunderts (z.B. Windsheimer Reform, Reform von Bursfelde)

Komplet – Chorgebet zum Tagesabschluss vor dem Schlafengehen um ca. 20 Uhr

Konvent – Gemeinschaft von Nonnen oder Stiftsdamen eines Klosters oder Damen- bzw. Frauenstiftes, bezeichnet aber auch das Kloster oder Stift selbst.

Konversen – s. Laienbrüder/-schwestern

Konventualen/ Konventualinnen – die Angehörigen eines Konvents

Kreuzgang – vierflügeliger überdachter Umgang mit romanischen oder gotischen meist unverglasten Fensteröffnungen zu einem Binnenhof mit Springbrunnen oder Hochkreuz, an der Rückwand gesäumt von Konventkirche und den Gemeinschaftsräumen der Klausur

Kurie – Wohngebäude mit Einzelwohnung oder mehreren Wohneinheiten von Kanonikern oder Kanonissen, die nach Auflösung der *vita communis* ihres Konvents nicht mehr dauernd in der Klausuranlage des betreffenden Stiftes lebten. Zur Bewältigung des Lebensalltages stand jeder/jedem ein Leben lang persönliches Dienstpersonal zur Verfügung.

Laienbrüder/-schwestern – auch Konversen genannt, lesekundige, vor allem für praktische Tätigkeiten eingesetzte Konventangehörige zumeist niederen Standes ohne ewiges Gelübde. Sie hatten eigene Plätze im Kirchenraum und wohnten von den Konventualinnen oder Konventualen in der Klausuranlage getrennt in eigenen Unterkünften.

Laudes – auch Morgenlob genannt, das morgendliche Chorgebet der geistlichen Frauen oder Männer, ca. um 5 Uhr (s. auch Vigil)

Liber Ordinarius – Sammlung von Anweisungen für den Ablauf liturgischer Handlungen in und außerhalb einer bestimmten Konventkirche für Fest-, Feier- und Gedenktage mit Nennung der entsprechenden Ortsangaben

Matutin – Gebet zwischen Mitternacht und dem frühen Morgen, die erste Gebetszeit des liturgischen Tages um ca. 2 Uhr

Memoria – von lat. *memoria* = Gedächtnis, dt. oft auch Memorie. Der Brauch des Totengedächtnisses. Durch Gaben, Almosen, Schenkungen und Stiftungen versuchte man die Empfänger zum Gedächtnis zu verpflichten. Die Memoria hält einerseits das irdische Wirken der Verstorbenen in Erinnerung und dient gleichzeitig der Fürbitte, um deren Leidenszeit im Fegefeuer zu verkürzen.

Messe – Die Messe wird als Gedächtnisfeier von Tod und Auferstehung Christi begangen. Sie umfasst einen Wortgottesdienst und die Eucharistiefeier. Nur geweihte Priester dürfen das Messopfer darbringen. Viel zahlreicher als die öffentlichen Messen (Gemeindegottesdienste) waren im Mittelalter die Privatmessen, welche dem Seelenheil der Stifterin oder des Stifters nützen sollten. In diesen Sondermessen wurden u.a. die Namen der Verstorbene verlesen.

Mönch – durch Gelübde an ein gemeinschaftliches Leben nach der Ordensregel gebundene Angehörige eines Männerordens. Ein Mönchskonvent besteht ferner aus Novizen und Laienbrüdern.

Non – lat. *nonus* = neun; Chorgebet zur neunten Stunde des Tages, etwa um 15 Uhr

Nonne – durch Gelübde an ein gemeinschaftliches Leben nach der Ordensregel gebundene Angehörige eines Frauenordens; dazu gehören ferner Novizinnen und Laienschwestern.

Nonnenempore – hochgelegener Einbau im Westen einer Kloster- oder Stiftskirche, zum Kircheninneren zur Gemeinde hin geöffnet. Hier verrichteten die Sanktimonialen – abgesondert vom übrigen Kirchenvolk – ihre Stundengebete und wohnten dem Gottesdienst in der Konventskirche – Pfarr-, Kloster- oder Stiftskirche – bei. Die Empore wird auch Damenempore, im Niederdeutschen Prieche, genannt.

Novize/Novizin – Bezeichnung der Anwärter/Anwärterinnen vor ihrer endgültigen Aufnahme in einen klösterlichen Konvent

Offizium – s. Tagesoffizium

Ordensregel – s. Regel

Pfründe – Die Pfründe verband sich mit einem Kirchenamt, zu dem ein fest dotiertes Vermögen gehörte. Dieses war an einen bestimmten Altar gebunden. Der Amtsinhaber war berechtigt, die Erträge dieses Vermögens für seinen Lebensunterhalt zu nutzen. Daher sollten diese Erträge hoch genug sein, um dem Inhaber – Pfarrer oder Vikar – ein standesgemäßes Auskommen zu sichern.

Präbende – s. Pfründe

Prämonstratenser – in Prémontré bei Laon, Frankreich, 1120 durch den hl. Norbert von Xanten geründeter Orden

Prämonstratenserinnen –weiblicher Zweig des durch Norbert von Xanten 1120 gegründeten Männerordens

Prim – morgendliches Chorgebet um 6 Uhr

Prior – s. Priorin

Priorin – Stellvertreterin einer Äbtissin. Ist der Abtei ein Zweitkloster bzw. eine Frauenkommunität unterstellt, leitet auch dort eine Priorin, oft auch Dechantin genannt, den Konvent. In männlichen geistlichen Institutionen bestehen gleiche leitende Strukturen wie Abt und Prior.

Regel – schriftlich festgelegte Lebensordnung einer geistlichen Gemeinschaft

Rektor – ein für einen bestimmten Altar zuständiger Kleriker, der nicht zur Hilfe im Pfarrgottesdienst verpflichtet ist.

Reliquie – Überreste von Heiligen, Gebeine sowie Dinge, die ihnen zu Lebzeiten gehört hatten, für die Gläubigen zur Verehrung in Reliquienschreinen (Behältnissen) z.B. auf Altären ausgestellt.

Responsorium – liturgischer Wechselgesang zwischen Priester und Gemeinde oder Chor

Retabel – ursprünglich Tafel (*tabula*) hinter und über dem Altartisch. Die einfache Bildtafel entwickelt sich im Spätmittelalter zu geschnitztem und/oder gemalten Schrein mit Flügeln.

Sanktiomoniale – s. Nonne, Kanonisse

Sanktuarium – Standort des Hochaltars nach Osten hin von einer Apsis eingefasst

Schenkung – s. Donation

Seelgerät – von *rat* = Vorrat, lat. *testamentum*, meint den Vorrat an Guten Werken für die Seele. Das Seelgerät war bereits in der griechischen und römischen Antike verbreitet. Der Grundgedanke: Die Reichen sollen in ihrem Testament Christus als Miterben einsetzen. Das bedeutet, ein Teil des hinterlassenen Vermögens wird für soziale Werke bestimmt oder der Kirche zugesprochen. Für die Rechtsentwicklung zog das eine Sprengung des Familieneigentums mit sich. Ein Teil des Erbes wird der ursprünglichen Erbfolge (Familie/Verwandtschaft) entzogen, was teilweise zu Spannungen zwischen Kirche und Hinterbliebenen führte. Im engeren Sinne sind die mittelalterlichen Seelgeräte die testamentarisch festgelegten Vermächtnisse an die Kirche. Der Terminus wird aber auch als Sammelbegriff für alle frommen Leistungen (= Gute Werke) gebraucht, mit denen man sich oder für andere noch während seines Erdenlebens Vorteile im Jenseits, sich sozusagen „einen Schatz im Himmel“ erwirbt. Ein Seelgerät kann somit durch die Stiftung einer Jahrzeit, eines Altars oder durch Vermächtnisse an soziale Einrichtungen entstehen. Zusammen mit dem Ablass ist es eine klassische Maßnahme zur Verkürzung der Fegefeuerqualen.

Seelenheil – s. Jenseitsvorsorge

Seelmesse – Messe, die für einen Verstorbenen gelesen wird und helfen soll, diesen aus den Qualen des Fegefeuers zu befreien.

Sext – Chorgebet zur sechsten Stunde des Tages um 12 Uhr mittags

Stift – bezeichnet eine Kanonissen- oder Kanonikergemeinschaft, deren geistliche Institution mit Grundvermögen ausgestattet ist und einen besonderen rechtlichen Status hat. Die Mitglieder bilden einen Konvent mit dazugehöriger Konventkirche für die Feier der Messen und Stundengebete und leben als Stiftsdamen bzw. Stiftsherren (Weltpriester) in eigenen Haushalten (Kurienhäuser), zu denen weitere Gemeinschaftsbauten gehören.

Stiftsdame – s. Kanonisse

Stiftsherr – s. Kanoniker

Stiftsimmunität – s. Immunität

Stiftskirche – s. Stift

Stiftung – In der Jenseitsvorsorge eine mit Kapital ausgestattete juristische Person, welche aus den Zinserträgen bis zum Jüngsten Tag (Weltgericht) eine wiederkehrende fromme Leistung unterhält. Zu den verbreitetsten Stiftungen zählen die Gründung eines Altars, eines Ewigen Lichts oder einer Jahrzeit. Im modernen Sprachgebrauch wird oft die Donation fälschlich als Stiftung bezeichnet.

Stundengebet – Bezeichnung für die täglichen Gebetszeiten einer Kloster- oder Stiftsgemeinschaft. Das Stundengebet – lat. *hora* = Stunde – wird auch Offizium, Tagzeit oder Hore genannt. Im Laufe einer Woche war der gesamte Psalter durchzubeten. Die geistliche Gemeinschaft war sogar verpflichtet, während der Nacht eine Gebetszeit zu leisten. Diese regelmäßigen Gebetszeiten (Horen) tragen die Bezeichnung Laudes (Morgenlob), Prim, Terz, Sext, Non, Vesper und Komplet. Eine Eucharistiefeier ist nicht Teil des Stundegebets.

Sünde – sowohl der durch den Menschen verschuldete Zustand des Getrenntseins von Gott als auch einzelne schuldhafte Verfehlungen gegen dessen Gebote. Die Übertretung in einer geringfügigen Sache oder ohne im vollen Bewusstsein des Bösen zu sein hat nicht die ewige Verdammnis in der Hölle zur Folge, sondern bewirkt nur eine zeitliche Sündenstrafe, die im Fegefeuer oder noch auf Erden abbüßbar ist (lässliche Sünde). Wenn ein Mensch dagegen ein Gebot Gottes in vollem Bewusstsein seines Fehltritts und mit freiem Willen verletzt, wendet er sich damit von Gott ab und wird von der Gemeinschaft mit ihm ausgeschlossen. Er begeht so eine schwere Sünde bzw. Todsünde. Nach mittelalterlicher Vorstellung führt diese zur Hölle, wenn sie nicht durch die Beichte getilgt wird. Seit Gregor dem Großen (†604) unterscheidet man sieben Todsünden:

Hoffart, Neid, Zorn, Geiz, Unkeuschheit, Unmäßigkeit und Trägheit. Als Strafe für die Sünde gilt der Tod (Röm 6,23). Der Mensch ist nur zur Auferstehung befähigt, wenn er entsprechend Buße tut. Wer ohne Abbüßen schwerer Sünden starb, wurde nicht auf dem Friedhof, d.h. in geweihter Erde bestattet sondern „im Felde" ohne Liturgie und ohne Bezeichnung der Ruhestätte und damit dem Vergessen anheim gegeben.

Tabernakel – Aufbewahrungsort von Kelch und Hostie, des Allerheiligsten. Das mittelalterliche Sakramentshäuschen wird in der Renaissance und im Barock durch das Tabernakel ersetzt, das nun die Mitte des Hochaltars bildet.

Tagesoffizium – s. Stundengebet

Terz – Chorgebet um ca. 9 Uhr vormittags

Testament – von lat. *testamentum*. Willenserklärung, im engeren Sinne Verfügung über den eigenen Tod hinaus, Regelung für den Erbfall. Testamente wurden anfangs nur vom Adel ausgesetzt, im Spätmittelalter entstanden dann auch zahlreiche Bürgertestamente. Hier fanden sich zumeist viele Legate und Einzelstiftungen, die gewissermaßen eine Risikostreuung bedeuteten. So konnte man möglichst viele Beter für das eigene Seeleheil verpflichten.

Teufel – griech. *diabolos* = Verleumder; althochdt. *tiufal*. Im Christentum ist der Teufel der personifizierte Widersacher Gottes, der die Menschen zum Bösen (s. Sünde) verführt: Sein Reich ist die Hölle. Andere Bezeichnungen für den Teufel sind Leviathan, Luzifer und Satan.

Totengedächtnis – allgemein das Fürbittengebet für die Verstorbenen. Zu weiterem Totengedächtnis schlossen sich Fromme zu Gebetsverbrüderungen zusammen. In der christlichen Liturgie wurde das Totengedächtnis zur kultischen Erinnerung an die Verstorbenen am siebten und dreißigsten Tag sowie an den Jahrtagen (Jahrzeit) als Eucharistiefeier für die Toten begangen.

Totenoffiz, **-offizium** – von lat. *officium* = Pflicht, Dienst. Für die Begräbnisfeier wurde in den mittelalterlichen Klöstern ein spezielles Totengebet entwickelt, das sich am täglichen Stundegebet orientierte. Es hatte seinen Platz vor der eigentlichen Totenmesse.

Vesper – lat. *vesper* = Abend; Chorgebet zur Zeit des Lichtanzündens um 18 Uhr. Mit der Vesper wird die tägliche Arbeit beendet.

Vigil – nächtliches Chorgebet um 24 Uhr, in späterer Zeit mit den Laudes zusammengefasst

vita communis – eine durch Ordensregel und Statuten bestimmte gemeinschaftliche Lebensführung eines Konvents, bezogen auf Stundengebet, Messfeier, Arbeiten, Wohnen, Essen und Trinken

Vizekurat – an einer Pfarrkirche tätiger Priester, der den nichtresidierenden Pfründeninhaber, den Pfarrer, in der Seelsorge vertritt und von diesem für seine Arbeit bezahlt wird.

Vogt – Er vertritt als adeliger Laie ein Stift oder Kloster in weltlichen Rechtsangelegenheiten und verwaltet das Kirchengut.

Vogtei – Der Begriff bezeichnet das erbliche Amt des adeligen Vogtes.

Weltgericht – auch Jüngstes Gericht. Nach christlicher Vorstellung werden am jüngsten Tag, d.h. am Ende der Zeit, die Toten auferstehen. An diesem Tag erscheint Christus als Weltenrichter, um die Guten mit dem Himmel zu belohnen und die Bösen in die Hölle zu verdammen.

Werke der Barmherzigkeit – Die sechs Werke der Barmherzigkeit bilden nach Matthäus 25,35 im Weltgericht die Voraussetzung für die Aufnahme in den Himmel. Sie bilden sozusagen den Grundstock der Guten Werke. Zu den sechs Werken der Barmherzigkeit gehören: Hungrige speisen, Durstigen zu trinken geben, Fremde beherbergen, Nackte bekleiden, Kranke pflegen und Gefangene besuchen. Im Mittelalter zählte man als siebtes Werk auch das Bestatten der Toten dazu.

Die Erklärungen zu den einzelnen Begriffen fußen auf folgender Literatur (in Auswahl): Buttinger, Sabine: Alltag im mittelalterlichen Kloster. Darmstadt, 2010. – Dannowski, Hans Werner: Klosterfahrten zwischen Harz und Heide, Weser und Leine. Hannover, 2003. – Gropp, Birgit: Ein Stück vom Himmel : Die schönsten Klöster in Westfalen. Regensburg, 2012. – Kosch, Clemens: Die romanischen Kirchen von Essen und Werden : Architektur und Liturgie im Hochmittelalter. Regensburg, 2010. – Kunst- und Ausstellungshalle der Bundesrepublik Deutschland, Bonn und das Ruhrlandmuseum Essen (Hrsg.): Krone und Schleier : Kunst aus mittelalterlichen Frauenklöstern. Essen (u.a.), 2005. – Vauseweh, Arno ; Vauseweh, Ramona: *ut ibidem spiritualem memoriam haberet* – Schriftliche Zeugnisse zum Gebetsgedenken aus den Abteien Werden und Deutz : Leben und Glauben im Land zwischen Lippe und Emscher vom 10. bis 12. Jahrhundert. In: Vestische Zeitschrift 103(2010/11), S. 77-169.

Klöster rund um Buer

– ihre pastorale, diakonische und kulturelle Bedeutung für die Bewohner des Buerschen Kirchspiels und der Buerschen Freiheit

von Carl Heinrich Lueg

In naher Nachbarschaft von Buer gab es bis zum Beginn des 19. Jahrhunderts etliche Klöster und andere geistliche Kommunitäten, die für die Menschen der Freiheit und des Kirchspiels Buer seelsorgerisch, diakonisch und auch kulturell von Bedeutung gewesen sind. Ich beginne mit Ordensniederlassungen der Franziskaner.

1. Das Franziskanerkloster zu Dorsten

Eine ziemlich alte Niederlassung des im Jahre 1208 von Franz von Assisi gegründeten *ordo fratrum minorum* (*ofm*) befindet sich in Dorsten. Sie existiert – zuletzt allerdings nur noch mit einem sehr kleinen Konvent – seit 1488[1)] und hat somit ein Alter von mehr als 500 Jahren.

Franziskaner haben sich mit Vorliebe in Städten angesiedelt. Sie widmeten sich der Seelsorge und waren bemüht, durch Spendung der Sakramente – insbesondere des Bußsakramentes – sowie durch Predigten die Religiosität ihrer Mitmenschen zu vertiefen oder von Neuem zu erwecken. Den Mönchen war jedoch bewusst, dass Worte nur wenig Überzeugungskraft haben, wenn sie nicht aus dem Munde glaubwürdiger Menschen kommen. Und so haben die Franziskaner keine Reichtümer angehäuft, um ein beschauliches Leben führen zu können, sondern in Armut und Bescheidenheit gelebt. Man nannte sie *Bettelmönche*, weil sie sich ihr tägliches Brot – ursprünglich jedenfalls – buchstäblich erbettelten. Außerdem stand für sie neben dem Beten die Diakonie – der Dienst am Nächsten – im Vordergrund. Sie haben Kranke gepflegt, Sterbenden beigestanden und sich um ein würdiges Begräbnis der Toten gekümmert, besonders solcher, die ohne Angehörige verstorben waren. Auf diese Weise waren die Franziskaner ganz nah beim Volk, und in dem Maße, wie sie ihren Idealen treu blieben, waren sie – zumal bei den einfachen Leuten – auch beliebt.

Als die Franziskaner 1487/88 nach Dorsten kamen, übernahmen sie die dort bereits vorhandene Magdalenenkapelle. Sie haben das langgestreckte, einschiffige Gebäude aus- und umgebaut und die Bauarbeiten um 1500 abgeschlossen. Direkt bei der Kirche, welche die Mönche auf das Patrozinium der *Hl. Anna* weihen ließen, entstand auch das Kloster mit einem großen, von einem Kreuzgang umgebenen Binnenhof.

Unter Vermittlung des Antonius v. Raesfeldt – damals Vorsteher (*Guardian*) des Franziskanerklosters im holländischen Leyden – waren zwischen der Stadt Dorsten und dem Orden die notwendigen Absprachen über die Errichtung und den Unterhalt des Klosters getroffen worden. Besonders gefördert wurde das Unternehmen außer durch die Stadt Dorsten durch die erwähnte adlige Familie von Raesfeldt, die im Vest Recklinghausen umfangreiche Liegenschaften besaß, u.a. die Häuser Ostendorf (an der Lippe gelegen) und (zeitweilig) auch Lüttinghoff (Kirchspiel Buer). Immerhin befanden sich bereits 1493 nicht weniger als 14 Patres und vier Laienbrüder im Dorstener Kloster.

Die Patres entfalteten nicht nur in Dorsten, sondern auch in den umliegenden Orten –

1 Körner/ Weskamp: Die Bau- und Kunstdenkmäler von Westfalen. Münster 1995. S. 208.

Abb 1: Das Franziskanerkloster zu Dorsten (Foto: Cordula Lueg)

ZEITTAFEL FRANZISKANERKLOSTER

Idee und Durchführung: Stadt Dorsten in Zusammenarbeit mit dem Lions Club Dorsten-Hanse und dem Gymnasium Petrinum Dorsten.

1488 -	Nachdem Papst Innozenz VIII. sein Einverständnis erklärt hat, stimmt der Kölner Erzbischof Hermann IV. dem Vorhaben zu, dass die Franziskaner-Observanten „zu Dorsten eine neu Kloster anfangen, dazu sie eine Capelle nehmen, daraus fürder eine Kirche zu bauen."
1493 -	Das neue Kloster ist so weit fertiggestellt, dass vierzehn Priester, vier Brüder, ein Diakon und ein Subdiakon darin wohnen können. In den nächsten Jahren wird die Kirche erbaut.
1633 -	Nach der Besetzung der Stadt durch die Hessen müssen die Franziskaner Dorsten verlassen. Das Kloster wird zur Aufbewahrung von Kriegsmaterial und Vorräten genutzt.
1642 -	Nachdem die Truppen des Kaisers 1641 die Stadt für den Erzbischof von Köln zurückerobert haben, kehren die Franziskaner in ihr Kloster zurück. Gemeinsam mit der Stadt Dorsten gründen sie das Gymnasium Petrinum.
1803 -	Auf Betreiben Napoleons werden viele Klöster aufgelöst. Das Dorstener Kloster bleibt aber bestehen, doch darf es bis 1843 keine Novizen aufnehmen.
1875 -	Das Kloster wird geschlossen. Der damalige Provinzial Pater Gregor Janknecht aus Kirchhellen gründet zwei Ordensprovinzen in den USA und ab 1891 zwei in Brasilien.
1887 -	Der Orden nimmt seine Tätigkeit wieder auf.
1902/03 -	Das Kloster, das bis zum Ende des 2. Weltkrieges die Ordenshochschule (Theologie und Philosophie) beherbergt, wird neu erbaut.
1945 -	Kirche und Kloster werden durch den Luftangriff der Alliierten am 22. März zerstört.
1952 -	Die neue Franziskanerkirche, unter Mithilfe der Bevölkerung erbaut, wird eingeweiht. In den nächsten Jahren verringert sich die Zahl der Franziskaner zunehmend, und das Kirchengebäude zeigt bauliche Mängel, so dass Kloster und Kirche kleiner neu aufgebaut werden.
1977/78 -	Das neu errichtete Kloster und Kirche werden eingeweiht.

Die Abbildungen 1, 2 und 4 (Glastafeln) wurden auch deshalb gewählt, weil sie Geschichtsfreunde in Buer zu ähnlich gestalteten Hinweisen anregen können.

selbstverständlich auch in Buer – eine vielfältige pastorale Tätigkeit, z.B. durch Übernahme von Vertretungen in verwaisten Pfarren oder durch Fastenpredigten, Beichtehören und Exerzitien. Im Mittelalter kam es leider nicht selten vor, dass der Pfarrer einer Gemeinde eher ein *Pfarr-Herr* als ein *Pastor* (= Hirte und Seelsorger) war. Manchmal war er nicht einmal ortsansässig, weil er noch andere Ämter innehatte, aus denen er Einkünfte bezog. Solche Pfründenhäufungen waren zwar kirchenrechtlich verboten, wurden aber bis ins 18. Jahrhundert hinein praktiziert. Der Pfarrstelleninhaber ließ sich dann vor Ort durch einen Kaplan oder eben durch Mönche eines benachbarten Konvents vertreten.

Als bald nach der Reformation der Protestantismus vor allem von Wesel aus in unser Gebiet eindrang, haben sich Dorstener Franziskaner mit führenden Reformatoren in Streitgesprächen auseinandergesetzt. Man schreibt es ihrem Einfluss zu, dass sich in Dorsten als einzigem größeren Ort im Vest Recklinghausen der Katholizismus durchgehend behaupten konnte. In manchen anderen Orten des Vests – nicht zuletzt in Recklinghausen – waren eine Zeit lang die katholischen Priester durch evangelische Prediger oder durch Geistliche, die mit den neuen Lehren sympathisierten, aus den Pfarrstellen verdrängt worden. Auch in Buer hat es zu jener Zeit einen Pfarrer gegeben – er hieß Buchelmann – der 1569[2)] bei einer Visitation zugeben musste, sich zur Vorbereitung seiner Predigten der Schriften Luthers und anderer Reformatoren zu bedienen. In Buer hatte sich die Situation dadurch verschärft, dass das Vorschlagsrecht für die Besetzung der Pfarrstelle beim Hause Strünkede lag, das sich entschieden der neuen Lehre angeschlossen hatte. Zwar musste der Pfarrer in Buer katholisch sein, weil ja die Formel *cujus regio ejus religio* (der Landesherr bestimmt die Konfession seiner Untertanen) galt, aber die protestantischen Herren des Hauses Strünkede zeigten wenig Interesse, für die buersche Pfarrstelle einen Kandidaten vorzuschlagen, der nicht nur nominell katholisch war.

Nach turbulenten Jahrzehnten hat sich seit etwa 1620 aber im gesamten Vest der Katholizismus durchgesetzt.

Während des 30jährigen Krieges (1632) wurden die Franziskaner durch die protestantischen Hessen aus Dorsten vertrieben. Die meisten flohen auf die Rheininsel Kaiserswerth bei Düsseldorf; andere aber fanden Obdach in Recklinghausen. Als dort bald darauf (1635/36) die Pest wütete, haben sich die Patres durch die Pflege der Kranken so verdient und beliebt gemacht, dass die Recklinghäuser sich dazu entschlossen, einen schon länger gefassten Plan endlich in die Tat umzusetzen und die Voraussetzungen zu Errichtung eines eigenen Franziskanerklosters zu schaffen.[3)]

Bald nach dem 30jährigen Kriege kehrten die Franziskaner nach Dorsten zurück, und ihnen wurde seitens der Stadt das dortige Gymnasium übertragen. Diese Schule erlangte hohes Ansehen, was u.a. daraus hervorgeht, dass sie von vielen auswärtigen Schülern besucht wurde. Manche kamen von weit her, z.B. aus dem Emsland oder dem Sauerland. Die Schule hat bis 1803 bestanden. Sie wurde 1803 säkularisiert und durch die Stadt Dorsten als Städtisches Gymnasium weitergeführt.

Übrigens sind die Schülerlisten über fast zwei Jahrhunderte nahezu vollständig erhalten. Aus ihnen geht hervor, dass auch Söhne aus Buerschen Familien ihr Glück auf dem Dorstener *Petrinum* mit unterschiedlichem Erfolg versucht haben. Beispiele: 1642-50 Jodocus Burgemeister, 1647-52 Johannes Funck, 1648-56

2 Vgl. Carl-Heinrich Lueg: Das Verhalten der Laien im Kirchspiel Buer zur Zeit des Pfarrers Matthias Buchelmann (1525-1569). In: Beiträge zur Stadtgeschichte, Bd. 1(1965), S.35-40.

3 Adolf Dorider: Geschichte der Stadt Recklinghausen in den neueren Jahrhunderten. (1577-1933), Recklinghausen 1955, S. 170-174.

Johannes Brackel, 1650-55 Johannes Becker, 1657-59 Hermann Ham(m), 1664 Johannes Ham(m), 1668-75 Nicolaus Hackebra(h)m, 1673/4 Arnoldus Hackebra(h)m, 1702-07 Johannes Urbanus Becker, 1705 Philippus Becker, 1715-20 Franciscus Bussmann; als weitere Schüler seien genannt: Kin(d)t, Koster, Lackmann, Lugge, Lyranus, Nolde, von Ovelacker, Röhrhoff, Wehling und Tosse.[4]Amüsant zu lesen sind die – offenbar vom Schulleiter stammenden – Randbemerkungen in den Schülerlisten; sie sind – heute würden wir sagen, aus Datenschutzgründen – in lateinischer Sprache abgefasst: *libenter dormit* (er ist eine Schlafmütze) – *aeger et piger* (ein Faulpelz) – *mendax egregius* (er lügt wie gedruckt) – *totus dissolutus* (völlig unkonzentriert) – *potator notus* (ein notorischer Säufer) – *insignis nequiculus* (ein Nichtsnutz wie er im Buche steht) – *nocturnus vagans* (ein Nachtschwärmer). Auch viele Söhne des hiesigen Landadels haben die Schule besucht; u.a. (um 1650) die beiden Brüder Artus Renardus und Dietrich Bernhard v. Ovelacker zu Leythe (Bauerschaft Surresse). Die Söhne des vornehmeren Adels freilich – z.B. die Nesselrodes zu Herten – bevorzugten die Gymnasien zu Köln, Münster und Paderborn oder ließen sich durch sog. *Hofmeister* auf das Hochschulstudium vorbereiten. Großen Wert legten die Dorstener Patres auf die musische Erziehung ihrer Zöglinge. Es wurden regelmäßig Theateraufführungen inszeniert, oft zweisprachig, nämlich in Latein und in Deutsch. Einige Stücke sind uns überliefert. Man kann sich leicht vorstellen, dass sie in damaliger Zeit – als es noch kein Kino und kein Fernsehen gab – die Dorstener begeistert haben; zumal alle Rollen – auch die Frauenrollen – von männlichen Darstellern gespielt wurden.[5]

1672 trat ein junger Mann aus Dorsten – Vinzentius Schirle – in den Konvent ein und nahm den Ordensnamen Antonius an.[6] Er galt als ein sehr frommer, mystisch veranlagter Mönch. Vor einem Marienbild, das er sich aus einem Gebetbuch herausgeschnitten und in seiner Zelle aufgehängt hatte, vernahm P. Schirle 1680 an drei aufeinander folgenden Tagen eine Stimme, die ihm auftrug, das besagte Bild zum Franziskanerkloster Hardenberg (Neviges) zu schaffen; dort solle es als wundertätiges Gnadenbild verehrt werden. Außerdem wurde dem Mönch eine Prophezeiung zuteil: Ein großer Fürst – so wurde ihm geweissagt – werde schwer erkranken und keine Aussicht auf Genesung haben, es sei denn, er baue den Franziskanern in Hardenberg ein neues Kloster. In der Person des damaligen Fürstbischofs Ferdinand von Fürstenberg soll sich die Prophezeiung erfüllt haben. Diesen Begebenheiten verdankt der Wallfahrtsort Neviges, der früher auch von vielen Gläubigen aus Buer und Umgebung aufgesucht wurde, seine Entstehung.

Ich selbst erinnere mich, dass ich als Kind meine Großmutter einige Male auf ihrer Wallfahrt nach Neviges begleitet habe.

2. Das Franziskanerkloster zu Recklinghausen

Dieses Kloster verdankt seine Entstehung – wie bereits gesagt – eigentlich einem Zufall: Als im 30jährigen Krieg die Franziskaner aus Dorsten vertrieben wurden, fanden einige Obdach in Recklinghausen. Bald darauf (1633) brach in weiten Teilen Westeuropas – auch hier in Buer – die Pest aus, und da sich der Ortspfarrer von Recklinghausen namens Dobbelinck nach Köln abgesetzt hatte, übernahmen die Mönche nicht nur die Pflege der

4 Clemens Steinbicker: Dorstener Schülerlisten. In: Vestische Zeitschrift. Band 73. S. 123-182. – Aus den meisten der hier genannten Familien sind wiederholt Bürgermeister der Freiheit Buer hervorgegangen.

5 Gerhard Strotkötter: Zwei Schuldramen des Petrinischen Gymnasiums zu Dorsten. In: Vestische Zeitschrift Bd. 4. S. 28-40.

6 Hans-Günther Schneider: Franziskanerpater Antonius Schirley aus Haltern. In: Vestischer Kalender. Bd. 57. S. 79-85. Aus diesem Jahr stammt die Gründungsurkunde, ausgestellt von Papst Innozenz VIII.- Die Gründung erfolgte durch Goswin von Raesfeld zu Ostendorf (Lippramsdorf).

Kranken, sondern auch die dortige Gemeindeseelsorge. Das verschaffte ihnen bei den Leuten großes Ansehen und große Beliebtheit, und der Rat der Stadt Recklinghausen setzte sich dafür ein, dass der Orden hier eine eigene Niederlassung fand. Die Genehmigung hierzu erteilte der Landesherr, der Kurfürst von Köln, im Jahre 1646.[7)] Anfangs wohnten die Mönche in Privathäusern, und es dauerte etliche Jahre, ehe sie ein eigenes Klostergebäude beziehen konnten und über eine Klosterkirche (1658) verfügten. Die Klosterkirche – sie war der Gottesmutter Maria geweiht, doch die Recklinghäuser nannten sie kurz *Paterskirche* – wurde nach Auflösung des Konvents durch die preußische Regierung im Jahre 1835 städtische Gymnasialkirche; sie existiert – wenn auch einige Male umgebaut – noch heute.

Das Klostergebäude der Franziskaner, das inzwischen verschwunden ist, hat im Laufe seiner Geschichte verschiedenen Zwecken gedient. Im Refektorium z.B. tagte lange Zeit der Vestische Landtag, welchem Vertreter der Städte Recklinghausen und Dorsten sowie des vestischen Adels angehörten – aus dem Kirchspiel Buer z.B. die Herren von Boenen zu Berge, von Ovelacker zu Leythe, von der Recke zu Uhlenbrock, von Dinsing zu Balken, von Darl zu Darl, von Raesfeldt zu Lüttinghoff. – Zur Zeit der französischen Revolution, als unser damaliger Landesherr, der Kölner Erzbischof Max Franz von Österreich, vor den heranrückenden Revolutionstruppen fliehen musste und sich für einige Wochen im Vest aufhielt, waren im Franziskanerkloster das Regierungskollegium sowie andere Behörden des Erzstifts Köln untergebracht.

Die Recklinghäuser Franziskaner übernahmen vor Ort ähnliche Aufgaben wie ihre Dorstener Ordensbrüder. Darüber hinaus wirkten sie als Seelsorger in dem Diasporagebiet der Grafschaft Mark, welches südlich der Emscher an das Vest angrenzte. In Gemeinden der Emscherzone wie Eickel, Wanne, Crange, Castrop, Mengede war bis zum Einzug des Bergbaus die Zahl der Katholiken so gering, dass sich die Gründung von Pfarren in diesen Orten nicht lohnte.

Nachdem die Recklinghäuser Franziskaner seitens der Stadt mit der Leitung des Gymnasium *Petrinum* beauftragt worden waren, wuchs ihre Zahl deutlich an. Allerdings hat es zwischen den Franziskanern und der Stadt Recklinghausen auch Spannungen gegeben. Es wurde Klage über ihren Unterricht sowie über die mangelhafte Ausbildung der Lehrenden geführt. Die Lehrer seien – so heißt es in einem Bericht[8)] – *ausgesuchte Muster der Grobheit;* sie zeichneten sich nicht durch *Talent* und *Fleiß*, sondern durch *Renitenz* (d.h.: Starrheit) aus. Auch Max Franz, der bereits erwähnte Erzbischof von Köln, hätte den Mönchen das Gymnasium am liebsten entzogen; aber es gab vorerst keine Alternative zu ihnen. Bald nach der Säkularisation allerdings – Anfang des 19. Jahrhunderts – wurde das Gymnasium der staatlichen Aufsicht unterstellt und von weltlichen Lehrern weitergeführt. Und es dauerte nun nicht mehr lange, bis auch das Kloster (1835) aufgehoben wurde.

Es bleibt jedoch festzuhalten, dass sich die Kritik der Recklinghäuser ausschließlich gegen das Gymnasium, nicht aber gegen den Konvent der Franziskaner richtete. Die seelsorgerische Arbeit der Mönche fand uneingeschränkte Anerkennung.

Es ist interessant, dass man sich noch zwei Generationen nach ihrem Weggang mit Wehmut an sie erinnerte. Denn als um 1900 der Bergbau weiter nach Norden vorgerückt war

7 Adolf Dorider: Geschichte der Stadt Recklinghausen in den neueren Jahrhunderten (1577-1933). Recklinghausen 1955, hier S. 170-174.

8 Vgl. ebd.

Abb. 2: Das Franziskanerkloster zu Recklinghausen (Foto: Cordula Lueg)

und in dessen Gefolge die Bevölkerung des Vests explosionsartig anwuchs, regte der damalige Dechant von Recklinghausen namens Hauschop an, in der ehemaligen Bauerschaft Stuckenbusch ein neues Franziskanerkloster zu gründen.[9] Seine Idee wurde sehr schnell in die Tat umgesetzt, und schon 1905 konnten die Mönche in einem neu erbauten Klostergebäude Einzug halten. Die Niederlassung erhielt ordensintern die lateinische Bezeichnung *residentia Richlinghusa.* Mit dieser Bezeichnung knüpfte man bewusst an die alte Niederlassung in Recklinghausen an.

Die Stuckenbuscher Mönche waren sehr gefragt in den Gemeinden des Buerschen Kirchspiels. Sie hielten Fastenpredigten, hörten Beichte, sprangen ein, wenn die Ortspriester dienstlich verhindert waren.

Ich erinnere mich, dass viele Menschen aus meiner Heimatpfarre Resse nach Stuckenbusch gingen, um sich vor Beginn eines neuen Lebensabschnittes – z.B. vor Beginn eines Studiums, der Übernahme einer verantwortungsvollen Aufgabe und nicht zuletzt vor einer Eheschließung – bei sogenannten Einkehrtagen und Exerzitien spirituell vorzubereiten. Bei dieser Gelegenheit legten sie oft auch bei den Mönchen eine Generalbeichte ab.

Leider musste das Kloster schon 1969 wieder aufgegeben werden, da es an Nachwuchs fehlte. Manche Traditionen aber, die von den Franziskanern liebevoll gepflegt worden waren, hat man übernommen und weitergeführt. Hierzu zählt nicht zuletzt der Aufbau einer riesigen Weihnachtskrippe, einer großen und phantasievollen Szenerie, die den gesamten Chorraum des Hauptschiffes einnimmt und viele Menschen aus der näheren und ferneren Umgebung anzieht. Die Resser Kolpingfamilie z.B. veranstaltet Jahr für Jahr kurz nach Weihnachten eine Fußwanderung zur Krippe nach Stuckenbusch.

9 Werner Thissen (Hrsg.): Das Bistum Münster. Band III. Die Pfarrgemeinden. Münster 1993, S. 381f

3. Das Karmeliterkloster Leuchterhoff (*villa lucida*)

Sehr wenig bekannt ist das Karmeliterkloster Leuchterhoff, zwischen Polsum und Marl gelegen. Einige Gebäudeteile der Klosteranlage haben sich gut erhalten; sie werden heute landwirtschaftlich genutzt.

Das Kloster ist aus einem alten Adelssitz hervorgegangen. Die letzten Besitzer dieses Anwesens – sie hießen *von Schaumburg* – hatten ihre Kinder überlebt, und so scheinen sie keinen Sinn darin gefunden zu haben, länger in dem riesigen Haus zu wohnen. Kurz und gut: Sie vermachten es den Karmelitern.

1726 hielten die Mönche Einzug: drei Patres und zwei Laienbrüder.[10] Sie hatten mit großen Anfangsschwierigkeiten zu kämpfen. Die Franziskaner in Dorsten und Recklinghausen empfanden sie als Konkurrenten. Hinzu kam, dass die Mönche, die bis dahin in Köln, Würzburg und Trier gelebt hatten, offenbar nicht mit besonderer Begeisterung in das entlegene und gottverlassene Marl gekommen waren. Ihre Verweildauer war auffallend kurz; es war ein ständiges Kommen und Gehen auf Leuchterhoff. Man hat vermutet, dass Leuchterhoff eine Einrichtung für sog. *corrigendi* war, d.h. für Mönche, die diszipliniert werden sollten oder denen wegen irgendwelcher Verfehlungen eine Buße auferlegt worden war. Ein Chronist berichtet später einmal von einem Mitbruder, der dem Alkoholismus verfallen war und sich bisweilen aus dem Kloster davonmachte, um dann betrunken und randalierend wieder zurückzukommen. Man habe ihn in solchen Zuständen nur mit Mühe überwältigen können und für einige Tage im Klosterkerker (*carcer*) einsperren müssen, um ihn zur Räson zu bringen. Am Ende wusste man

10 Carl Heinrich Lueg: Das Karmeliterkloster Leuchterhoff bei Marl. In: Baldur Hermans (Hrsg.): Ein gewalttätiges Friedensgeschäft. Die Säkularisation im Ruhrgebiet. Vorgeschichte und Folgen. Mülheim 2004. – Dort weitere Quellenangaben.

Abb. 3: Das ehemalige Karmeliterkloster Leuchterhoff (*villa lucida*) wird heute landwirtschaftlich genutzt und liegt an der Kloster Straße 18 in 45 768 Marl.(Foto: Cordula Lueg)

sich keinen anderen Rat, als den Ordensprovinzial zu bitten, den schwierigen Mann von Leuchterhoff abzuziehen.

Aber ich würde ein ganz falsches Bild vom Leuchterhoffer Konvent wiedergeben, wenn ich es bei der Erwähnung solcher unerfreulichen Vorkommnisse beließe. Es sollte sich nämlich schon bald zeigen, dass die Karmeliter mit großem Eifer die Pfarrer in den Gemeinden rundum – nicht zuletzt auch in Buer – unterstützten.

Die Schwierigkeiten allerdings nahmen vorerst kein Ende. Im Juli 1727 – gerade ein Jahr nach Gründung des Klosters – wurde der Konvent von einer Seuche heimgesucht, die auch in Buer und anderen Orten der Umgebung grassierte und bei der es sich – nach den Symptomen zu urteilen – um Malaria (*kaltes Fieber*, wie man damals sagte) gehandelt haben dürfte. Malaria trat bei uns vor allem im Hochsommer auf, wenn in den Niederungen des Emscherbruchs eine schwüle Hitze die Verbreitung der Seuche begünstigte. Am 9. Juli erkrankte der *praeses* des Konvents Pater Eduardus und wenige Tage später Frater Sylvester, der als Maurer eingesetzt, aber auch mit Botengängen betraut war und vermutlich die Seuche eingeschleppt hatte. Am 6. August erlag Fr. Sylvester der Infektion. Den Sterberegistern der Pfarre St. Urbanus in Buer ist zu entnehmen, dass es um diese Zeit gerade auch hier auffallend viele Tote gegeben hat: 1727 waren es mit 82 fast doppelt so viele wie im Jahre davor (1726: 49). Am 1. März notiert der Chronist: *In diesen Tagen werden zahlreiche Menschen, ohne die Sterbesakramente empfangen zu haben, von der Sichel eines voreiligen und unerwarteten Todes niedergemäht.* Die Karmeliter seien, wie er weiter schreibt, unermüdlich unterwegs, um den Kranken und Sterbenden beizustehen. Nur P. Eduardus befinde sich noch im Kloster, um dort, so gut er es bei seinem schlechten Gesundheitszustande könne, Wache zu halten und nach dem Rechten zu sehen.

Die schwere Zeit der Seuche und die aufopferungsvolle Arbeit der Karmeliter hatten dem

Konvent aber auch Segen gebracht. Vertrauen und Sympathien seitens der Menschen der Umgebung waren deutlich gewachsen. Ob in Marl, Polsum, Buer oder Westerholt – überall waren die Mönche nunmehr als Seelsorger gern gesehen.

Vor den Hochfesten kamen immer mehr Gläubige aus der Umgebung zum Kloster, um ihre Beichte abzulegen. Manchmal war der Andrang so groß, dass die Leuchterhoffer Mönche die Franziskaner aus Dorsten und Recklinghausen, zu denen sie inzwischen bessere Beziehungen unterhielten, um Aushilfe baten. Am Allerheiligentage des Jahres 1773 haben nicht weniger als 250 Gläubige im Kloster Leuchterhoff gebeichtet.

Leider hat das Kloster keine hundert Jahre existiert. Es wurde 1803 ebenso wie zahlreiche andere geistliche Einrichtungen säkularisiert. Der gesamte Besitz des Klosters fiel dem Herzog von Arenberg zu – als Entschädigung für linksrheinische, von Napoleon annektierte Besitzungen.

Am 13. Juli 1803 teilte *Ludwig Engelbert von Gottes Gnaden Herzog von Arenberg* den *Konventualen* mit, dass sie *in wenigen Tagen* das Kloster zu verlassen hätten. Nur die in ihren Zimmern befindlichen Mobilien dürften sie mitnehmen. Die Mönche bekamen eine bescheidene Rente, allerdings nur, wenn sie nicht irgendwo eine Pfarr- oder Vikarstelle übernehmen konnten. Die zum Kloster gehörige Land- und Forstwirtschaft wurde von dem neuen Eigentümer verpachtet.

Die Leuchterhoffer Mönche hatten neben der Seelsorge eine intensive Forstwirtschaft insofern betrieben, als sie Jungpflanzen in sog. *Heisterkämpen* aufzogen und sich auch mit der Veredlung und Aufpfropfung von Obstbäumen beschäftigten. Der erste Lehrer an der im Jahre 1759 gegründeten Resser Schule[11)] – sie befand sich auf dem Hof Hellpoth am heutigen Diekampsweg – fühlte sich dem Leuchterhoffer Konvent besonders verbunden. Er hieß Jonette (bei den Leuten wurde er auch *Schonet* genannt) und stammte aus Marl. Nach seiner Entlassung aus dem Militärdienst – er hatte im Kriege den rechten Arm verloren – haben ihm offenbar die Karmeliter Unterricht erteilt zur Vorbereitung auf ein Examen, durch das er die Lehrbefähigung als Elementarschullehrer (*ludimagister*) erwarb. Jonette legte neben seiner Schule einen Schulgarten an, und er vermittelte die Kenntnisse, die er durch die Mönche erhalten hatte, an seine Schüler. Einer seiner Nachfolger, Theodor Kevenhörster, erweiterte, nachdem eine neue Schule an der heutigen Hertener Straße eingerichtet worden war, seinen Schulgarten noch durch eine Baumschule.[12)] Auch Kevenhörster verstand sich auf die Veredlung von Obstbäumen; er hat sich zu diesem Thema vor dem Landwirtschaftlichen Lokalverein Buer öfter geäußert.

Hier noch eine kleine Anekdote, die die Popularität der Leuchterhoffer Mönche belegt: In den Tagen um St. Georg (23. April) führte Jonette in den beiden Resser Bauerschaften eine ihm zustehende Eierkollekte durch. Zwei oder drei Schüler begleiteten ihn; sie trugen Kiepen auf ihren Rücken, in denen die Eier zwischen Heu und Häcksel sorgfältig verstaut wurden. Ein weiterer Schüler hielt den sog. „Georgsstab" in Händen. Dieser Stab, plattdeutsch *Jörgensstaff* genannt, hatte einen schlangen-

11 Die folgenden Ausführungen stützen sich auf die ausführliche und sorgfältig geführte Resser Schulchronik, die in der heutigen Barbara Schule an der Middelicher Straße deponiert ist.
Vgl. ferner: Carl Heinrich Lueg: Die Entwicklung des Buerschen Schulwesens – Von den Anfängen bis zur Eingliederung des Vests Recklinghausen in das Königreich Preußen. S. 25 f. In: Beiträge zur Stadtgeschichte. Bd. II.

12 Bei Teilung der sog. Resser Gemeinheiten (bis dahin genossenschaftlich genutzte Fluren) wurde eine Fläche von gut 6 ha für das Schulgelände ausgespart; es lag zwischen der heutigen Ahorn- und Lärchenstraße und reichte von der Hertener- über die heutige Fichtenstraße hinaus.

förmigen Schaft, der am oberen Ende anstelle einer Krücke einen grässlichen Drachenkopf hatte. Dies Schnitzwerk war von einem Leuchterhoffer Mönch angefertigt worden, der viele andere – auch sakrale – Holzstatuen hinterlassen hat. Nach einer mündlichen Überlieferung traten die Bauern mit ihrem gesamten Gesinde, wenn Jonette mit seinem Gefolge den Hof betrat, vor die Haustür, um sich an einem lustigen Spiel zu vergnügen: Alle weiblichen Personen des Hofes sollten den Drachenkopf küssen. Wenn der Stabträger auf sie zukam, stoben sie kreischend auseinander, und es begann eine wilde, aber vergnügliche Hetzjagd. Jonette, der in der Schulchronik als sehr streng charakterisiert wird, ließ dem Spektakel freien Lauf; denn er wusste sehr wohl, dass es die Freigebigkeit der Bauersleute stimulierte und er mit gut gefüllten Kiepen den Heimweg antreten konnte.

4. Die Ursulinen zu Dorsten

Der einzige Ordenskonvent unserer Nachbarschaft, der sich seine Wirksamkeit über Jahrhunderte hinweg bis heute hat erhalten können, ist der Konvent der Ursulinen zu Dorsten.

1699 ist der Konvent von Köln aus gegründet worden.[13] Nachhaltig gefördert wurde die Niederlassung durch Franz von Nesselrode-Reichenstein zu Herten, den damaligen Statthalter unseres Landesherrn, des Kurfürsten und Erzbischofs von Köln. Nicht weniger als vier Töchter des Franz von Nesselrode gehörten dem Ursulinenorden an; zwei von ihnen zählen zu den Gründungsmitgliedern des Dorstener Konvents.

Die Nonnen erteilten anfangs kostenlosen Elementarunterricht für Mädchen. Dies galt zu jener Zeit als sehr fortschrittlich und fand in der Bevölkerung entsprechende Resonanz. Außerdem unterhielten die Ursulinen eine weiterführende Schule mit Pensionat für sog. *Kostjuffern.* Das waren Mädchen fortgeschrittenen Alters vornehmlich aus dem Adel, von ihren Eltern dazu bestimmt, nach einer gediegenen Ausbildung in eins der zahlreichen vornehmen Damenstifte einzutreten, in welchen sie, solange sie nicht verheiratet waren, ein behütetes und standesgemäßes Leben führen konnten. Es ist anzunehmen, dass sich der Unterricht für diese jungen Damen nicht auf elementare Fächer wie Rechnen, Schreiben und Lesen sowie auf Handarbeit und Christenlehre beschränkte, sondern mindestens eine Unterweisung im Französischen sowie in Literatur und Kunst einschloss.

Es ist erstaunlich, wie schnell es gelang, die Dorstener Mädchenschule im westfälischen Adel bekannt zu machen. Angesehene Familien wie die von Westerholt, von der Recke, von Raesfeld, von Boeselager, von Droste-Hülshoff, von Galen, von Droste-Vischering schickten ihre Töchter nach Dorsten. Aber es kamen auch adlige *Fräuleins* von weit her, aus Mannheim, Hamburg, Potsdam sowie – in auffallend großer Zahl – aus den nahe gelegenen Niederlanden. Einige – wie z.B. Konstanze von Zastrow aus Mecklenburg – brachten sogar ihre Kammerzofen zu ihrer persönlichen Bedienung mit.

Seit der Mitte des 18. Jahrhunderts ging der Anteil adliger *Juffern* deutlich zurück. Das hing damit zusammen, dass infolge der zahlreichen Kriege der hiesige Adel einen Niedergang erlitten hatte. Von den ursprünglich 43 landtagsfähigen Adelssitzen im Vest Recklinghausen waren um 1800 gerade noch 13 übrig geblieben. Stattdessen kamen immer mehr Mädchen aus Bürgerfamilien zu den Ursulinen; auch sie konnten – für ein Schulgeld von 17 Reichstalern pro Jahr – Französisch und alles erlernen, wodurch man nach den Wertvorstellungen der damaligen Zeit gesellschaftsfähig wurde. Der Orden zeigte sich sehr offen gegenüber der galanten – von Frankreich geprägten – Le-

13 Vgl. Maria Viktoria Hopmann: Die Kostjungfern der Dorstener Ursulinenschule im 18. Jahrhundert. In: Vestische Zeitschrift. Bd. 47 (1940). S. 75-86

Abb. 4: Die Ursulinen zu Dorsten (Foto: Cordula Lueg)

ZEITTAFEL ST. URSULA

Idee und Durchführung: Stadt Dorsten in Zusammenarbeit mit dem Lions Club Dorsten-Hanse und dem Gymnasium Petrinum Dorsten.

1699 -	Vier Ursulinen – darunter zwei Töchter des Reichsgrafen von Nesselrode-Reichenstein aus Herten – treffen am 21. Januar aus dem Kölner Stammkloster in Dorsten ein. Um junge Frauen im christlichen Glauben zu erziehen, eröffnen sie im „Hohen Haus" in der Blindestraße (heute: Ursulastraße) eine unentgeltliche Elementarschule und eine Mädchenschule mit Internat. Nach dem Erwerb weiterer Häuser wird das „Hohe Haus" zur Klosterkirche umgebaut.
1819 -	Die politischen Wirren des ausgehenden 18. Jahrhunderts bedrohen die Existenz des Klosters und führen zur Schließung der Schule. Die preußische Regierung verfügt 1819 die Aufrechterhaltung von Kloster und Schule.
1876 -	Die Aufhebung der Ordensgemeinschaften während des „Kulturkampfes" zwingt die Ursulinen zur Auswanderung in die niederländische Stadt Weert.
1888 -	Nach dem Ende des „Kulturkampfes" (1887) kehren die Ursulinen zurück und beginnen wieder mit dem Unterricht in der Höheren Töchterschule. Eine Elementarschule zu führen ist ihnen von jetzt an untersagt.
1909 -	Von diesem Jahr an erweitern die Ursulinen ihr Bildungsangebot für die weibliche Jugend und eröffnen neue Schulformen.
1927 -	Die Ursulinen entlassen ihren ersten Abiturjahrgang und beginnen mit dem Aufbau der Mittelschule (heute: Realschule).
1941 -	Die Schwestern verhindern ihre Vertreibung durch einen Vertrag mit der Wehrmacht, die im Gebäude ein Lazarett einrichtet. Die Oberschule wird verstaatlicht und im Gymnasium Petrinum untergebracht.
1945 -	Bei der Bombardierung der Stadt am 22. März wird St. Ursula zu mehr als 80 Prozent zerstört. Gleich nach Kriegsende setzt der Wiederaufbau ein. Die Schulen werden den Ursulinen zurückgegeben und am 21. Januar 1946 neu eröffnet.
1968 -	In diesem Jahr beginnt die Reform der gymnasialen Oberstufe. 1970 entwickelt das Gymnasium St. Ursula gemeinsam mit dem Gymnasium Petrinum ein Kooperationsmodell, das in NRW für die Zusammenarbeit benachbarte Schulen wegweisen wird.
1971 -	An den beiden Dorstener Schulen wird die Koedukation eingeführt. Die St. Ursula-Realschule bleibt reine Mädchenschule und zieht in das neue Schulgebäude am Nonnenkamp ein.
1999 -	Die Dorstener Ursulinen feiern ihr 300jähriges Bestehen. Ehemalige, Eltern und Lehrer gründen den gemeinnützigen „Verein zum Erhalt der St. Ursula-Schulen".

bensweise. Er engagierte eigens eine Lehrerin aus Paris für den Französischunterricht sowie einen Tanzmeister, der die jungen Damen nicht nur in die neuesten Tänze, sondern auch in die höfischen Sitten – in die *Courtoisie*, wie man damals sagte – einführte, und während die Jungen am Gymnasium der Franziskaner lateinische Theaterstücke mit erbaulichem Inhalt einstudierten, brachten die Mädchen des Ursulinenpensionats französische Schwänke zur Aufführung.

Aus Buer sind zur damaligen Zeit – nach Ausweis der erhalten gebliebenen Schülerlisten – nur wenige Schülerinnen nach Dorsten zur Schule gegangen; erwähnt werden Töchter aus den Bürgermeisterfamilien Tosse und Becker. [14)]

Die napoleonische Zeit wirkte sich für die Dorstener Ursulinen verhängnisvoll aus. Das Kloster wurde zwar durch die Säkularisation nicht völlig aufgehoben, aber die Nonnen durften zunächst keine neuen Pensionsgäste aufnehmen und sollten nur noch Elementarunterricht für Mädchen im Volksschulalter anbieten. Erst nach dem Sturz Napoleons ging es wieder aufwärts. Es waren ausgerechnet die evangelischen Preußen, die den Neuanfang betrieben und unterstützt haben. 1819 wurde der Unterricht im vollen Umfange wieder erteilt, und auch das Pensionat konnte wieder Schülerinnen aufnehmen.

Abgesehen von kurzen Unterbrechungen zurzeit des Kulturkampfes und der NS-Zeit[15)] haben die Dorstener Ursulinen ihre Schule ungestört weiterführen und ausbauen können. Generationen von jungen Mädchen – jetzt auch aus Buer und seinen Vororten – haben entweder das Gymnasium oder die Realschule der Ursulinen besucht und mit Erfolg abgeschlossen. Bis heute erfreut sich die Schule weit und breit eines großen Ansehens.

Die obigen Ausführungen hatten die Intention, die verdienstvolle Arbeit der genannten geistlichen Einrichtungen für die Bewohner der Freiheit und des Kirchspiels Buer in Erinnerung zu bringen. Viele Aufgaben, die heute durch die Kommunen oder den Staat wahrgenommen werden, seien sie sozialer oder kultureller Art, sind bis ins 19. Jahrhundert hinein weitgehend von den christlichen Kirchen durchgeführt worden.

Die erste Schule in Buer z.B. war eine sog. Kirchspielschule; an ihr erteilte einer der beiden Küster der Urbanuspfarre den Unterricht.

Auch bedürftige Menschen konnten damals staatlicherseits noch kaum mit Unterstützung rechnen. Zwar wurden kranke und alte Menschen weitgehend durch die Familie, in der sie lebten, versorgt; aber es gab auch Bedürftige, die – aus welchen Gründen auch immer – durch keine Familie geschützt waren. Auch um sie kümmerten sich kirchliche Einrichtungen. In Buer z.B. gab es eine von Pfarrangehörigen gut dotierte Armenstiftung, die aus ihrem Fond Geld als Darlehen ausgab und von den Zinsen für die sog. *Gottesarmen* Anschaffungen wie z.B. Lebensmittel, Kleidung und Brennholz machte.

In späterer Zeit, als es ein staatliches soziales Auffangnetz, Gesundheitswesen und Schulsystem gab, lässt sich immer noch die Nachhaltigkeit der Ordenstätigkeiten vielfältig belegen: Vor allem in Krankenhäusern, Waisenhäusern und Kindergärten waren Ordensleute, insbesondere Nonnen tätig. Als Bespiele seien erwähnt: Das Sankt Marienhospital in Buer, das Hedwighospital in Resse, das Elisabethhospital und Waisenhaus in Erle. In Resse gab es außerdem ein von der Pfarre getragenes Heim für ledige Mütter, sowie ein Haus, in dem unverheiratete Bergleute, die auf den hiesigen Schachtanlagen eine Arbeit aufgenommen hatten, eine gute Unterkunft fanden.

14 Vgl. Schülerlisten im Archiv der Ursulinen in Dorsten

15 Der Verf. möchte hier ausdrücklich hinweisen auf die Autobiographie von Sr. Johanna Eichmann: Du nix Jude, Du blond, Du deutsch. Essen 2011. – Sr. Johanna hat die Schule während dieser Zeit als Schülerin besucht und später als Ordensfrau viele Jahre lang geleitet.

Straßenbahnen in Buer und Horst

Wie die „Elektrische" den Gelsenkirchener Norden eroberte

von Georg Meinert

Mit den Straßenbahnen wurden die Menschen im Revier vor mehr als 110 Jahren erstmals richtig mobil, kamen aus ihren Stadtvierteln sowohl zügig und in großer Anzahl, als auch kontinuierlich und verlässlich in andere Ortschaften. Die bislang vorhandenen Verkehrsmittel genügten kaum noch (Pferdeomnibus) oder waren unzureichend vorhanden (Eisenbahn). Begünstigt wurde die Einführung der Straßenbahnen im Revier durch überschüssigen und günstigen Strom der Bergwerke, die wiederum erkannten, dass die Tram ein wichtiges Verkehrsmittel war, auch um die Bergleute zu den Arbeitsstellen zu bringen. Im Gelsenkirchener Stadtnorden begann das Zeitalter der „Elektrischen" noch vor 1900. Die Straßenbahn wurde schnell zum Hauptverkehrsmittel der Menschen.

Schon im Januar 1894 erreichte eine erste Straßenbahnlinie von Essen kommend Horst und fuhr bis zur Stadtgrenze. Sie sollte Altenessen mit der Zeche Nordstern verbinden. Schnell wurde sie verlängert und rollte 1897 bereits bis Horst-Mitte. Betreiber war ein Konsortium um den Essener Kaufmann Hermann Bachstein. Schon ein Jahr später, 1895, ging diese Betreibergesellschaft in der Süddeutschen Eisenbahn-Gesellschaft (SEG) auf, die lange den Nahverkehr in Essen organisieren sollte und aus der später (nach dem Krieg) die heutige EVAG hervorging.

Ab 1901 pendelte eine zweite Straßenbahnlinie nach Horst ein: Die 1896 gegründete Bogestra von Erle über Buer zum Horster Stern (später die „1"). Die gut 11,5 Kilometer lange

Abb. 1: Eine der ersten Straßenbahnen (ganz links unten in der Bildecke zu sehen) quält sich den buerschen Berg hinauf und passiert gerade das Gasthaus Seifen (Buer 1901).

Abb. 2: Die erste Straßenbahn erreichte Horst 1894. Drei Jahre später fuhr sie erstmals durch bis zum Horster Stern.

Strecke war innerhalb kürzester Zeit (in nur etwa einem Jahr) gebaut worden und galt als Meisterleistung. Am 24. Juni 1901 fuhr die erste Tram auf dieser Strecke. Über den Kanal am Erler Forsthaus hinaus ging es jedoch zunächst noch nicht: Um Anschluss Richtung Bismarck zu haben, musste man viele Jahre zu Fuß über Emscher- und Kanalbrücke gehen. Auf der anderen Seite kam man von Bismarck bereits seit 1895 mit der „Elektrischen" nach Alt-Gelsenkirchen.

1909 fuhr die erste Straßenbahn der Vestischen

Geprägt aber wurde der Gelsenkirchener Stadtnorden viele Jahrzehnte vor allem durch das dichte Liniennetz der 1901 gegründeten heutigen Vestischen Straßenbahnen GmbH. Am 1. Mai 1908 startete erstmals eine Tram auf der neuen Strecke Herten-Resse-Erle-Middelich, zunächst nur bis Resse, aber schnell auch bis Middelich, wo es an der Cranger Straße eine Wendeschleife gab. Dort bestand Anschluss nach Buer und Gelsenkirchen. Offiziell hieß die Linie „Herten-Buer", für die eigens neu bestellte Triebwagen auf Fahrt gingen.

Schon 1905 war der Bau der Linie „Herten-Buer" durch die Gemeinden Buer und Herten besiegelt worden. Um Kosten zu sparen, gingen die Betreiber der neuen Linie eine Kooperation mit denen der Linie Recklinghausen-Wanne ein, die 1901 gestartet war (als erste Linie im Vest gilt ihr Gründungsjahr als die eigentliche Geburtsstunde der Vestischen). Die Kooperation sah vor, dass die Gesellschaft „Herten-Buer" für Gleis- und Stromanlagen sorgte, die Gesellschaft „Recklinghausen-Wanne" Personal und Wagen stellte.

Abb. 3: Die Wendeschleife der ersten Linie der Vestischen auf buerschem Gebiet am Ende der Middelicher Straße/ Ecke Cranger Straße im Jahr 1924.

1909 kam eine weitere Linie im Stadtnorden hinzu, diesmal wieder in Horst: die Verbindung Horst-Gladbeck. Zunächst von Gladbeck kommend nur bis zum Bahnhof Horst-Nord, 1910 bis zum Horster Stern, dem Marschall-Rütger-Platz. Berühmt wurde die Strecke wegen der „Todesbrücke" über die Güterbahnstrecke im Zuge der Gladbecker Straße, offiziell Merveldt-Brücke, die ebenso 1910 fertig gestellt wurde (heute Fußgängerunterführung Horst-Gladbecker-Straße). Die Organisation der Linie lag bei der Straßenbahn Herten-Buer. Schließlich wurde diese Aufgabe den „Recklinghäuser Straßenbahnen" – wie die Gesellschaft der Linie Recklinghausen-Wanne seit 1908 hieß – übertragen.

Beschauliche Anfangsjahre

In den Anfangsjahren der Vestischen ging es noch recht beschaulich zu in den Straßenbahnen: „Die Geschwindigkeit der Fahrten darf 25 Kilometer in der Stunde nicht überschreiten, in verkehrsreichen Straßen darf nur mit 12 km/h gefahren werden", hieß es damals in den Anweisungen. Der Fahrer stand an der Kurbel, während der Schaffner durch den Wagen lief, Fahrscheine verkaufte und entwertete. Wenn es weitergehen sollte, zog der Schaffner die Klingel, die sich durch die ganze Bahn zog. Die Schaffner-Bimmel musste auch gezogen werden, wenn man an der nächsten Haltstelle aussteigen wollte. Derweil saßen die Fahrgäste auf Holzbänken. Erst viele Jahre später, in den 50er Jahren, kamen gepolsterte Sitze dazu.

Bereits 1907 war mit dem Bau einer Verbindung von Buer nach Scholven und weiter über Zweckel nach Gladbeck begonnen worden. Sie wurde aber zunächst nur in Teilabschnitten realisiert. Der erste Abschnitt war 3,18 Kilometer lang. Erst 1920 war die Route komplett

Abb. 4: Straßenbahnen 1910 auf der Essener Straße in Buer (heute Horster Straße) in Höhe der Weiche (vorn).

fertig. Im Dezember 1915 nahmen die „Vestischen Kleinbahnen“, wie das Nahverkehrsunternehmen nach dem Zusammenschluss der verschiedenen Liniengesellschaften hieß, die neue Strecke von Buer nach Hassel in Betrieb. 2,8 Kilometer lang war das erste Ausbaustück. Später (bis 1926) wurde die Linie verlängert nach Polsum und weiter bis Marl. Ab 1916 wurde die Verbindung von Resse nach Buer-Mitte gebaut, auf der ab 1925 die Linie 10 fuhr.

Schon 1913 hatte die Bogestra eine Verbindung von Gelsenkirchen über Heßler nach Horst-Süd vollendet. Hier fuhr die Linie 3, die 1921 erstmals den Horster Stern erreichte. Sie wurde über Wall- und Alleestraße (heute Schloßstraße) sowie über die Burgstraße nach Horst-Mitte geführt. In der Gegenrichtung pendelte die „3“ über Gelsenkirchen hinaus bis zur Bochumer Stadtgrenze. Nach dem Krieg war am Kanal lange Zeit Schluss, da die Brücke gesprengt worden war. Mit einer Fähre kam man hinüber, über die Emscher gab es eine Behelfsbrücke. 15 Pfennige kostete in der Nachkriegszeit eine Fahrt. Schon 1954 wurde diese Linie aber eingestellt und auf Busbetrieb umgestellt

Die Vestische hatte Horst-Süd mit Horst-Mitte bereits 1914 über eine 1,8 Kilometer lange Trasse verbunden, die 1939 an die Bogestra verkauft wurde.

Der Ausbau in den 1920er Jahren

Trotz schlechter Wirtschaftslage wuchs das Netz der Vestischen in den 1920er Jahren. In mehreren Schritten wurde von Horst aus eine Anknüpfung nach Bottrop geschaffen, mit der ganz zaghaft schon 1913 begonnen worden war, die durchgehend bis Bottrop Knapp-

Abb. 5: Schaffnerinnen und Straßenbahnführer 1920 auf der Cranger Straße, damals Bismarckstraße.

schaftskrankenhaus, aber erst 1934 fertig wurde. Auch in Buer ging es weiter: Ab 1924 nach Westerholt – 3,2 Kilometer lang war der erste Teil der Trasse.1925 wurde die Strecke nach Gladbeck vollendet: Auf ihr wurde die aus Recklinghausen und Resse kommende „10" weitergeführt. In Gladbeck endete sie lange Zeit am Bahnhof Ost.

1921 hatte der Betriebshof der Vestischen in Buer am Egerplatz seine Arbeit aufgenommen. Er wurde bis 1978 genutzt. In Horst gab es schon seit 1898 ein Straßenbahndepot an der Essener Straße am Wedem. Über zwei Anfahrgleise bot es acht Straßenbahnen Platz. Auch einen Pausenraum für die Fahrer gab es. Genutzt wurde das Depot bis etwa 1955, als die Straßenbahngleise auf die neue Schmalhorst- und Turfstraße verlegt worden waren. Auch die Bogestra hatte schon sehr früh in Buer ein Depot, und zwar schräg gegenüber vom Rathaus auf dem Grundstück an Ecke Bredde-/Hölscherstraße. Zwischen 1899 und 1901 entstanden dort eine Wagenhalle und ein kleines Kraftwerk für den Fahrstrom. 1926 gab die Bogestra dieses Depot schon wieder auf, nachdem sie derlei Arbeiten in Gelsenkirchen konzentriert hatte. Personalräume hatten die Bogestra-Bediensteten fortan bis 1966 im Untergeschoss des Rathauses. Auf dem Gelände des bisherigen Depots entstand das Polizeipräsidium.

In den 20er Jahren „wagte" sich die Vestische ein einziges Mal auch in den Alt-Gelsenkirchener Raum und eröffnete eine Straßenbahnstrecke von Buer über Sutum nach Schalke, die 1927 startete. Dort am Schalker Markt knüpfte sie an eine schon 1895 gebaute Linie der Bogestra an, die über Gelsenkirchen bis nach Wattenscheid führte. Bedient wurde die Strecke ab Buer Rathaus von der Hasseler Linie, die, anstatt am Rathaus zu wenden, bis Schalke durchfuhr. 1939 verkaufte die Vestische die 4,8 Kilometer Süd-Strecke an die Bogestra. Aus ihr wurde später die Linie 2, die bis nach dem Krieg am buerschen Stern wendete, wo es eine entsprechende Weiche gab. Der buersche Stern war viele Jahre zentraler Verkehrsknotenpunkt.

Vermutlich 1929 ging erstmals die Linie 1 durchgehend von Essen und Horst kommend über Buer und Erle (und Kanal) Richtung Bismarck und weiter nach Gelsenkirchen. 1936 war übrigens die erste Linie der Vestischen in Buer (Herten-Resse-Middelich) stillgelegt und abgebaut worden. Statt ihrer hatte sich die 1918 gebaute Teilstrecke von Resse vorbei an der Waldschänke nach Buer-Mitte durchgesetzt.

Im Mai 1945 fuhr schon wieder die erste Straßenbahn

Nach dem 2. Weltkrieg verfügte die Vestische zwar über ein ausgiebiges Straßenbahnnetz in Buer und Horst, es mussten aber vor Wiederaufnahme des Betriebs die großen Kriegsschäden und Zerstörungen durch Fliegerangriffe und Bombentreffer beseitigt werden. Aber schon am 24. Mai 1945 fuhr auf buerschem Gebiet wieder die erste „Elektrische", und zwar wie einst zu Beginn des Straßenbahnzeitalters von Recklinghausen über Herten nach Resse (Markt). Im gleichen Monat kam die Strecke Buer Rathaus bis zur Stadtgrenze Gladbeck hinzu. Im August folgte die Linie nach Hassel und Polsum, im November nach Scholven.

Abb. 6: Im November 1948 rollte die erste Straßenbahn wieder über den Kanal in Erle.

Abb. 7: Eine Bahn der Bogestra-Linie 2 im Jahr 1953 in Höhe Freiheit Mitte, der 60er Jahre.

Die Verbindung Horst-Gladbeck wurde im März 1946, die Linie Buer-Westerholt im August 1946 wieder in Betrieb genommen. Ende 1946 war das gesamte Netz der Vestischen über Buer und Horst hinaus bereits mit 19 Straßenbahnlinien im wesentlichen wieder hergestellt. Die Wagen, oft mit Anhänger, waren in jenen Jahren ständig überfüllt – es gab ja sonst kaum Fortbewegungsmöglichkeiten. Zwei Schaffner pro Wagen waren immer mit unterwegs, manchmal fuhren die Menschen auf dem Trittbrett mit – auch, um die 15 Pfennige für den Fahrschein zu sparen.

Erst am 15. November 1948 rollte die erste „1" der Bogestra mit viel „Trara" wieder über den Kanal. Die Brücke war im Krieg zerstört worden, lange mussten die Fahrgäste vom Forsthaus aus über eine Behelfsbrücke über die Emscher und mit einer Fähre über den Kanal. Bevor die Fähre in Dienst genommen wurde, gab es einen Laufsteg über den Kanal.

Maximum des Liniennetzes Mitte der 50er Jahre

Mitte der 50er Jahre erreichte das gesamte Straßenbahnnetz der Vestischen bei 21 Linien und 260 Kilometer sein Maximum. In Buer und Horst betrieb sie acht Linien, sechs in Buer, zwei in Horst. Die Linie 17 verband Horst über Gladbeck mit Kirchhellen, die „23" kam aus Gladbeck (Zweckel) und fuhr über Horst nach Bottrop. Ab 1958 fuhr die „17" parallel zur „23" auch bis Bottrop.

In Buer fuhr die „11" ab Rathaus über die Freiheit und die Feldhauser Straße nach Scholven und über die Nienkampstraße weiter nach Zweckel und Gladbeck-Mitte. Zunächst nur bis Bahnhof Ost, ab 1957 weiter bis Gladbeck Rathaus und Bottrop, nachdem am Gladbecker Ost-Bahnhof eine Gleiskreuzung der Bahnlinie Gelsenkirchen-Winterswijk ermöglicht worden war.

Abb. 8: Die Linie 12 in den 50er Jahren auf der verschneiten De-la-Chevallerie-Straße auf dem Weg nach Hassel, Polsum und weiter nach Marl.

Die Linie 12 startete ab Rathaus und pendelte über Hassel, Polsum und Marl bis Hüls. Die Straßenbahn fuhr vom Rathaus über die De-la-Chevallerie-Straße vorbei an den Arkaden und bog dann halb rechts in die alte Königswiese ab und nahm Fahrt Richtung Norden auf.

Die „15" kam aus Resse (Markt), fuhr zum Rathaus und weiter zunächst Richtung Hassel-Süd über die Polsumer Straße, zweigte in die Marler Straße ab, tangierte Bertlich, in dem sie über die Geschwisterstraße Richtung Bahnhofstraße Westerholt fuhr, und von dort weiter bis Herten, später sogar bis Langenbochum und Scherlebeck.

1957 kam die Linie 20 dazu, die von Resse bis Buer Freiheit fuhr und die Linie 10 verstärkte. Als Verstärkung der „12" startete die Vestische im gleichen Jahr die Linie 24, die Recklinghausen über Marl, Polsum und Hassel mit Buer Rathaus verband. Ab 1966 wurde sie wieder aufgegeben, stattdessen fuhr die 12 bis Recklinghausen. 1969 gab die Vestische den Abschnitt Recklinghausen-Polsum auf. Stattdessen fuhr die „12" nun ab Polsum bis Resse und „schluckte" so die Linie 20.

Die „10" prägte das Straßenbahnbild in Buer am längsten

Die Linie 10 prägte am längsten das Bild der Vestischen in Buer – von 1925 bis 1980. Sie war zugleich eine der attraktivsten und längsten Linien der Vestischen, die zunächst von Recklinghausen über Herten, Resse, Buer nur bis Gladbeck Bahnhof Ost verkehrte. Anfangs fuhr sie über Freiheit und Dorstener Straße, bog dann Richtung Westen ab, teilweise über freies Feld parallel zur Bahnlinie. In Höhe Bärenkamp ging es ein Stück über den alten Nordring – den heutigen Nordring gab es noch lange nicht (gebaut erst in den 60ern). Weiter Richtung Gladbeck wurde die „10" in Bülse ein Stück über den alten Forstweg gelegt, bevor sie auf die Gladbecker Straße (der heutige Forstweg) kam und am Haus Bülse hielt.

Von 1957 an (nach der Gleisüberquerung am Bahnhof Gladbeck Ost) ging es weiter über Gladbeck Rathaus und Bottrop bis nach Oberhausen-Osterfeld. Auf diesem Abschnitt übernahm die Linie 10 die Aufgabe der Linie 19. Die Streckenlänge wuchs um 14,5 Kilometer auf fast 30 Kilometer. 102 Minuten wurde für eine Fahrt benötigt. In Buer-Mitte fuhr die „10" zunächst über Freiheit und Dorstener Straße. Nach dem Umbau der alten Wittekindstraße und der Errichtung des neuen Nordrings wurde auch die Linienführung der „10" umgelegt.

Die Strecke der „10" galt als abwechselungsreich und interessant. Der Abschnitt zwischen Resse und Buer-Mitte zählte unter Straßenbahnkennern zu den landschaftlich schönsten Strecken im Ruhrgebiet – vorbei an Feldern und durch den Westerholter Wald. Dieses Stück war eingleisig, nur an der Waldschänke gab es eine Ausweiche. Dort musste man warten, bis die Gegenbahn durch war. Lange musste hier der Schaffner noch aussteigen, um die Weiche umzustellen. Trotz aller Vorsicht ereigneten sich in all den Jahren zwei schwerwiegende Unfälle auf diesem eingleisigen Stück. 1969, als es bereits erste Stilllegungen gab, wuchs die Linie 10 noch einmal an: Sie übernahm in Recklinghausen einen Abschnitt der Linie 12 und fuhr ab Mai 1969 bis Marl-Sinsen. Die Streckenlänge bis Oberhausen-Osterfeld betrug nun 35 Kilometer, die Fahrtzeit 128 Minuten. Die „10" galt nun als die längste Straßenbahnlinie im Ruhrgebiet.

Mit den 60er Jahren beginnt das Liniensterben

In den 60er Jahren wurde immer deutlicher, dass der Betrieb der Straßenbahn zu teuer wurde, in der Folge kamen mehr Busse zum Einsatz. Nach und nach verschwanden die Straßenbahnlinien aus dem Stadtbild. Schon ab 1957 hatte es bei der Vestischen erste Reduzierungen gegeben. In Buer war die Linie

15 nach Westerholt die erste, die eingestellt wurde: Und zwar noch Ende 1959 mit dem Ausbau der Marler Straße. Die Linie wurde sofort durch Busse ersetzt. Zwischen Westerholt, Herten und Recklinghausen fuhr die „15“ noch bis 1967.

Im September 1963 legte die Vestische ihre Linie 11 Buer-Scholven-Gladbeck still, auch hier kam Busersatz. Zum Abschied herrschte fast Karnevalstrubel: Ein Mann mit einem Schifferklavier spielte, es gab Luftschlangen und Schnäppse. Bis April 1968 war die „11“ noch weiter im Betrieb auf dem Streckenabschnitt zwischen Gladbeck Rathaus und Bottrop.

Von Horst aus wurde 1970 die Linie 17 nach Bottrop aufgegeben. Sie endete fortan für von Gladbeck kommende Fahrgäste an der Essener Straße. Die Linie 23 durch Horst war schon 1968 zu Gunsten eines 15-Minuten-Taktes der „17“ eingestellt worden. Die „17“ machte noch einige Jahre weiter: Ihre letzte Fahrt von Gladbeck nach Horst kam für sie im November 1976.

Die Linie 12 von Buer über Hassel nach Polsum wurde noch bis 1977 betrieben, nachdem der Abschnitt zwischen Recklinghausen und Polsum bereits 1969 aufgegeben worden war.

Es blieb von der Vestischen in Buer immer noch die Linie 10, die seit 1974 nicht mehr Buer über Gladbeck mit Bottrop, sondern mit Horst verband und dann aber auch in zwei Schritten enden sollte: Die letzte Fahrt zwischen Buer und Gladbeck machte die „10“ am 31. Oktober 1978. Die „10“ fuhr fortan nur noch bis Bahnhof Buer-Nord. Im gleichen Jahr wurde der Betriebshof am Egerplatz aufgegeben, da die Wagen für die verbliebene Linie 10, die noch zwischen Buer und Recklinghausen pendelte, von Herten aus eingesetzt wurden.

Am 30. September 1980 kam es schließlich zur letzten Fahrt der Linie 10, die inzwischen „210“ hieß, von Buer (Bahnhof Buer-Nord) nach Herten. Es war ein stiller, ein leiser Abschied der Straßenbahn, ohne Brimborium. Keine Girlanden um die Bahn, keine besondere Gesellschaft an Bord, keine Musik. Es war die letzte Straßenbahn der Vestischen, die in Buer und Horst fuhr. Die Linie fuhr noch ein halbes Jahr ab Herten Resser Weg nach Recklinghausen, wurde dann aber komplett von der Vestischen aufgegeben.

Die Bogestra-Linien 301 und 302 blieben übrig

Nach dem Aus für die letzten Straßenbahnen der Vestischen wurden rasch die Gleise abgebaut. Aber in Buer nicht zwischen Rathaus und Bahnhof Buer-Nord: Den Betrieb dieses Abschnitts übernahm, um den Bahnhof anzubinden, noch von 1980 bis 1984 die Linie 302 der Bogestra, damals die 102. Sie fuhr, von Süden kommend, alle 10 Minuten bis Buer Rathaus und jede 2. Bahn ging weiter zum Bahnhof Buer Nord. Dann verschwand aber auch diese Strecke. Die 102 endete fortan wieder am Rathaus.

Die 302 zählt mit der Bogestra-Linie 301 zu den beiden verbliebenen Straßenbahnlinien in Buer und Horst, die wichtigsten Stützen des öffentlichen Personennahverkehrs der Stadt heute. Ihre Trassen sind im wesentlichen die alten und historisch gewachsenen geblieben: Die 301 ging aus der Linie 1 hervor, die schon von 1901 ab Forsthaus Erle über Buer bis Horst fuhr, später in beiden Richtungen ergänzt bzw. verknüpft wurde. Später zählte sie lange zu den längsten Straßenbahnlinien des Ruhrgebietes und wurde gemeinsam (nach dem Krieg) mit der EVAG betrieben: Die 1 fuhr in den 50er Jahren von Gelsenkirchen Hbf über Bismarck, Erle, Buer und Horst bis nach Essen-Bredeney, zwei Stunden und zehn Minuten dauerte die Fahrt (fast viereinhalb im Umlauf), es gab 76 Haltestellen.

Abb. 9: Die „10“ am Haltepunkt „Buer Rathaus“ auf der Goldbergstraße, im Hintergrund Blick Richtung Goldbergplatz.

Die Fahrt von der Marktstraße in Erle bis zum Viehofer Platz in Essen kostete 60 Pfennige. Bis zur Alten Landstraße in Horst wurden Bochumer/Gelsenkirchener Fahrkarten verkauft, von dort an Essener Tickets. Drei Leute saßen damals auf einem Straßenbahnzug: Der Fahrer, der Schaffner auf dem Triebwagen, der zugleich Zugführer war, und ein zusätzlicher Schaffner im Anhänger.

Richtung Buer fuhr die „1“ in Horst vor dem Bau der heutigen Turf- und Schmalhorststraße vom Horster Stern aus über die heutige Buerer Straße (einst ab Stern zunächst Hochstraße, erst im weiteren Verlauf Buerer Straße). In der Gegenrichtung ging es mitten durch Horst über die Essener Straße. Bogestra und EVAG stellten über viele Jahre gemeinsam die Züge für die Linie, ebenso das Personal. 1971 wurde die „1” in Horst aufgetrennt: Die Essener Wagen fuhren bis Kärntener Ring, die Gelsenkirchener Wagen bis Horst Sparkasse. Zum Fahrplanwechsel am 23. Mai 1982 änderte sich der Betrieb in Horst erneut: Die Essener Wagen der Linie, die zwischenzeitlich 101 hieß, wendeten nun am Schloss, die Gelsenkirchener Wagen fuhren in den alten Abzweig der Vestischen bis zur Essener Straße, der reaktiviert wurde. Das Gleisdreieck Kärntener Ring wurde aufgegeben.

Die Endstelle der 302 in Buer wechselte mehrmals

Die heutige 302 war die Linie 2 der Bogestra und einst aus Straßenbahn-Teilstücken (auch der Vestischen) hervorgegangen. Schließlich reichte die Linie 2 von Buer bis Bochum. In Buer wendete die „2” zunächst auf der Horster Straße vor dem heutigen Museum (damals Essener Straße). Erst nach 1950 wurde die Linie 2 bis zur Königswiese verlängert. Dort gab es die Wendeschleife, da die „2“ damals als Einrichtungswagen bedient wurde. Die Schleife lag etwa auf Höhe des heutigen Nordrings neben dem U-Haus. Nach dem Bau des Nordrings Mitte der 60er Jahre endete die „2“ am Rathaus. Die Bogestra konnte die Schleife auch deshalb aufgeben, da sie nach Fertigstellung der Berliner Brücke mit neuen Zweirichtungs-Straßenbahnwagen die Linie 2 befuhr und nun ein Wenden am Rathaus möglich war. Später (1980 bis 1984) fuhr jede zweite Bahn der 302 noch einmal durch bis zum Bahnhof Buer-Nord.

Die Linien 301 und 302 tragen damals wie heute wesentlich dazu bei, die Menschen in Buer und Horst mobil zu halten.

Quellen:

- Vestische Straßenbahnen GmbH (Hrsg.), Auf Linie – Menschen, Mobilität und mehr – 100 Jahre Vestische, Klartext-Verlag, Recklinghausen 2001
- Klaus Oehlert-Schellberg, Die Vestischen Straßenbahnen, Verlag Kenning, Recklinghausen 1995
- Archiv WAZ Buer
- Erinnerungen und Berichte von Zeitzeugen

Fotos:

Archive Heimatverein, Meinert, WAZ

Abb. 10: Die Linie 210 – das Reststück der einstigen „10“ – 1979 an der Endhaltestelle auf dem Nordring.

Von Pottkiekern und Quaterkunten

Kostproben aus dem plattdeutschen (niederdeutschen) Sprachschatz

von Carl Heinrich Lueg

Noch vor etwa 150 Jahren wurde in hiesiger Gegend – im *Kerspel* (Kirchspiel) *van Buer* und im *Kerspel van Gelstenkerken* – überwiegend plattdeutsch gesprochen. Meine Großeltern – um 1870 in Herten bzw. Kirchhellen geboren – *hebt alltied platt küert, wann se unner sick wüörn* (haben immer platt gesprochen, wenn sie unter sich waren). Mit uns Kindern sprachen sie zwar Hochdeutsch, doch ließen sie immer wieder plattdeutsche Wörter und Redensarten einfließen (Abb. 1). Wenn ich z.B. am Essen etwas auszusetzen hatte, hieß es gleich: *Wat de Buer nich kennt, dat friät he nich.* (Was der Bauer nicht kennt, dass frisst er nicht.) Oder wenn ich einen besonderen Wunsch hatte, bekam ich zur Antwort: *Mak dine Döppen*[1)] *toe, un wat de dann sühst, dat kriegste.* (Mach deine Augen zu, und was du dann siehst, dass kriegst du.) Eine allzu neugierige Frage wurde abgeblockt mit den Worten: *Brikken un Uleneier,* was wohl gleichbedeutend war mit „Papperlapapp!"

1 Gemeint sind eigentlich die Augenlider. Vgl. auch: Erfen döppen= die Erbsen aus der Schote entfernen.

Abb. 1: Auch wenn die Großeltern sich bemühten, mit den Enkeln Hochdeutsch zu reden – es flossen doch immer ein paar plattdeutsche Wendungen mit ein.

Abb. 2: Ein einfaches Beispiel: *Schaop* heißt Schaf.

Im Folgenden möchte ich einige Informationen über diese Sprache und – nicht zuletzt auch – einige Kostproben von ihr geben. Dabei stütze ich mich auf das, was mir aus den Gesprächen meiner Großeltern in Erinnerung geblieben ist, aber auch auf das, was ich in meinem Philologiestudium über die niederdeutsche Sprache gehört und gelesen habe; an der Universität zu Münster gab es eigens einen Lehrstuhl für niederdeutsche (nd.) Philologie.

Das Plattdeutsche war – und ist auch heute noch z.T. auf dem flachen Land – in ganz Norddeutschland verbreitet, genauer: nördlich einer Sprachgrenze, die man *Benrather Linie* genannt hat, weil sie vom Niederrhein bei Benrath über Kassel bis weit ins Mecklenburgische hinein führt.

Allerdings war das Plattdeutsche keine einheitliche Sprache, sondern es gab regionale, ja manchmal sogar lokale Besonderheiten. Das hängt einmal damit zusammen, dass die Menschen früher nicht so mobil und nicht so eng miteinander vernetzt waren wie heute. Sie lebten auf mehr oder weniger großen *Sprachinseln.* Hinzu kommt, dass das Plattdeutsche weitaus mehr gesprochen als geschrieben wurde. Man lernte Plattdeutsch vom Hörensagen in der engen Umgebung der Familie und Nachbarschaft und nicht aus Büchern, geschweige denn aus Grammatiken. So erklärt es sich, dass *de Suerlänner* (der Sauerländer) ein anderes Platt sprach *as de Mönsterlänner* (als der Münsterländer); und *de Lüe* (die Leute) *in Buer* oder *Gelstenkerken* (Gelsenkirchen) verwendeten in manchen Wörtern andere Vokale *as de Lüe in Riäkelshusen* (Recklinghausen). Der Streit um die Frage, wer das „richtige Platt“ sprach oder spricht, ist ein Streit um Kaisers Bart. Wie wenig das Plattdeutsche eine geschriebene Sprache war, erkennt man auch daran, dass es viel Mühe kostet, etwas plattdeutsch Gesprochenes aufzuschreiben und das Aufgeschriebene anschließend zu lesen; die Lautzeichen, die uns beim Schreiben zur Verfügung stehen, kommen aus dem Hochdeutschen und lassen sich nur näherungsweise der plattdeutschen Aussprache anpassen.[2)]

Allerdings gibt es – über alle regionalen und lokalen Eigenarten hinweg – doch einige generelle Merkmale des Plattdeutschen. Sie betreffen zunächst einmal die Aussprache.

Aussprache

Betroffen sind hier vor allem die harten Verschlusslaute **p**, **t** und **k**. Während sich nämlich diese Laute im Hochdeutschen Anfang des 6. Jahrhunderts zu weichen Reibelauten entwickelt haben, blieb das Niederdeutsche von dieser Entwicklung weitgehend ausgenommen.

2 Bei der Verschriftlichung der plattdeutschen Wörter orientiere ich mich weitgehend an Klaus-Werner Kahl: Wörterbuch des Münsterländer Platt. Münster 2000

Abb. 3: *Nu gaiht de Saiß düört riepe Feld.*

Abb. 4: *De Katt hätt en kuorten witten Stiärt.*

Hierzu einige Beispiele:

- **Ein hartes (stimmloses) *k* im Nd. entwickelt sich zu einem weichen (stimmhaften) *ch* im Hd.**

maken	machen
Wat wullt wi maken?	Was wollen wir machen?
Book	Buch
Ik sök mien Book.	Ich suche mein Buch.
dat Brauck	Bruch (spez. Emscherbruch)
Buk	Bauch
Loat dat kolle Water ut'n Buk	Lass kaltes Wasser aus dem Bauch
un dän Buk ut dat kolle Water.	und lass den Bauch aus kaltem Wasser.

- **Ein hartes *p* im Nd. entwickelt sich im Hd. zu einem weichen *pf* oder auch *ff*:**

Kopp	Kopf
Leiwer en oprichtigen stiefnackigen Dickkopp as en ducknackigen un labberigen Nickkopp.	Lieber einen aufrichtigen, sturen Dickkopf, als einen unterwürfigen, rückratlosen Jasager.
Schaop	Schaf (Abb. 2)
Droppen	Tropfen
Schöpkes gifft Dröppkes.	Schäfchenwolken sind Regenboten.
riep	reif
Nu gaiht de Saiß düört riepe Feld.[3]	Nun geht die Sense durch das reife Feld (Abb 3).

- **Schließlich entwickeln sich aus dem Explosivlaut *t* im Nd. die Reibelaute *s / ss / z* im Hd.:**

Water	Wasser
kuort	kurz
Katt	Katze
De Katt hätt en kuorten witten Stiärt.	Die Katze hat einen kurzen, weißen Schwanz (Abb. 4).

3 Ein Vers aus einem Gedicht des plattdeutschen Dichters und Pfarrers Augustin Wibbelt.

Vor allem bei den Vokalen (Selbstlauten) gibt es im Plattdeutschen eine sehr große Variationsbreite; grade hier lassen sich Unterschiede von Region zu Region und manchmal sogar von Ort zu Ort feststellen. Die einen sagen *Door* (Tür), die andern *Düer*; die einen *Kou*, die andern *Kau,* die einen *Brauk*, die andern *Brock* usw.

Im Übrigen wäre Plattdeutsch gar nicht so schwer zu verstehen, wenn man es in einfachen, zusammenhängenden Texten (Kontexten) vorgesprochen oder vorgelesen bekäme.

Da fragt ein Besucher den Bauern: „*Wat hebt ji an Biesters em Stall?*“ – Darauf der Bauer: „*An Biesters? Nu, ik hebb men een Piärd, aower vief Köe, en Bär, graut as en Kalf, ten off twelf Süegen mit Fiärken, en ollen Rüern buten em Hoff, ennige Höners uppen Wiemen un ne swatte Katt, dä sitt am leifsten inne Upkammer van ussen Öhm.*“ – *Nu, de Besöker, dä wull en bettken*	Da fragt ein Besucher den Bauern: „Was haben Sie an Vieh im Stall?“ – Darauf der Bauer: „An Vieh? Nun, ich habe nur ein Pferd, aber fünf Kühe, einen Eber, groß wie ein Kalb, zehn oder zwölf Säue mit Ferkeln, einen alten Hund draußen auf dem Hof, einige Hühner auf dem Wiemen[4] und eine schwarze Katze, die sitzt am liebsten in der Kammer[5] bei unserem Onkel. – Nun, der Besucher, der wohl ein bisschen

4 Eine Bühne oder auch Bretter oder Stangen, auf denen die Hühner gern hocken.

5 Die Upkammer ist ein Verschlag über den Ställen.

niesgierig was, frögg: „Un wat gifft et vandage tau Middag te iäten?“ – Drop de Buer: „Vandage is Gudensdag, da gifft et Baukwaitenpannkauken; muorn gifft et Panharst, un üörmourn Aerdappels-pannkauken. Saterdag iät wi Suermus met en gueden Pottharst. En gueden Pottharst hört op'et Suermus, dat et gar werd.“	neugierig ist, fragt: „Und was gibt es heute zum Mittagessen?“ – Darauf der Bauer: „Heute ist Mittwoch, da gibt es Buchweizenpfannkuchen; morgen gibt es Panhas, und übermorgen Kartoffel-plätzchen. Samstag essen wir Sauerkraut mit einem guten Stück gekochten Fleisch. Ein gutes Stück Fleisch gehört auf das Sauerkraut, damit es schön gar wird.

Sehr beliebt waren auch die sog. **Döhnkes**, kleine – meist humorvolle – Geschichten, wie z.B. die folgende:

Mönstermanns Vader un de Dökters	**Vater Münstermann und die Ärzte**
Mönstermanns Vader vertrat den Standpunkt: „*Dat schlimmste Unglück kümp van de Dökters.*“ – Als der Pastor ihn einmal fragte, warum er trotzdem immer wieder zum Arzt gehe, antwortete er: „*Ik goa doar hen, weil dat de Dökters auk liäwen mütt.*“ „Und was machen Sie mit dem Rezept, das er Ihnen verschreibt?“, wollte der Pastor wissen. „*Nu*“, meinte der Bauer, „*doamet goa ik noan Apteker; de makt mi Medzin. De Aptekers wöllt auk liäwen.*“ – „Und was machen Sie mit der Medizin?“ – „*De smit ik in Dreck.*“ – „Ja, warum das denn?“ – *„Nu“, segg Mönstermann, „ik, ik will doch auk liäwen.“*	Vater Münstermann vertrat den Standpunkt: „Das schlimmste Unglück kommt durch die Ärzte.“ – Als der Pastor ihn einmal fragte, warum er trotzdem immer wieder zum Arzt gehe, antwortete er: „Ich gehe dorthin, weil die Ärzte auch leben müssen.“ „Und was machen Sie mit dem Rezept, das er Ihnen verschreibt?“, wollte der Pastor wissen. „Nun“, meinte der Bauer, „damit gehe ich zum Apotheker; der macht meine Medizin. Die Apotheker wollen auch leben.“ – „Und was machen Sie mit der Medizin?“ – „Die schmeiße ich in den Dreck.“ – „Ja, warum das denn?“ – „Nun“, sagt Münstermann, „ich, ich will doch schließlich auch leben.“

Wie in allen Sprachen, die von einfachen, erdverbundenen Menschen gesprochen werden, ist das Plattdeutsche reich an Spott- und Schimpfnamen. Dabei muss angemerkt werden, dass selbst derbe Ausdrücke wie *drieten* und *schieten*[6] im Plattdeutschen längst nicht so ordinär klingen wie die entsprechenden hochdeutschen Übersetzungen. Man konnte jemanden als *olle Quaterfott* bzw. *Quaterkunte* (*quatern*=quasseln, *Kunte*=Fott) bezeichnen, ohne dass man gleich mit einer Beleidigungsklage rechnen musste (Abb. 5). Solange ein Gespräch zwischen zwei Nachbarn auf Plattdeutsch geführt wurde – mochte es vielleicht auch ziemlich laut geführt werden – war die Welt noch in Ordnung; denn man kommunizierte immer noch auf derselben Wellenlänge. Gefährlich wurde es erst, wenn man hochdeutsch zu reden begann; dann war Vorsicht geboten; denn dann bediente man sich sozusagen der Amtssprache der Behörden und Gerichte.

6 Drieten und schieten sind gleichbedeutend; *schieten*=scheißen

Nun aber zu den Spott- und Schimpfnamen:

Spinnwip *Spouk* Schmachtlappen	Spinnenbein Spucht Hungertuch	Synonyme für eine schmächtige Person
… *en Höpken* Elend.	… ein Häufchen Elend.	
Quaterfott *ne Quaterbuxe* *ne Quaterkunte* *en Quaterkopp*	*Quatschfott* eine Quatschhose *Kunte*=Fott Ein Quatschkopf	Synoyme für jemanden, der gern und viel redet
Gaffeltange	Ohrwurm/-kneifer	Bezeichnung für jemanden, der Übles nachredet
finnig	abgeleitet von *Finne* = Trichine (kleiner schädlicher Fadenwurm)	Bezeichnung für jemanden, der kleinlich ist
laigen oder *niggeliken Kääl*	böser, teuflischer oder eigener, sonderbarer, falscher Kerl	Bezeichnung für jemanden, der böswillig oder hinterhältig ist
Plästerkunte	*pläster*=umherlaufen *Kunte*=Fott	Bezeichnung für eine Frau, die viel unterwegs ist
Unducht	Taugenichts	
Twersdriver	Quertreiber, Querulant	
Kaffmenger	*Kaff*=Spreu *Menger*=Einmischer	Bezeichnung für jemanden, der sich in alles einmischt
Pottkieker	Topfgucker	Bezeichnung für jemanden, der auffallendes Interesse am Privatleben anderer hat

Einen reichen Schatz an Lebenserfahrung und -weisheit überliefern die plattdeutschen **Sprichwörter**.[7] Da sie aus dem Leben gegriffen sind und das Leben dazumal – und ganz besonders auf dem Lande – sehr erdverbunden war, ist auch die Bildersprache in den Sprichwörtern eher derb als zartfühlend:

7 Die plattdeutschen Redensarten gebe ich weitgehend aus der Erinnerung wieder. Die Sprichwörter habe ich, soweit sie mir aus mündlicher Überlieferung nicht mehr in Erinnerung sind, zum großen Teil entnommen aus Wilhelm Schmitt (Hg.): Das Vest. Heimatblätter für das Emscher- und Lippeland. – Der 1. Jahrgang dieser monatlich erschienenen Beiträge beginnt mit dem Monat März des Jahres 1921. Im Jahre 1932, kurz vor der Machtergreifung durch die NSDAP und der damit einhergehenden Pressezensur, hat Wilhelm Schmitt die Zeitschrift eingestellt. – Hinweisen möchte ich auch auf die Broschüre, die anlässlich des 75-jährigen Bühnenjubiläums der Plattdeutschen Sprachgesellschaft Recklinghausen im Jahre 1980 erschienen ist: Platt för alle Dage. Lüe, haolt fast an't guedde Aolle!

En Unnerrock treckt mähr as sibben Piärd.	Ein Unterrock (eine hübsche Frau) zieht mehr als sieben Pferde.
En ollen Boum scll men nich ümpotten.	Einen alten Baum sollte man nicht umpflanzen.
Kaup woll din Noahbers Rind, awer hierot nich din Noahbers Kind.	Kauf ruhig deines Nachbars Rind, aber heirate nicht sein Kind.
We guet iäten will, de mott iäten: Muorns met'n Dersker, meddags met'n Papen un oabends met'n Jäger.	Wer gut essen will, der muss essen: Morgens mit einem Drescher, mittags mit einem Geistlichen und abends mit einem Jäger.
Krankheit kümp to Piärd un gaiht to Foot.	Krankheit kommt zu Pferde und geht zu Fuß.
Düfftig friäten un supen, langsam goahn loaten un manks ouk pupen, dat slött an.	Tüchtig essen und trinken, langsam gehen lassen und manchmal auch pupsen, das schlägt an.
De Kau vergiät to hännig, dat se ouk es en kalf gewiäst.	Die Kuh vergisst zu schnell, dass sie auch einmal Kalb gewesen ist.
Wenn Kinner kacken wellt as graute Lü, dann birst se de Fott.	Wenn Kinder „kacken" wollen wie große Leute, dann platzt ihnen der Hintern.

Allerdings unterscheidet sich das Plattdeutsche vom Hochdeutschen nicht bloß in der Aussprache. Es gibt auch – und zwar beträchtliche – semantische Unterschiede (in der Bedeutung der Wörter).

Semantische Unterschiede

Viele nd. Wörter sind inzwischen aus dem Sprachschatz des Hochdeutschen gänzlich verschwunden; ein Holländer oder auch Engländer würde sie heute eher verstehen als ein Bayer, Schwabe oder Sachse. Noch im 16. Jahrhundert war es Leuten aus dem holländischen Leyden durchaus möglich, sich mit Leuten aus Münster zu unterhalten. Viele Söhne des hiesigen Adels haben damals holländische Universitäten besucht. Die Vorlesungen wurden zwar in lateinischer Sprache gehalten, aber Studenten aus dem Münsterland hatten keinerlei Schwierigkeiten, sich mit den Leuten in Utrecht oder Nimwegen zu verständigen. Die berüchtigten Münsterschen Wiedertäufer Bockelson und Mathyssen waren Holländer; die Predigten, die sie in den dreißiger Jahren des 16. Jahrhunderts in ihrer Sprache vor den einfachen Leuten – den Handwerkern und Händlern – hielten, fanden bekanntermaßen großen Widerhall, nicht zuletzt auch bei den Frauen, die damals ganz überwiegend ohne Schulbildung aufgewachsen waren.

Die folgenden Wortbeispiele werden dem Süd- oder Ostdeutschen wie Fremdwörter vorkommen.

plattdeutsch	**hochdeutsch**	**vgl. Englisch**
vertellen	erzählen	to tell = erzählen
trecken	ziehen	to draw = malen, Striche ziehen
Muhltrecker	saures Obst; wenn man hineinbeißt, zieht sich der Gaumen zusammen	to drag = ziehen, zerren
driten	scheißen	dirt, dirty = Schmutz, schmutzig
döppen	drücken, niedertauchen, taufen	to deep = tauchen
Erffen döppen	Erbsenschoten aufdrücken	
drömeln	träumen; langsam arbeiten	to dream = träumen
grämsteren	sich räuspern	
belusteren oder beluern	beobachten, belauern	
et drock hebben	es eilig haben	drive = der Druck
batten	nützen	
binnen und *buten*	drinnen und draußen	
ächten und *vüörn*	hinten und vorne	
boven und *unnen*	oben und unten	above = über
faken und *manks*	oft und manchmal	
lurig	schlecht gelaunt; sich unwohl fühlen, ohne einen Grund dafür zu wissen	
laige	böswillig, hinterhältig	
uselig	unordentlich	
dröge	trocken	dry
dof	taub	deaf = taub
hauge und *siege*	hoch und flach	high = hoch
late	spät	late = spät
smööde	weich, geschmeidig	smooth = weich
kollersk	wütend, cholerisch	
Schütt	das herausziehbare Schlussbrett einer Kippkarre	to shut = schließen
Gatt	Loch	gate = Öffnung
Huck	Hocke	to hunker down = in die Hocke gehen
Telgen	Zweig	
Top	Spitze (vor allem eines Baumes)	top = die Spitze
Heister	Jungpflanze	
Borken und *Sprocken*	trockener Holzabfall (Baumrinde und dürres, abgefallenes Holz)	bark = Rinde, Borke, Baumrinde
Buxenpiepen	Hosenbeine	pipe = Rohr (Röhrenhosen)
he	er	he
hem	ihn/ihm	him
brauck	Bruchlandschaft	brook = Bach

Abb. 5: Quaterbuxe und Plästerkunte an der sogenannten Klönschnacktür.

Unsere hiesigen Vorfahren hielten zäh an ihrem Pattdeutsch fest; es war im wahrsten Sinn des Wortes ihre Muttersprache.

Als im Jahre 1795 der Patronatsherr der Horster St. Hippolytuskirche, der Freiherr v. Fürstenberg, einen Geistlichen aus Lothringen namens Ludwig Danecker, der vor den französischen Revolutionstruppen geflüchtet war, auf die vakante Pfarrstelle setzen wollte, erhoben die Horster Einspruch mit dem Argument, der Mann verstehe kein Platt und könne sich daher ihren Kindern in der Christenlehre und der Beichte nicht verständlich machen.[8]

8 Carl Heinrich Lueg: Kurze Geschichte der Kapelle und Kirche St. Hippolytus zu Horst im Broiche bis zum Zeitalter der Industrialisierung. In: Beiträge zur Stadtgeschichte. Band 22. Buer 2000

Abb. 6: Besonders auf dem Land unterrichteten die Lehrer oft Kinder, die nur Plattdeutsch sprechen konnten.

Ich selbst kannte Lehrerinnen und Lehrer, die berichteten, dass sie noch um die Mitte des vorigen Jahrhunderts an Zwergschulen des Münsterlandes Kinder unterrichtet hätten, die nur Plattdeutsch sprechen konnten (Abb. 6). Es sei sehr schwer gewesen, den Eltern zu vermitteln, dass es für ihre Kinder und deren sozialen Aufstieg sowie deren intellektuelle Entwicklung unbedingt erforderlich sei, Hochdeutsch zu lernen. Aber man hat wohl auch die Erfahrung gemacht, dass im Plattdeutschen ein Stück Naturverbundenheit bewahrt ist.

In ganz Norddeutschland, zumal auf dem Lande, wird in vielen Familien nach wie vor platt gesprochen, und an zahlreichen Orten existieren Vereine – auch in Buer – die sich die Pflege niederdeutschen Sprachgutes zur Aufgabe gemacht haben; sie veranstalten Gesprächsrunden, Liederabende und Theateraufführungen. Bemerkenswert ist, dass plattdeutsche Texte nicht nur reproduziert, sondern auch neu verfasst werden. Man greift Themen und Stoffe aus unserer Gegenwart auf. Vielleicht hat man erkannt, dass die plattdeutsche Sprache erdverbundener und vor allem unverbrauchter ist als die heutige von abstrakten Begriffen, Fachwörtern, Abkürzungen und Anglizismen aufgeblähte Hochsprache.

Praktikum beim Verein für Orts- und Heimatkunde? Warum?

von Nadine Stritzke

Vom 1. September 2011 bis 30. September 2012 hat Nadine Stritzke beim Verein für Orts- und Heimatkunde ein Praktikum gemacht. Nach ihrem Abitur auf dem Max-Planck-Gymnasium im Juli 2011 war die junge Bueranerin auf der Suche nach einer kulturellen Aufgabe. Der Schwerpunkt ihres einjährigen Engagements für den Verein: Die eigene Stadt auch für Jugendliche interessant machen. Dazu hat sie ein Konzept für Geocaching sozusagen direkt vor der Haustür – im Park von Haus Berge – entwickelt. Seit Oktober 2012 studiert Nadine Stritzke Germanistik und Vergleichende Literatur- und Kulturwissenschaft in Bonn. Von ihrer Motivation und ihren Tätigkeiten für den Verein erzählt die 20-jährige auf den folgenden Seiten selbst. (red)

„Du machst ein Praktikum beim Heimatverein? Und was machst du da?" Das war die Frage, die ich in dem Jahr am häufigsten gehört habe. „Wie bist du denn darauf gekommen?", war die zweithäufigste.

Zugegeben, Heimatverein oder Verein für Orts- und Heimatkunde klang vorher für mich auch eher nach einem Rentnerverein, wo sich alte Leute zum Kaffeetrinken treffen und über alte Zeiten sprechen. Aber warum habe ich mich dann doch entschlossen, freiwillig und ohne Bezahlung ein Jahr lang für diesen Verein zu arbeiten?

Im Grunde war das zunächst eine Notlösung. Nach meinem Abitur im vergangenen Jahr hatte ich beschlossen, vor meinem Studium ein freiwilliges kulturelles Jahr abzuleisten. Nach dreizehn Jahren Schulbank hatte ich keine Lust, meine Zeit sofort wieder mit Lernen zu verbringen. Ich wollte etwas Praktisches tun. Und das am besten im Bereich Kultur/Literatur, da dies mit meinem Berufswunsch übereinstimmt.

Leider sind die Plätze für das Kulturelle Jahr rar, und so hatte ich bis September keine geeignete Stelle gefunden. Damit ich nicht mit Nichts da stand, hatte ich mich als Notlösung für den Bundesfreiwilligendienst beim Deutschen Roten Kreuz angemeldet, wo ich auch ganze zweieinhalb Wochen durchgehalten hatte. Parallel dazu bewarb ich mich weiter bei kulturellen Einrichtungen. Aber immer mangelte es entweder an Geld oder an einer Betreuungsperson. Schließlich war ich sogar so weit, auch ohne Geld zu arbeiten. Und da hatte ich den rettenden Einfall. Oft genug hatte ich mir Geschichten meines Vaters über die unglaubliche Botanik von Schloss Berge anhören müssen und auch über das mangelnde Interesse der jüngeren Generation an der Natur. Zu diesem Zeitpunkt war ich bereits begeisterte Geocacherin und entwickelte die Idee, durch das Geocaching Interesse zur Natur wecken zu können.

Mir wurde klar, dass dies die Lösung meines Problems werden könnte. Ein Praktikum beim Verein für Orts- und Heimatkunde. Hier hätte ich meine kulturelle Arbeit. Und tatsächlich kam es noch besser. Zwar verdiente ich dieses Jahr keinen Cent, aber dafür hatte ich eine Arbeit, wie sie nicht besser hätte sein können. In diesem praktischen Jahr konnte ich meiner ganzen Kreativität freien Lauf lassen, mir eigene Projekte ausdenken, planen und in die Tat umsetzen. Mein Hauptaspekt lag hierbei auf der Jugendförderung.

Angefangen habe ich dabei mit dem Geocaching. Geocaching ist ein Trendsport, den man dafür nutzt, neue, besondere oder schöne Ecken zu zeigen. Was wäre dafür besser geeignet als der Schlosspark mit seinen besondern und schönen Plätzen? Verbunden habe ich den Spaß, also das Finden des Caches, des Schatzes, mit etwas Lehrreichem. Bestes Beispiel hierfür ist der Geocache „Kleiner Baumführer", der von Bernhard Hoëcker[1)] eingeweiht wurde. Alle Stationen dieses Caches habe ich an Bäumen platziert, wobei jeweils eine Beschreibung des Baumes beiliegt. Somit kann jeder Cacher, der diesen Cache findet, etwas über unsere Natur lernen.

Die Zielgruppe lässt sich aber noch erweitern. Denn nicht nur die eingefleischten Geocacher, möglichst viele Menschen, sollen den Verein und seine Arbeit kennen lernen. So entwickelte ich gemeinsam mit einer naturbegeisterten Grundschullehrerin einen Baumführer für Grundschulkinder. Die wichtigsten einheimischen Bäume wie Fichte, Buche, Eiche, Esche, Ahorn, sind jeweils auf einer DIN A5-Seite dargestellt. Es sind eigenhändige Schwarz-Weiß-Zeichnungen (man darf ja nicht unerlaubt Kopien aus Büchern auf die eigenen Homepage stellen), die den Gesamthabitus eines Baums, sodann seine Blätter, Blüten und Früchte darstellen. Die Kinder können nun diese Seiten farbig ausmalen, nachdem sie die Bäume in der Natur kennengelernt haben. Erste Versuche mit Grundschulklassen waren sehr erfolgreich. Der Baumführer wird derzeit für die Darstellung im Internet fertig gestellt und kann dann von interessierten Grundschullehrer/innen heruntergeladen werden.

Darüber hinaus entwickelte ich einen Baumführer für Schulkinder, die im Schlosspark Berge Bäume bestimmen wollen. Dieser Führer ist für Kinder ab der 3. Klasse geeignet und kann auch von Schülern weiterführender Schulen bis vielleicht zur Klasse 7 genutzt werden. Der Führer beruht auf einem Konzept der Pädagogischen Hochschule Karlsruhe und umfasst die wichtigsten Laubbäume des Parks, die mittels eines an der Hochschule entwickelten Bestimmungsschlüssels von den Schülern erfasst werden können.

Meine Hauptaufgabe während des Praktikums war aber eigentlich eine umfassende Auf- und Neubearbeitung der Internetdarstellung der Gehölze im Berger Park. Dabei musste ich eine riesige Menge bestehender Dateien und Daten sortieren, sichten und umarbeiten, Baumstandorte neu kartieren und für eine Internetpräsentation aufarbeiten, Bilder der Bäume zu verschiedenen Jahreszeiten machen und ebenfalls für die Internetpräsentation umarbeiten. Diese umfangreichen Arbeiten konnte ich während meines einjährigen Praktikums leider nicht abschließen, andere Vereinsmitglieder (vielleicht auch andere Praktikanten?) werden die Arbeit weiterführen.

Auf jeden Fall haben mir das Praktikum, insbesondere die eigenen Projekte, in dem einen Jahr viel Spaß gemacht. In der Schulzeit hatte man doch so gut wie nie die Möglichkeit, frei und selbstständig an Dingen zu arbeiten, die einen tatsächlich begeistern.

1 Bernhard Hoëcker ist ein deutscher Schauspieler, Komiker, Moderator (Angaben aus: Wikipedia – Die freie Enzyklopädie)

Kindheit rund um Wilhelmine Viktoria

Eine autobiographische Erzählung

von Dieter Thamm

Vor fast 50 Jahren ist Dieter Thamm vom Ruhrgebiet in den Süden Deutschlands gezogen. Seine Kinder- und Jugendjahre verbrachte der gebürtige Gelsenkirchener (Jg. 1942) bei seinen Großeltern im Stadtteil Heßler. Eindrücke aus dieser Zeit dokumentiert der ehemalige Bergmann nicht nur künstlerisch. Er hat die Erinnerungen an seine frühen Lebensjahre unter dem Titel „Kindheit und Jugend rund um Wilhelmine Victoria" niedergeschrieben.[1] Die folgenden Auszüge nehmen mit auf eine Reise in die späten 40er und die frühen 50er Jahre des vergangenen Jahrhunderts. (red)

1 Ölbilder des gebürtigen Gelsenkircheners wurden im Rahmen des Projektes SchachtZeichen 2010 auf der Zeche Bergmannsglück ausgestellt, ein kurzer Auszug aus seinen Kindheitserinnerungen ist erschienen in „Gelsenkirchener Geschichten – Eine Stadtbereisung".

Kindergartenzeit

Ich fange mit dem sogenannten Hungerjahr 1947 an. Die Zeit davor, ohne oder mit Hunger, möchte ich hier vergessen. Mein Wohnort war die neue Kolonie, die Seite, die zum Westfriedhof liegt. Es ist eine schattige Seite, mit dicken wuchtigen Ulmen gegenüber der Straße. Die neue und alte Kolonie, also der Grawenhof und der Klapheckenhof, sind Werkswohnungen der Bergwerks-Gesellschaft Hibernia, die nur an Mitarbeiter der Zeche Wilhelmine Victoria vergeben wurden (Abb. 1).

Jeden Morgen um kurz vor acht Uhr trafen sich mehrere Kinder und machten sich auf den Weg von der elterlichen Wohnung zum Kindergarten. Auf der rechten Seite befanden sich die wuchtigen Ulmen und links die Häuserreihe mit Bänken davor. Am Ende der Straße gingen wir vorbei an den drei Steigerhäusern bis zur Brücke der Zechenbahn. Danach verließen wir den Grawenhof, schlenderten unter der Brücke durch, um dann nach links in die Dammstraße einzubiegen. Nach 100 Metern ereichten wir unser Ziel. Tante Änne, die gute Kindergarten-Fee, erwartete uns schon wie jeden Tag und half uns, also ihren Schäfchen, wie sie uns nannte, beim Ausziehen.

Nach dem Kindergarten ging es im Affenzahn nach Hause, denn das Loch im Bauch war riesig und musste schnellstens gestopft werden. Die Auswahl war nicht groß, aber ein Pott voll Linsen mit was drin, Wurststückchen oder Bauchfleisch, lecker, haben es auch getan. Nach dem Essen war der Tag noch nicht zu Ende, und es ging ab nach draußen zum Spielen.

Das Haus mit der Nummer 10 war durch einen Bombenvolltreffer platt und ein idealer Abenteuerspielplatz für uns Blagen. An einer Stelle, wir haben das Loch mit Gestrüpp und Pappe abgedeckt, konnten wir in einen Keller krauchen, der bald mit Wehrmachtsschrott, Stahlhelmen usw. gefüllt war. Aber irgendwann am Nachmittag ruft die Pflicht in Form einer strengen Männerstimme: „Dieter, Hühnerfutter besorgen!"

Verzögern oder „ja, ich komme gleich", war nicht drin, der Koppel vom Opa saß locker und hat schon einige Tänze auf meinem Hintern gehabt. Also bin ich dem Ruf brav, pflichtbewusst und sofort gefolgt. Die Oma gab mir ein Tragenetz mit zwei braunen Tüten, und schon ging es ab zur Mühle Nolte, Kleie und Schrot für die Hühner holen. Damit

Abb. 1: Werkswohnungen der Bergwerks-Gesellschaft Hibernia wurden nur an Mitarbeiter der Zeche Wilhelmine Victoria vergeben.

war der Pflichtteil erledigt und die Kür folgte sofort anschließend.

Von der Oma bekam ich Geld in einem vom Opa selber zusammen geschusterten Geldbeutel in die Hand gedrückt, einen Zettel und eine Milchkanne mit. Es ging zuerst zum Milchbauer Hartmann, danach zum Metzger Kaufmann, dann Margarine mit Sammelbildchen bei Weiler besorgen, und ein Brot vom Bäcker Wever mitnehmen. Anschließend daheim gab es dann Abendbrot mit heißer Milch.

Nach dem Essen hat der Opa dann noch zwei Stunden gewerkelt, Schuhe besohlt oder sich mit den Hühnern und Stallhasen beschäftigt. Schuhe besohlen, da hat er was drauf gehabt. Von der Zeche brachte er dafür ein Stück Gummiband mit, stellte den Schuh darauf, zeichnete ihn an, und schnitt danach die angezeichnete Sohle aus. Dann verklebte er den Schuh und die neue Sohle mit Kövulfix. Die Sohlen haben ewig gehalten. Zwischendurch spülte meine Oma die drei Tassen und Teller vom Nachtessen weg. Danach holte sie ihren Korb mit Strick- und Flickzeug aus dem Schlafzimmer, flickte Socken, strickte Pullover oder Handschuhe, ich glaube, Fäustlinge hießen die Dinger. Manchmal hat sie auch mit mir Mühle gespielt. Ich habe zwar immer verloren, das war mir aber egal, mein Bauch war voll und ich war zufrieden. Irgendwann hob mein Opa dann den Zeigefinger und zeigte damit an die Decke. Eine Etage höher befand sich meine Schlafkammer, wohin ich dann, dem Zeichen des Zeigefingers ohne weitere Aufforderung folgte. Der Tag war darauf hin für mich gelaufen.

Einschulung

Die Kindergartenzeit ging zu Ende, und eine neue Epoche, die Schulzeit, wurde eingeläu-

Abb. 2: Die Zechenbahnbrücke am Westfriedhof

tet. Mit dem ersten Schultag am 1. April 1948 in der Melanchthonschule in Heßler begann eine neue Zeit, eine Zeit mit einer strengen Klassenlehrerin, Frau R., die auch Rektorin an dieser Schule war. Der erste Schultag brachte nichts Besonderes, bis auf ein total überheiztes Klassenzimmer. Links neben der Eingangstür im Raum stand ein riesiger Kanonenofen mit langem Rohr, das zeitweise rotglühend, angstausstrahlend ganz in meiner Nähe war und bis zur Decke ging.

Durch das Fenster sah ich die zerbombte evangelische Kirche mit ihrem völlig in sich zusammengefallenen Dach. Ein paar Dachträger spickten von den kräftigen Sandsteinquadern der Seitenwände schräg nach oben und boten ein bizarres Bild. Die kaputte Kirche und warum sie so bizarr aussah interessierten mich mehr als das Geplapper der Frau R., die mir vom Beginn an unsympathisch war. Nach zwei Schulstunden war der Zauber des ersten Schultages zum Glück vorbei, bis auf das Ende, das mir gar nicht gefiel. Da standen alle Kinder in ihren Bänken wie beim Militär und sangen im Chor: „Auf Wiedersehen Frau R.!“

Meine Oma und andere I-Männchen-Abholer standen vor dem Tor zum Schulhof, mit einer bunten Riesentüte im Arm, und warteten auf ihre Kleinen. Ihr Anblick gab mir neuen Mut und das soeben Erlebte war vergessen. Was mag da in der großen spitzen Tüte sein? Eine Stimmung wie vor Weihnachten machte sich in mir breit, bis die Oma sagte: „Hier, Dieter, für dich!“

Der erste Griff in die Tüte war schon Weihnachten, ich hatte eine Tafel Schokolade in meiner Hand. Meine Augen weiteten sich um einiges, als die Oma das Papier aufriss, ein Stück Schokolade abbrach und es mir gab.

Abb. 3: Es war jedes Mal ein Freudentag, wenn der Opa vom Pütt kam und ein Päckchen mitbrachte.

Berauschend war der Geschmack der Schokolade ja gerade nicht, zwar süß, aber auch stark sandig schmeckend. Unter dem Namen Schokolade hatte ich mir bisher etwas anderes vorgestellt.

Zu Hause angekommen sah ich die Bescherung: Auf dem Tisch, der zwischen den beiden Fenstern stand, lagen Brocken für die Schule: Tornister, Tafel, Griffelkasten, ein Schwamm und ein Lappen zum Trockenwischen der Tafel. Nun gut, dachte ich, andere Kinder brauchen ja den gleichen Krempel. So war es ja auch. Ich verstaute alle Klamotten in den Ranzen, machte die Klappe zu und stellte ihn verächtlich in eine Ecke der Wohnstube, mit einem abwertenden „tschüss, bis morgen".

Mein Opa hatte Frühschicht, war also nicht da und kommt erst so etwa um drei Uhr mittags von seiner Schicht, noch genug Zeit, hinter den Gärten mit einigen Spielkameraden die Bombentrichter zwischen Halde und Gemüsebeeten zu erkunden. Eine spannende Sache, die meisten Trichter waren bis zu einem Drittel mit Grundwasser gefüllt und beinhalteten einige Überraschungen. Um an diese zu kommen, benötigten wir einen Kescher, der auch schnell besorgt war und sich als nützliches Hilfswerkzeug erwies. Zwei Stahlhelme, eine Pistole, ein Revolver und ein K98 sind die heutige Beute. Gedanken, welchen Zweck die gefundenen Gegenstände ein paar Jahre früher noch erfüllten, haben wir uns natürlich nicht gemacht, wussten wir auch nicht. Ich kannte nur die mahnenden Worte von meinem Opa: „Junge, lass den Kriegsschrott liegen, da hängt viel Blut dran!"

Auf jeden Fall musste die Beute verschwinden. Stahlhelme, Revolver und Pistole deponierten wir im Keller des von Bomben zerstörten Hauses mit der Nummer 10. Den Karabiner verdeckten wir mit Steinen am Fuße der Halde von Wilhelmine Victoria 2/3. Der Revolver, Modell Nagant, war bis 1991, natürlich unbrauchbar, in meinem Besitz und wurde auf Wunsch meiner Frau 1991 entsorgt.

Ein Erlebnis aus dieser Zeit, das mir lange zu schaffen machte, war die Umbettung verstorbener Kriegsgefangener. Von unserer Wohnung Grawenhof 8 aus, war gut zu beobachten, was genau gegenüber, nur durch die Straße und den Garten getrennt, auf dem Westfriedhof ablief (Abb. 2).

Einige Personen schaufelten die Erde auf, die anderen Personen, vermummt von Kopf bis Fuß, trugen die ausgegrabenen Gebeine einige Meter weiter und verpackten sie in bereitstehende Behältnisse, zum Abtransport mit Lastkraftwagen. Das ging einige Wochen so und wurde durch uniformierte Personen begleitet und bewacht. Meine Oma erzählte mir, dass dort viele Menschen in einem Grab lagen und jetzt in ihre Heimat gebracht werden und jeder ein eigenes Grab bekommt. Auf meine Frage: „Warum hat denn nicht jeder sofort ein eigenes Grab bekommen?“, kam die nüchterne, banale Antwort: „Das war eben so!“

Auch die Care Pakete dürfen in dieser Zeit nicht unerwähnt bleiben. Es war jedes Mal ein Freudentag, wenn der Opa vom Pütt kam und ein Päckchen unterm Arm trug. Der Inhalt entpuppte sich schnell als Überraschungs-Paket mit Kaugummi, Salzerdnüssen in Dosen und einigen anderen Leckerbissen, die mir vorkamen wie Artikel aus einem Märchenland (Abb. 3).

Abb. 4: Was die Oma zubereitete, war eine Mahlzeit so richtig nach meinem Geschmack.

Meine ersten Schulferien

Ein paar Monate meiner Schulzeit sind abgetan, aber so richtig eingelebt, oder wie einige Mitschüler freudig am Schulunterricht teilnehmen, das war bei mir nicht. Meine Gedanken schwebten übern Steinberg (Halde

WV 2/3), oder beschäftigten sich mit Fußball, Buden bauen und allerlei anderen Sachen, nur nicht mit der Schule. Die häufigen Rügen der Klassenlehrerin und die ständigen Donnerwetter vom Opa, manchmal auch eine Backpfeife, berührten mich nicht wirklich.

Endlich, irgendwann im Sommer, waren die Ferien da, keine Schule, lange Schlafen, dass machen, was mir gefällt und am Abend länger aufbleiben und das Ganze sechs Wochen lang. So konnte es weitergehen, dachte ich mir und die Schuluntersuchung, die ekligen Lebertrantage und die ewigen Maßregelungen der Rektorin verschwanden langsam im Hintergrund.

Für Abwechslung in den Ferien sorgte der Opa, der täglich etwas anderes zu tun hatte. Heute holte er den Handkarren, zwei Eimer, der eine verzinkt und der andere weiß emailliert, und eine Hacke vom Pütt aus dem Kohleschuppen, nahm mich an die Hand und marschierte los.

Unser Ziel war die Halde von Zollverein Schacht 4. Die Bergekippe gab, mit viel Arbeit verbunden, einige Eimer Kohlen her. Mit einem solchen Gefäß in der linken Hand und in der rechten Hand die Hacke suchte mein Opa die steile Böschung ab. Mir war es nicht erlaubt, an der Böschung zu kratzen. Nach dem Motto, ein blindes Huhn findet manchmal auch ein Korn, sammelte ich am Haldenfuß alles ein, was nach Kohle aussah. Nach einiger Zeit war der Handkarren ganz und die beiden Eimer halb mit Kohle gefüllt. So machten wir uns auf den Heimweg, mit einem kleinen Schlenker entlang der Heßlerstraße bis zum Metzger Kaufmann. Die Kohle wurde dort in Grützwurst und Pferdefleischwurst umgesetzt. Beim Bäcker Wever kauften wir noch ein frisches Brot und beendeten so unsere Kohlensuchaktion. Danach ging es schnellen Schrittes nach Hause, denn wir hatten einen Bärenhunger.

Von Opas letzter Hamsterfahrt, nach Gahlen und Hünxe mit dem Fahrrad, war noch Griebenschmalz und fetter Speck im Keller. Die Oma schnitt ein paar Scheiben Speck ab, nahm einen Esslöffel voll Schmalz, setzte einen Topf auf den Küppersbusch-Herd, ließ den Speck aus und fügte noch den Löffel mit Schmalz dazu. Dann kam die enthäutete Grützwurst in den Topf und nach ein paar Minuten noch ein paar Eier von unseren Hühnern dazu. Zum Abendbrot gab es dann Reibepfannkuchen mit Grützwurst. Eine Mahlzeit so richtig nach meinem Geschmack, die mir bedeutend besser bekam als der dicke pampige Milchreis mit Dörrpflaumen (Abb. 4).

Irgendetwas war im Busch in diesen Tagen. Unsere Nachbarn und meine Großeltern auch, steckten auf der Straße die Köpfe zusammen und gestikulierten wild mit ihren Armen, ein Zeichen dafür, dass etwas Wichtiges besprochen wird (Abb. 5). Die Oma erzählte mir, dass es neues Geld geben soll und man dafür mehr kaufen kann und jetzt alles besser wird. Neues Geld, na ja, das war mir Wurst, aber mehr kaufen, das hörte sich gut an. Es sollte aber noch eine gewisse Zeit dauern, bis es soweit war.

Den größeren Jungen aus unserer Straße haben wir zugeschaut, wie sie mit einem Hammer, eine Seite flach angeschliffen, die andere stumpf, von Ruinensteinen den Putz abklopften. Der Grund, warum sie die Steine sauber machten, hatten wir noch nicht erkannt, aber wollten es unbedingt wissen. Also wurde die Aktion beobachtet und versteckt begleitet. Die Burschen brachten die geputzten Steine in einem Handwagen zum Lumpensammler Kupsch an der Terneddenstraße, der die geputzten Steine dann begutachtete und ihnen dafür Geld gab. Es stellte sich heraus, dass er für einen sauberen Stein ohne Kantenbruch vier Pfennige – schon neues Geld – zahlte. Da gab es kein langes Überlegen, am anderen Tag starteten wir die gleiche Aktion.

Mein Opa hatte im Schuppen eine kleine Handaxt zum Anzündholz machen, die ich kurzer Hand an mich nahm und damit zum zerbombten Haus Grawenhof 10 ging. Da lagen genug Steine rum, von denen man den Putz abklopfen konnte. Mein Schulfreund Manfred fand sich auch ein, und wir verabredeten, 100 Steine zu klopfen und den Gewinn halbe-halbe zu teilen.

Abb. 5: In diesen Tagen steckten die Leute auf der Straße die Köpfe zusammen.

Gar nicht so leicht, 100 Steine sauber zu kriegen, die Handgelenke schmerzten, der Rücken und die Kniegelenke auch. Aber irgendwie schafften wir es doch, verluden unsere Steine in einer Handkarre, ich zog, der Manfred schob die Karre, bis wir beim Schrotthändler Kupsch auf dem Hof standen. Er war nicht da, aber seine Frau ließ uns die Steine auspacken und auf einem angefangenen Stapel schichtweise versetzt auflegen. Sie zählte genau mit, war zufrieden und gab uns vier Mark, vier neue Mark. Stolz wie Oskar packten wir das Geld und trollten uns mit unserer Karre vom Hof. Unser Weg ging schnurgrade zum Metzger Kaufmann, bei dem der Lohn in Grützwurst und Panhas umgesetzt wurde. Für den Rest des hart erarbeiteten Geldes besorgten wir uns noch zehn Brötchen vom Bäcker Wever und zogen mit unserer Verpflegung und der Karre zurück in den Grawenhof. Auf der Bergehalde von Wilhelmine Victoria 2/3 ließen wir es uns dann gut schmecken (Abb. 6).

Spielen in den Ferien, je nachdem wie viele Kinder sich einfanden, war in der Freizeit natürlich der Trumpf: Verstecken, Pinchen klopfen, Völkerball – auch ein typisches Mädchenspiel, Hüpfen, war dabei. Bei all diesen schönen Nebensächlichkeiten übersah man, dass die Ferienzeit zu Ende ging und der graue Schulalltag immer näher rückte.

Aber unaufhaltsam kam der Tag, an dem mich die Wirklichkeit in Form der Frau R. wieder hatte. Der neueste Hit, der ihr während der Ferien eingefallen war, hatte in meinen Augen etwas Blödes, Militärisches an sich. Alle Kinder mussten sich auf dem kleinen Schulhof sammeln und nach Klassenzugehörigkeit

Abb. 6: Zeche Wilhelmine Viktoria 2-3

in Reihen aufstellen, sich an die Hand nehmen und warten, dass sie von der zuständigen Lehrkraft abgeholt wurden.

Des Öfteren kontrollierte Frau R. auch die Hände der Kinder auf Sauberkeit und so manch ein Schüler bekam ihren Zeigestock zu spüren. Ihr Standartspruch war: „Hände umdrehen, die Innenflächen zeigen!“ Gefiel der Rektorin nicht, dass was sie sah, gab es mit dem Zeigestock ein Schlag auf die linke Hand und einen Schlag auf rechte Hand, und weiter ging sie zum Nächsten.

In der großen Pause setzte dann das Rennen zum Hausmeister ein. Mit 75 Pfennigen in der Hand rannten wir die Treppe runter, um die Ecke bis zur Hausmeisterwohnung, um schnell die Marken für Milch oder Kakao in der Hand zu haben, denn die Pause war kurz. Eine Flasche (0,25 Liter) kostete 15 Pfennige und war eine sehr gute Einrichtung, die von allen Schülern voll genutzt wurde. Die erste Schulwoche nach den Ferien verging ohne besondere Vorkommnisse und das war gut so.

Kurz vor Weihnachten, der Opa hatte schon einen Tannenbaum besorgt, kam wieder etwas Neues, die Oma putzte mich raus und sagte zu mir: „Dieter, heute gehen wir in die Kirche!“ Ein total überfüllter Raum mit einem großen schlichten Holzkreuz gegenüber der Eingangstüre, davor ein Altar mit einer riesengroßen Bibel und in der linken vorderen Ecke ein Harmonium, weckten eine feierliche Stimmung in mir, die ich bis zu diesem Tag noch gar nicht kannte. Der erste Kirchgang hatte mir sehr gefallen und es war mir klar, dass noch mehrere folgen würden. Beim Verlassen des Gemeindesaales fuhr gerade die Straßenbahn Linie 3 quietschend und ratternd um die scharfe Kurve Ecke Grimm- und Dammstraße den Berg hoch, um die Brücke der Eisenbahnstrecke von Essen über Heßler und Schalke nach Bismarck zu überqueren. Sie verschwand danach langsam bergabfahrend aus meinem Blick.

Weihnachten 1948

Der Heilige Abend 1948 war für mich ein besonderes, eigenartiges und außergewöhnliches Ereignis. Es hinterließ einen nachhaltigen Eindruck bei mir. Nachmittags schickten mich die Großeltern zum Gottesdienst in unser neu eröffnetes Gemeindehaus, mit dem Nachruf: „Dieter, mache aber keine Dummheiten!"

Zum ersten Mal hörte ich die Weihnachtsgeschichte, die Pfarrer Edelhoff frei heraus ohne Bibel erzählte, so erzählte, dass die vielen teilnehmenden Kinder sie auch ohne große Erklärungen verstanden. Zum Schluss des Gottesdienstes sangen alle im Gemeindehaus Versammelten, von einem Harmonium begleitet, das Lied Stille Nacht, Heilige Nacht. Danach verließen wir das Gemeindehaus und verschwanden in der Dunkelheit. Einige Kinder aus unserer Straße schlossen sich zu einer Gruppe zusammen und traten den Heimweg mehr rennend als gehend an. Sie machten sich wohl schon Gedanken, was sie an diesem Abend noch alles erwartet.

Daheim angekommen und ein wenig durchgefroren nahmen mich die Großeltern in Empfang und zeigten mir die Bescherung. Unter dem Tannenbaum lag eine Kiste, mit einem Bild einer Dampflok auf dem Deckel. Außerdem lag da noch ein Kinderbuch und ein Teller mit vielen selbstgebackenen Süßigkeiten stand daneben. Es befanden sich auch noch Nüsse, ein Apfel, Schokolade und etwas seltsam Verpacktes, dass mit einer Schrift versehen war, die ich nicht kannte, auf dem Teller. Meine Großeltern erklärten mir, was sich hinter der seltsamen Schrift in der Verpackung verbarg. Es waren Feigen und Rosinen aus einem Care Paket, das der Opa von seiner Arbeitsstelle mitgebracht hatte.

Unser großer Ausziehtisch war festlich gedeckt, mit dem Geschirr, das die Oma zu ihrer Hochzeit bekommen hatte. Servietten, auf denen das Besteck lag, sah ich zum ersten Mal. Die große Suppenterrine war bis zum Rand voll mit Hühnersuppe gefüllt und auf dem Herd stand noch etwas lecker Riechendes, ein Braten mit Soße und Kartoffeln.

Mein Opa zündete die Kerzen am Weihnachtsbaum an, machte dass Licht aus, und es wurde noch einmal gesungen. Es waren die zwei Lieder, Oh Tannenbaum und Stille Nacht. Danach nahmen wir am großen Tisch Platz und meine Erwartung auf das, was die Oma gekocht hatte, wurde immer größer. Nach dem Essen, ich war schon ganz schön nervös und aufgeregt, ging es dann an die Geschenke. Die Kiste mit dem Dampflokbild interessierte mich am meisten und wurde auch zuerst geöffnet. Der Inhalt verblüffte mich, ich konnte nur noch staunen und bewunderte die Sachen, die da zum Vorschein kamen: Es waren eine Dampflok, zwei Wagen und Schienen. Die Schienen hatte ich schnell zusammen gesteckt. Dann zog ich die Lok auf, drückte den kleinen Hebel nach oben, setzte die Lok und die Wagen auf die Gleise und schob den kleinen Hebel nach unten und schon ging das Gespann ab. Dieser Vorgang wiederholte sich bis zum Abwinken.

Neben dem Herd saß mein Opa, er qualmte eine dicke Zigarre und trank ein paar Gläser von seinem selbstgebrannten Fusel, schaute meinem Treiben zu und legte gelegentlich eine Schaufel mit Kohlen in die zusammenfallende Glut. Er machte einen rundum zufriedenen Eindruck. Die Oma erneuerte die abgebrannten Kerzen am Weihnachtsbaum, räumte den Tisch ab und legte einen Ziegelstein in den Backofen, den sie später mit einem Handtuch umwickelte und ans Fußende in ihrem Bett verstaute. So langsam fielen mir die Augenklappen runter. Also beschloss ich, ins Bett zu gehen, nahm mir noch ein paar

Süßigkeiten mit und verschwand nach oben in meine Koje.

Die Hundekorken-Pistole

Zum ersten Weihnachtstag war Besuch aus Essen angesagt, und der sorgte schon früh für viel Bewegung in der Küche. Die Oma wirkte in ihrem Reich, der Opa versorgte die Viecher und ich schaute mir verträumt die Eisblumen an den Fenstern an, die sich durch die aufkommende Wärme vom Herd langsam in Wohlgefallen auflösten.

Onkel Willi und Tante Martha mit ihren Kindern erschienen pünktlich zum Essen, und sie staunten nicht schlecht, was es alles gab. Von der Tante bekam ich eine Tüte mit selbstgebackenen Plätzchen und fünf Mark, die ganz alleine für mich waren. Ihre Geschenke verschönten mir das Weihnachtsfest nochmals und weckten in mir eine Stimmung wie am Vortag. Der andere Teil des Tages, das Geschwätz über Politik und die Vergangenheit kümmerten mich wenig, ich zog mich warm an und ging nach draußen, um zu schauen, ob andere Kinder den gleichen Gedanken hatten. Manfred Söder und Dieter Kallner winkten mir zu, und ich machte mich auf den Weg zu den beiden Schulkameraden, die mir sofort zeigten und erzählten, was sie zu Weihnachten bekommen haben. Der Dieter eine Mundharmonika und der Manfred ein Taschenmesser.

Außerdem hatte der Manfred noch eine Hundekorken-Pistole und eine Schachtel mit den dazu gehörenden Knallkorken. Er lud einen Korken in die Pistole und demonstrierte uns, wie laut der Knall war. Von diesem Augenblick an stand für mich fest, so ein Ding brauchte ich auch. Ich verabschiedete mich von den beiden und rannte zum Opa und bekniete ihn, mir nach Weihnachten auch so eine Pistole zu kaufen. Offensichtlich gut gelaunt, stimmte er zu, forderte aber die fünf Mark, die ich zuvor von der Tante bekommen hatte, und vertiefte sich weiter in sein Politikgespräch. Am Abend verabschiedete sich dann der Besuch, sie mussten noch mit der Straßenbahn zum Hauptbahnhof fahren, dann mit dem Zug nach Essen und nochmals mit der Straßenbahn weiter nach Essen Margarethenhöhe. Meine Blecheisenbahn drehte noch ein paar Runden, dann nahm ich das Kinderbuch und verzog mich nach oben. Ich versuchte zu lesen, was aber nicht klappte, mir gingen zu viele andere Sachen durch Kopf, folglich legte ich mein Weihnachtsgeschenk an die Seite und schlief kurz darauf ein.

Der zweite Weihnachtstag verlief ruhig, mittags vertilgten wir die Reste der letzten zwei Tage, danach spielten wir Halma und Mühle. Zum Abendbrot gab es dann selbst geräucherten Aal mit Brot und Tee. Weihnachten ging zu Ende, und meine Gedanken befassten sich ausschließlich mit der Korkenpistole, die mir der Opa besorgen will.

So kam es dann auch, er holte seinen Drahtesel aus dem Schuppen und fuhr in gemächlichem Tempo, mit einem Korb auf dem Gepäckträger, los. Meine Oma sagte mir, der Opa muss noch ein paar Besorgungen bei Weimann und Kleinschnittger machen. Meine größte Sorge war, hoffentlich vergisst er die Pistole nicht. Ich dachte an nichts anderes mehr und verkroch mich in der Stube neben dem Herd, denn draußen war es bitter kalt. Meine Geduld unterlag einer harten Probe, die Zeit rannte und vom Opa weit und breit keine Spur. Doch dann, gute zwei Stunden waren vergangen, hörte ich den Gepäckträger von seinem Fahrrad klappern und zischte an der Oma vorbei zur Haustüre. Er nickte bestätigend mit dem Kopf, ein gutes Zeichen, er war erfolgreich gewesen. Kurze Zeit später konnte ich eine Hundekorken-Pistole mit vier Schachteln Munition mein eigen nennen.

„Aber nicht vor Silvester verknallen!“, kam sofort der Nachruf von beiden. Die Tage bis zur Silvesternacht zogen sich in die Länge

Abb. 7: Auf der linken Seite sah ich die Haldenstraße.

und wollten nicht vergehen. Draußen war es bitter kalt, und Kinder sah man keine, also vertrieb ich mir die Zeit mit Basteln oder beschäftigte mich mit dem Weihnachtsbaum, der so langsam Federn ließ.

Dann war endlich Silvester, in warme Sachen gut eingemummt fing der Abend für mich und andere Kinder schon am frühen Nachmittag an. Mit zunehmender Dunkelheit begannen unser Spielchen wie Fensterklopfen und Klingelmännchen. So bald sich jemand blicken ließ, knallte es aus unserem Versteck. Eine Schachtel mit Hundekorken hat sich schon in Wohlgefallen aufgelöst und es juckte mir in den Fingern, Nachschub zu holen, aber dazu kam es nicht, denn um neun Uhr musste ich zum Nachtessen. Auf dem Tisch stand ein großer dampfender Topf mit mehreren Knackwürstchen darin, und dazu gab es heißen Tee und Brot, alles so richtig nach meinem Geschmack. Vollgefuttert verzog ich mich in mein Zimmer. Mit der Gewissheit, um halb zwölf von der Oma geweckt zu werden, schlief ich ein.

Ein lauter Ruf von unten weckte mich auf, noch ein wenig benommen sprang ich in meine Klamotten, raste die Treppe runter, legte den langen Schal über Brust und Rücken, holte die dicke Jacke vom Haken und setzte meine Mütze auf, verstaute Korken und die Pistole in die Taschen und nichts wie ab nach draußen. Am Zechenweg ging es heiß her, eine Menge Kinder, auch Erwachsene, warteten auf das Zeichen, ihre Munition, Kracher und Raketen, los zu werden. Dann war es soweit, das Krachmachen begann, einige Menschen lagen sich in den Armen, andere wiederum liefen von Einem zum Anderen mit laut rufendem „Prost Neujahr“ und ich war dabei, mittendrin. Meine Korken hatte ich schnell verschossen, schaute aber weiter zu, wie die Raketen und Böller Knall, blauen Dunst und

Sterne in den Himmel zauberten. An der Straßenlaterne sah ich kleine Schneeflocken hin und her tanzen, die zunehmend größer wurden und auf dem gefrorenen Boden liegen blieben. Meine Oma kam und gebot mir mitzukommen, ich folgte ihr ohne Widerrede. Wir gingen durch die dunkle Gasse zwischen den Häusern, unser Weg war nicht weit und wir waren froh wieder die Wärme der Stube zu spüren. Vom Opa bekam ich noch ein „Alles Gute fürs neue Jahr", die Oma drückte mich und wünschte mir ebenfalls alles Gute und viel Gesundheit für 1949. Als ich zu ihr hochschaute sah ich, dass sie feuchte Augen hatte.

Wir haben keinen Hunger mehr!

Das noch junge Jahr 1949 begann frostig und sehr kalt, mit viel Schnee und Eis, zum Glück gab es für Bergleute Deputat-Kohlen, ich denke, es waren fünf Tonnen pro Jahr, die uns über die andauernde Kälte halfen. Vor ein paar Tagen bekamen wir Post von Omas Schwägerin Liese aus Rotthausen, Ostermannstraße, sie hatte eine Jacke für mich genäht, die jetzt fertig war und zum Abholen bereit lag. Mein Opa hatte Mittagsschicht und begleitete uns bis zur Straßenbahn-Haltestelle an der Grimmstraße, von da ab trennten sich unsere Wege, er trabte weiter zur Arbeit und wir fuhren mit der Straßenbahn zum Hauptbahnhof.

Auf harten, starren Holzbänken fanden wir Platz im hinteren Wagen. Der Schaffner, der einen Geldautomaten vor seinem Bauch trug, hob seine Hand und zog an einer braunen Lederleine und gab so dem Fahrer im vorderen Wagen ein Bimmelzeichen zum Abfahren. Mit einem leichten Ruck setzte sich die Bahn in Bewegung, fuhr entlang der Zechenbahn, den Berg hoch über die Bahnbrücke der Eisenbahnstrecke Essen-Schalke-Bismarck. Danach ging es Berg runter, am Lungenbau vorbei, in die Heßlerstraße.

Die nächste Haltestelle war die Kanzlerstraße. Dort gab es nur einen kurzen Aufenthalt. Auf der linken Seite sah ich die Haldenstraße, dann kam die Elefanten-Apotheke und links der Eingang zur Zeche Wilhelmine-Victoria 1/4 (Abb. 7). Nachdem die Behelfsbrücke der Zechenbahn passiert war, sah man rechts Kartoffel-Liedtke und ein Stück weiter dann die Bergmannsgaststätte Stallberg, so ging es weiter bis zum nächsten Haltepunkt an der Küppersbuschstraße. Auf der linken Seite lag der riesige Holzplatz der Zeche Wilhelmine Victoria, auf dem eine unübersehbare Menge an Holzstempeln herum lag.

Bis hier kannte ich mich aus, ab jetzt betrat oder befuhr ich Neuland. Straßenschluchten, die ich so noch nicht gesehen hatte, mit vielen Ruinen und einer Menge Schutt, begleiten uns bis zum Alten Markt. Die Häuser kamen mir groß und mächtig vor und schienen, je näher wir dem Hauptbahnhof kamen, noch zu wachsen (Abb. 8) Hier war für uns Endstation, den Rest der Strecke bewältigten wir auf Schusters Rappen. Wir liefen ein kleines Stück die Bochumer Straße hoch, bogen dann in die Wiehagenstraße ein, stampften noch durch ein paar Nebenstraßen und unser Ziel, die Ostermannstraße, und Omas Schwägerin Liese, war erreicht.

Der Aufenthalt bei Omas Schwägerin war nicht von langer Dauer. Es gab Bohnenkaffee und Torte für die Oma und Kakao mit Streuselkuchen für mich. Nachdem ich die Jacke anprobiert hatte, sie passte wie angegossen, ließ ich sie auch gleich an. Kurze Zeit später verabschiedeten wir uns von der Liese und machten uns auf den Weg nach Hause. Da ich schon lange unseren Stadtgarten kennen lernen wollte, folgte ich dem Vorschlag meiner Oma, von Rotthausen zu Fuß durch den Stadtgarten nach Heßler zu laufen. Hätte ich gewusst, welche Strapazen da auf mich zu kamen, wäre mir eine Straßenbahnfahrt lieber gewesen. Der Weg von Rotthausen durch den Stadtgarten zog sich in die Länge, und mir wurden langsam die Ohren und die Hände kalt. Daheim angekommen, mit durchgefrorenen, schmerzenden Füßen und viel Hunger, sprach die Oma mir Trost zu, gab mir noch etwas zu futtern und schickte mich ins Bett.

Bauaktivitäten

Der Winter verging und die Frühjahrssonne spendete wieder ihre wohltuende Wärme. Es wurde langsam Zeit, die Frühjahrsklamotten aus dem Schrank zu holen und gegen die Wintersachen zu tauschen. Die Grawenhof-Kinder hielten sich wieder länger draußen auf, und in den Gärten wurde schon kräftig gewerkelt. Am alten achteckigen Wilhelmine Victoria Kühler tat sich auch etwas. Bauarbeiter hoben Bauschutt aus dem Achteck, verluden den Dreck auf LKW und putzten das ganze Becken mit Besen und Bürsten aus.

Keiner konnte sich einen Reim darauf machen, was da passiert, und die Bauarbeiter gaben auch keine Antwort. Nach und nach veränderte sich das ganze Gelände, alte Zäune verschwanden, die Oberschicht schob man mit einer Raupe ab, die Seite zur Halde bekam neuen Boden, der an gestampft und angesät wurde. Die andere Seite zur neuen Kolonie bestückten die Bauarbeiter mit einem Karussell, einen Sandkasten, einer Wippe, Turngerüst und einer Rutsche. Riesige Berge Sand karrte sie in dieses Gelände, pflanzten außen herum Buschwerk und zogen einen neuen Zaun um das ganze Areal. Uns ging bald ein Licht auf, was hier in Arbeit war, Wilhelmine Victoria 2/3 bekam ein Schwimmbad.

Auch an anderen Stellen gab es Bauaktivitäten, in der Heßlerstraße, zwischen Frisör Hölzer und Metzgerei Kaufmann entstand ein neues Gebäude. Auf der Bautafel war „Obst und Gemüse Schütte“ zu lesen. Fischkopf Busch, der jeden Montag morgen mit seinem Dreiradauto durch die Kolonie kam, mit einer Kuhglocke die Anwohner aus den Betten warf, und seinen frischen Fisch in Fässern unter die Leute brachte, half kräftig mit beim Erstellen des neuen Gemüseladens. Der frische Fisch vom Busch war allseits beliebt, denn einen Hering gab es für einen Groschen (Abb. 9).

Abb. 8: Der alte Gelsenkirchener Hauptbahnhof

Abb. 9: Im Viertel eröffnet ein neuer Laden.

Die Fischkarre mit seiner Fracht hatte keine Absatzschwierigkeiten, schon gar nicht bei den Kolonisten und bei meiner Oma auch nicht. Sie kaufte immer zwanzig Stück Heringe, sechs davon kamen am gleichen Tag in die Pfanne, die anderen legte sie ein und ließ sie danach im Keller verschwinden. Ab 1949 kam zweimal in der Woche Kartoffel-Liedtke mit seinem Pferdegespann durch unsere Straße, Liedtke saß auf der Ladefläche, schnalzte einmal mit der Zunge, der Zossen zog an und hielt immer an der exakt gleichen Stelle an, ohne ein Dazutun vom Liedtke.

Der Sommer dauerte nicht mehr lange, ein schöner Herbst begann, so auch die Zeit bei Bauer Terkamp und Polixa bei der Kartoffelernte, die Felder auf vergessene und liegen gebliebene Kartoffel abzusuchen (Abb. 10). Die Nachsuche hatte ihre eigenen Regeln und Gesetze: Kartoffeln über fünf Zentimeter bekam der Bauer, die anderen konnten wir behalten. Bis zu hundert Personen tummelten auf dem Acker herum und versuchten, so schnell wie möglich ihre Eimer voll zu bekommen. Nach einer Woche war der Spuk vorbei, die Ausbeute zwölf Eimer, ein gutes Zubrot zu den drei Zentnern vom Kartoffel-Liedtke, die über den Winter reichen mussten.

Abends zündete der Bauer einen zusammengetragenen Haufen Kartoffelkraut an, viele Nachsucher verweilten noch ein Stündchen, warfen ein paar Kartoffel in die Glut, warteten und erzählten Geschichten aus der Vergangenheit. Nach den Mühen des Nachmittags kam ein Genuss der besonderen Art, die in der Glut gegarten Kartoffeln aus der schwarz verkohlten Schale befreien und mit einer Prise Salz zu verspeisen. Die Großeltern sind voll in Aktion, der Opa presst Zuckerrüben aus, macht daraus wohlschmeckenden Sirup, die Oma kocht alles, was der Garten so hergibt – Birnen, Gurken und Wirsing – ein,

Abb. 10: Im Herbst wurden die Felder nach Kartoffeln abgesucht.

und die Vorsorge für den langen Winter ist in vollem Gange.

Jedes Jahr im Herbst kommt eine stinkende Sache auf uns zu, die Entleerung der Jauchegruben, die, angebaut an den Häusern, eine übel riechende Angelegenheit war. Der Jauchewagen der Zeche WV fährt von Haus zu Haus und saugt den Inhalt der Aalkuhlen in sich hinein und verschleudert anschließend die Jauche auf die umliegenden Felder der Bauern.

Die Hibernia AG kündigte in einem Rundschreiben an, dass umfangreiche Baumaßnahmen und Erneuerungen stattfinden sollen. Geplant sind ein neues Wasserleitungsnetz, neue Toiletten mit Wasserspülung, Entfernen der Jauchegruben und Erneuern der maroden Straße. Gute Aussichten, die bei der anwohnenden Bevölkerung sofort Anklang finden. Die ersten Frostnächte kündigen den vor der Tür stehenden Winter mit Nachdruck an.

Schlittenfahrt

Es ist Ende Januar 1950, und endlich fällt Schnee, der auf dem gefrorenen Boden liegen bleibt. Durchs Stubenfenster kann ich beobachten, wie die Flocken immer größer werden und auf der Straße schnell ein paar Zentimeter an Höhe erreichen. Mein Opa, von Beruf Hufschmied, baute mir auf der Zeche einen Schlitten aus Stahlrohren zusammen. Das Gerät hat vorne abgerundete Hörner zum Festhalten und eine Sitzfläche aus dicken Holzbrettern.

Bis jetzt hatte ich noch keine Möglichkeit, das Schneefahrzeug auszuprobieren, doch ein Blick nach draußen sagt mir, wenn es so weiter schneit, kann es bald zu einer Probefahrt kommen. Ohne Unterbrechung rieselten die weißen Flocken vom Himmel und lassen mich voller Erwartung auf den morgigen Tag mein Umfeld vergessen, bis die Oma sagt: „Dieter, es wird Zeit, ins Bett zu gehen!“

Schon morgens auf dem Weg zur Schule flogen die Schneebälle, einer traf mich voll im Nacken, ein anderer an der Stirn, aber die Gaudi ging weiter, bis wir die Schule erreichten. Nachmittags kam dann der Probelauf mit dem selbstgebauten Schlitten, aber Flöte, der blieb auch bergab stehen und bewegte sich nicht von der Stelle. Andere Kinder zischten mit ihren Schlitten an mir vorbei, dass man denken konnte, die haben einen eingebauten Motor.

Hier war die Hilfe von meinem Opa notwendig, also, ab ging es nach Hause, das Problem erklärt und brennend auf die Antwort wartend, stand er auf, ging in den Keller und kam mit einem Stück Sandpapier zurück. Mit ein paar Handgriffen, er fuhr mit dem Schleifpapier entlang der Kufen, schüttete ein paar Tropfen Öl auf diese und erklärte mir dabei, dass ein Schlitten glatte, blanke Kufen haben muss, sonst rutscht er nicht. Danach rutschte mein Schlitten genau wie die der anderen Kinder, und ich war froh, einen Opa zu haben.

Die Kohlenstaubexplosion

Unsere Klasse hatte heute einen rabenschwarzen Tag, der einige Zeit Tagesgespräch an unserer Schule blieb. Wir, eine kleine Gruppe von Schülern, dachten wir uns einen Streich aus, den wir der Frau R. spielen konnten, dachten dabei aber nicht an die Konsequenzen (Abb. 11).

In der großen Pause lief ich heim, besorgte mir eine große Tüte und füllte sie mit feinem Kohlenstaub aus unserem Schuppen auf. Nach der nächsten Pause haben wir zwei Stunden bei Frau R. Und genau in dieser Pause setzten wir unseren Streich in die Tat

Abb. 11: Bei unserem Streich dachten wir nicht an die Konsequenzen.

um. Ich schlitzte den Boden der Tüte auf und stellte sie vorsichtig auf den Tisch von Frau R. und huschte schnell wieder nach draußen.

Als die Pause zu Ende ist, holt Frau R. uns vom Schulhof ab und wir gehen im Gänsemarsch in die Klasse. „Guten Morgen, Frau R.!“ Ich konnte es schon nicht mehr hören, nahm Platz auf meiner Bank und harrte der Dinge, die da kommen. Fritzchen Baumdick aus der Gruppe der Radfahrer und Petzer bekam die Order, die Tüte zu entfernen. Fritzen sprang auf, ging zum Pult der Lehrerin, nahm die Tüte und wollte sie zum Papierkorb bringen. Denkste, er hob die Tüte an und im selben Augenblick entleerte sich diese sekundenschnell und nebelte den Tisch und Frau R. schwarz ein.

Fritzchen schaut die Tüte an und kann nicht glauben was da passiert ist. Er dachte wahrscheinlich, er sei der Schuldige an diesem Malheur. Die Klasse verfiel in ein grölendes Lachen, die Lehrerin verließ die Klasse und kam erst zehn Minuten später mit dem Hausmeister wieder. Der fing sofort an, die Kohlenstaubexplosion zu bereinigen und drohte uns mit dem Finger, schmunzelte sich aber leicht grinsend eins in seinen Bart.

Hart und energisch kam die Frage: „Wer war das?“ Keiner gab Antwort, es wissen ja nur vier Kinder und die halten dicht. Aber der Teufel ist ein Eichhörnchen, einer der Vierergruppe erzählte die Story anderen Kindern und so war klar, dass die Lehrerin bald Wind davon bekam, wer die Übeltäter waren.

Es kam so wie es kommen musste, mein Anstandsbesuch im Lehrerzimmer endete wie immer mit einer Backpfeife auf die linke und rechte Backe und ein paar Schlägen mit dem Rohrstock auf die Innflächen meiner Hände und einen Brief an meine Großeltern. Die Backpfeifen, na ja, waren schnell ein Fall für den Papierkorb, vergessen und vorbei, aber der Brief bereitete mir schon ein wenig Sorgen, er musste ja am anderen Tag wieder bei Frau R. vorliegen.

Zuerst Mittagessen, dachte ich so vor mich hin, die Hiebe bekommst du sowieso, dann ist es sicher besser, wenn es nach dem Essen ist. So war es auch, das Essen im Bauch setzte ich mich rüber an den anderen Tisch, an dem ich immer meine Hausaufgaben machte, und gab der Oma den ominösen Brief, den sie gemächlich durchlas, danach dem Opa zuschob und mich grimmig anschaute. Keine Minute später begann der Tanz, der Opa macht, wie schon so oft, sein Gürtel ab, kam auf mich zu, Flüchten war zwecklos, denn die Hiebe bekam ich sowieso und dieses mal heftiger den je. Die schlimmste Strafe für mich war eine ganze Woche Stubenarrest, beginnend gleich nach den Hausaufgaben. Er setzte seine Unterschrift unter das Schreiben der Lehrerin, verschwand im Garten und bastelte weiter an einem Verschlag für zwei Ferkel, die er in Kürze besorgen will. Bei meiner Lehrerin, man kann sich vorstellen warum, hatte ich auf lange Zeit sehr schlechte Karten.

Der Frühling naht

Der Frühling steht vor der Tür, überall sind Bauarbeiten im vollen Gange, so auch beim Gemüse-Schütte, der nur noch Innenarbeiten zu erledigen hatte und bald seinen Laden eröffnet. Heute kam ein Junge, der meinen Opa sprechen möchte. Ich eilte zu ihm und sagte: „Da ist jemand für dich!“ Er folgte mir und erfuhr von dem Jungen, dass er zu Westermanns Schmiede kommen soll, es stehen ein paar Pferde vom Bauer Terkamp da, die neue Hufeisen brauchen. Er zog die Jacke an, nahm mich an die Hand, ich hatte ja noch Stubenarrest, und ging los. Pferde beschlagen, das war für mich nichts Neues mehr. Deshalb fragte ich den Opa: „Opa, kann ich rüber in Bonnkamps Garten und ein wenig schaukeln?“ – „Hau aber ja nicht ab!“, bekam ich zur Antwort und lief über die Straße in den Garten. Fünfzig Meter entfernt fließt die Köttelbecke, soll ich

Abb. 12: Der Opa schickte mich mit seinem leeren Flachmann in die Gaststätte Bonnkamp.

dahin, oder soll ich lieber nicht, ich überwand meinen inneren Schweinehund und trotzte der Versuchung das Gelände zu erkunden. Da die Luft noch brannte, konnte ich keine neuerliche Kapriole veranstalten, schaukelte weiter und glotzte dabei verträumt in den Himmel.

Nachdem die Pferde ihre neuen Schuhe anhatten, gab der Opa mir ein Zeichen, zu ihm zu kommen. Er reichte mir einen leeren Flachmann und deutete auf die Gaststätte Bonnkamp. Ich rannte über die Straße, die Treppe hoch, schob die Tür auf und klopfte an den Schalter und sagte mein Sprüchlein auf: „Der Opa schickt mich!“ Reichte den Flachmann durch die Luke und sagte: „Voll machen mit Wachholder, der Opa kommt später zum Bezahlen!“ (Abb. 12)

Auf dem Weg nach Hause, am Anfang vom Grawenhof, liefen einige Bauarbeiter mit einem Bandmaß, Messlatten und einem Fernrohr auf drei Beinen an uns vorbei und bemalten mit gelber Kreide den Boden. Die von der Hibernia angekündigten Bauarbeiten scheinen ihren Anfang zu nehmen (Abb. 13). In den folgenden Tagen brachten die Baufirmen zwei Bauwagen, einen Bagger und mehrere Lastkraftwagen. Sie begannen auch umgehend mit dem Abschieben der maroden Straßenschicht und entfernten gleichzeitig die Dreckwasserrinne. Der nächste Schritt war, dass der Bagger einen tiefen Graben von Hausnummer 1 bis 4 aushob und das Material seitwärts zum Garten ablegte. Werner Desserno, ein Mitarbeiter der Baufirma, der auch ein Mitbewohner unserer Straße ist, erzählte uns, der Graben sei für die Kanalisationsrohre, die durch den Grundweg unter die Heßlerstraße durch am Neubau vom Gemüse-Schütte vorbei, im Schwarzbach, auch Köttelflitsche genannt, enden soll.

Mit ein paar Kindern aus unserer Straße machten wir uns auf den Weg zur Müllkippe an der Grothusstraße, dort fand man sehr viele Bilder und Bücher aus Wehrmachtzeiten, auch Orden und andere Gegenstände lagen da noch in Mengen herum. Heute schnappte ich mir zwei Bildbände über den Afrikafeldzug und noch ein Päckchen in Originalverpackung, das voll mit Sammelbildern der Kriegsjahre war. Die anderen Kinder bedienten sich auch kräftig und schleppten, was sie tragen konnten, mit heim. An der Oma vorbei schlich ich die Treppe hoch, versteckte meine Beute im Kleiderkasten ging nach unten und tat so, als ob nichts gewesen sei.

Die Beute blieb aber nicht lange unentdeckt, bei der nächsten Wäsche, die eingeräumt wurde, ist die Oma fündig geworden, warf mir mit den Worten: „Der verdammte braune Dreck verschwindet sofort von hier!“ meine Beute vor die Füße und zeigte mit dem Finger auf die Türe. Der Fall war klar, ich schnappte das Zeug, trug es zur Halde und versteckte es in der Nähe einer Gärtnerei. Die Bilder benutzte ich zum Tauschen gegen Margarinebilder und andere begehrte Sammelobjekte, die ich ohne Beanstandung der Großeltern haben durfte.

Eröffnung Kühler

Pünktlich am 15. Mai 1950 wird das Wilhelmine-Victoria-Schwimmbad an einem sehr warmen Sonnentag eröffnet. Der Eintritt ist nicht ganz frei, aber für jeden erschwinglich. Eine Badekarte für Zechenangehörige kostet 50 Pfennige, mit einer Gültigkeit ab 1. Mai bis 15. September eines Jahres. Der Andrang am ersten Tag war sehr groß. Viele Mütter mit ihren Kindern, die Orts-Jugend und eine gehörige Portion Neugierige überzeugten sich von der gelungenen Anlage. Hans Zander, der erste Bademeister, und Friedhelm Bonnkamp erproben mit einem Vorwärts- und Rückwärts-Salto das Sprungbrett. Ich konnte schon schwimmen, traute mich aber nicht ins große Becken und blieb im niedrigerem

Abb. 13: Bald nehmen im Grawenhof Renovierungsarbeiten ihren Anfang.

Abb. 14: Beim Besuch des Bades kam nie Langeweile auf.

Nichtschwimmerabteil. Das Wasser war sehr kalt, so kam es, dass der erste Besuch im neuen WV Schwimmbad nicht von langer Dauer war, es gab ja noch einige andere Einrichtungen, Wippe, Sandkasten und Karussell, zu testen und der Liegewiese, ihrem Namen gerecht werdend, in der Horizontalen einen Besuch abzustatten. Langeweile kam nicht mehr auf, die täglichen Besuche des Bades verschönten die Sommerzeit und rückten andere Dinge mehr und mehr in den Hintergrund (Abb. 14).

Anfang Juni, ich denke, es war der sechste oder achte, Großer Bahnhof in Heßler, die alljährliche Fronleichnamsprozession stand an. Schon Tage zuvor schleppen Frauen und Männer Körbe mit Blumen, schmücken damit Altäre und Bürgersteige entlang der Stationen und Wege, die der Umzug nehmen wird. Gasthaus Batton, auch kleines Hans-Sachs-Haus genannt, putzt sich besonders raus. Um das ganze Gebäude sind gelbweiße Fahnen aufgehängt und auf dem Bürgersteig sind tolle Blumenmuster ausgelegt. Das alles vermittelt einen feierlichen Eindruck mit viel farblicher Untermalung. Sogar die Straßenbahn ist geschmückt, als sie vom Fersenbruch in die Grimmstraße einbiegt und langsam an der evangelischen Kirche, an der kräftig gebaut wird, vorbei fährt.

An einem nebelig kalten Sommertag, kein Wetter in den Kühler zu gehen, trollten wir Kinder aus dem Grawenhof, auf der Halde umher und wussten nicht so recht, was wir anstellen sollten, als plötzlich, wie aus dem Nichts, der alte Nachtwächter Zapatka mit seinem noch älteren Schäferhund hinter uns stand. „Ich komme jetzt jeden Tag hier vorbei, ihr Dreckspatzen, und jage euch zum Teufel, es wird bald Material abgekippt und dann habt ihr hier nichts mehr zu suchen!“

Abb. 15: Die alten Grubenpferde bekamen auf der Weide ihr Gnadenbrot.

Er deutete mit dem Finger in Richtung Zechenbahn, wo ein paar Arbeiter damit beschäftigt waren, den Zaun zur Halde abzureißen. Schon am späten Nachmittag kippte der erste LKW Steine ab, die angeblich von Schacht 3 kamen, der tiefer geteuft wird. Das erzählte uns jedenfalls der Fahrer. So ging es Tag für Tag, sogar nachts fuhren die Laster Steine an und eine Planierraupe schob eine Auffahrt zur alten Halde. Zwischen den Steinen fand man lange bunte Drähte, die ich auf ein Holzstück wickelte und mit nach Hause nahm, dem Opa zeigte und fragte was das für Drähte sind. „Junge, das sind Schießdrähte, da ist vorne ein Zünder dran, sie stecken im Sprengstoff, die brauchen die Hauer im Streckenvortrieb oder beim Schachtabteufen!"

Also dauert die Angelegenheit mit dem Abkippen von Steinen länger, und es könnte ja sein, dass Eisen und Schrott mit abgekippt werden. Gute Aussichten, die Kleingeldkasse in Ordnung zu bringen, denn viel Schrott zum Verkaufen lag nicht mehr rum. Ab und zu steht ein Wagen mit Schrott, den die Schachthauer meistens nachts beladen, auf dem Abstellgleis der Zechenbahn. Aus diesen Waggons klauen wir alle Brocken, die für uns Knirpse nicht zu schwer und noch transportfähig sind. Unser Schrotthök nahm nur Teile an, die rostig und eindeutig alt sind. Neuwertige Teile anzunehmen verweigerte er uns und verwies auf die Polizei, die gelegentlich Kontrollen auf seinem Gelände durchführte. Mit dem Gewinn aus unseren Beutezügen füllten wir unsere ständig hungrigen Bäuche auf.

Extrakohle

Die Auffahrt zur Halde war fast fertig, als ich die ersten Kohlenbrocken zwischen den Steinen fand, weiter suchte, die Kohlenbrocken, die ich fand, auf einen Haufen legte, danach

nach Hause rannte, um den Opa zu holen. Der fragte mich, ob wir die Handkarre mitnehmen müssen. „Ein paar Säcke brauchen wir auch noch!“, sagte ich zu ihm, er holte beides und wir gingen los. Den Handkarren ließen wir am Zechenweg stehen, nahmen die Säcke und liefen die fünfzig Meter bis zum Fundort. Mein Opa war erstaunt, wie viele Brocken ich zusammengesucht hatte. Wir verstauten unsere Beute in die Säcke und schleppten sie zur Handkarre. Auf dem Weg nach Hause sagte er zu mir: „Junge, da musste schön aufpassen, wenn da noch mehr kommt, können wir eine Tonne Deputat verkaufen und haben dadurch einen schönen Nebenverdienst!“

Ab jetzt nahm mein Schulweg einen anderen Verlauf. Jeden Tag vor der Schule besuchte ich zuerst die Halde und schaute mir an, was über Nacht abgekippt wurde. Auch der Weg, von der Schule nach Hause, führte mich zuerst an der Kippstelle vorbei, um zu sehen, ob sich ein Einsatz lohnt. Die nächsten zwei Wochen kamen immer Kohlen mit, mal mehr, mal weniger, aber ich brachte locker eine Tonne zusammen. Für das verkaufte Deputat bekam der Opa 120 DM, wovon 20 DM mir gehörten.

Sonntag dann ein Spaziergang zum Kanal, vorbei an Bauer Prolixas Hof zur Pferdekoppel der Grubenpferde von Wilhelmine Victoria, auf der der schwarze Ajax stand und sein Gnadenbrot bekam (Abb. 15). Der Opa hatte zwei Karotten aus unserem Garten dabei, die er dem Grubengaul gab und dabei seinen Kopf streichelte, ein paar Minuten bei dem Pferd verweilte und dann weiter ging. Am Hafen Wilhelmine erklärte er mir, wie die Schiffe beladen werden.

Ein großer Kran auf Schienen, mit Dampf betrieben, hob aus dem bereit gestellten Zug, der von der Zeche kam, die einzelnen Wagen mit einem Bügel, der an beiden Seiten Haken hat-

Abb. 16: Die Zeche Nordstern

Abb. 17: Ich hatte immer Geld in der Tasche für den sonntäglichen Kinobesuch und ein Eis bei Batton.

te, hoch, schwenkte über das Schiff und entlud den Inhalt. Dass sonntags auch gearbeitet wurde, lag wohl daran, dass der Bedarf an Kohle groß war. Auf der anderen Seite vom Hafen Wilhelmine Victoria zischte und qualmte es aus allen Gebäuden der Großkokerei Nordstern (Abb. 16). Man konnte sehen, wie Koks aus den Batterien gedrückt und unter einen Abkühlturm gefahren wurde. Der dicke weiße Qualm zog bis auf unsere Seite und roch nach verbrannter Kohle. Auch der abgekühlte Koks wird auf Schiffe verladen und so an die jeweiligen Bestimmungsorte transportiert. Opa sagte: „Ohne Koks nix los!" Koks sei ein wichtiger Bestandteil zur Stahlherstellung, denn ohne Koks könne man keinen Stahl herstellen und der Aufschwung in Deutschland hängt von der Stahlherstellung ab.

Die Kokerei Nordstern hinter uns lassend zogen wir weiter auf dem Kanalwanderweg, in Richtung Schleuse. „Dieter, auf der anderen Seite stand einmal ein großer Gasometer, der von Bomben getroffen wurde, aber zum Glück leer war, sonst hätte Horst und Heßler ein Flammeninferno erlebt!" Auf dem Weg vom Kanal zurück zur Kolonie naschte der Opa noch zwei Wacholder und ich bekam ein Eis. Die Oma wartete daheim mit Streuselkuchen, Kakao und Kaffee auf uns und war zufrieden, dass wir wieder zu Hause waren.

Die Neubauzeit

Die Neue Kolonie steht voll unter Druck, die Bauarbeiten an den Toiletten, der Wasserleitung und der Straße sind in vollem Gange und sollen noch vor dem Winter fertig werden. Die Badesaison ist vorbei, auf der Halde fand ich keine Kohlen mehr, aber Schrott gab es in Hülle und Fülle, so hatte ich immer Geld in der Tasche für den sonntäglichen Kinobesuch und ein Eis bei Batton (Abb. 17).

Abb. 18: Gewaschen wurde draußen in einem riesigen Kessel.

Die ersten Blätter fallen von den Bäumen, und die Zeit, Schleuderbüchsen und Zwillen zu bauen, ist gekommen. Zum Bau von Schleuderbüchsen benötigt man eine Blechdose, einen Hammer, Schießdraht und einen Nagel. In den Boden der Dose schlägt man ein paar Löcher und an der Seitenwand gegenüberliegend je ein Loch. Zwei Meter Schießdraht zieht man dann durch die beiden Löcher in der Seitenwand und verdrillt den Draht so, dass er sich beim Schleudern nicht löst. Die Dose füllt man halb mit Holzglut und schon kann der Schleuderdosen-Weit-Wurf beginnen. In der Abenddämmerung ist das ein schönes Schauspiel, wenn die Schleuderbüchse einen Feuerschweif hinter sich her zieht und beim Aufprall auf den Boden die heiße Glut auseinander spritzt.

Weitaus gefährlichere Spiele sind noch im Umlauf. Wir bauen auch Kittbomben, mit Treibladungspulver aus Infanteriegeschossen. Dazu benötigt man einen Klumpen Fensterkitt, der sich gut formen lässt, und der in der Mitte einen Hohlraum, etwa drei Zentimeter, hat, in die dann das Pulver kommt und mit einer etwa. 30 cm langen Kordel, in Petroleum getränkt, verbunden wird. Dann wird die Zündschnur angezündet und ab geht es in Deckung, bis dass der Knall zu hören ist. Vorher darf die Deckung nicht verlassen werden. Vom Kitt bleibt natürlich keine Spur mehr übrig, aber dafür auf den Steinen ein schwarzer Fleck. Kitt findet auch eine andere Verwendung in Bezug mit Infanteriemunition: Auf die Schienen der Zechenbahn legten wir im Abstand von zehn bis zwölf Zentimeter einen kleinen Batzen Kitt, in den wir je ein Geschoss drückten, so konnte es nicht verrollen. Wir reihten etwa 25 bis 30 Stück Geschosse aneinander. Danach hieß es nur noch warten, bis der Kohlenzug von WV 1/4 zum Hafen fuhr, über die Geschosse rollte und den Knallfroscheffekt auslöste. Der Lokführer schaute aus seinem Fester, konnte nichts feststellen und verschwand wieder in seine Kabine. Sobald der Zug ein Stück entfernt war, sammelten wir die plattgefahrenen Hülsen ein und versteckten sie in unserem Lager. Dieser Vorgang wiederholte sich alle zwei bis drei Tage, aber nie an gleicher Stelle.

Gelegentlich schaute ich dem Treiben der Schachthauer am WV Schacht 3 zu. Von außen sah man, wie sie schwere verbogene Eisenteile aus der Schachthalle transportierten und auf dem freien Platz davor ablagerten. Sobald der Förderkorb entladen war, begannen sie wieder mit der Beladung: Wagen, die genau in den Förderkorb passten und mit Holzknüppeln beladen sind. Es sind jedes Mal vier Wagen, die im Schacht verschwinden. Ein Förderkorb raste in die Tiefe und der andere Korb kam nach oben, denn sie hängen ja an einem Seil. So geht das laufend zu. Die Schachthauer und der Anschläger kennen mich und so kam es, dass ich ab und zu, wenn sie Pause hatten, mit in ihrer Bude sitzen durfte.

Schlachttag

Ein guter Anfang für das Jahr 1951, die neue Kolonie hat Toiletten mit Wasserspülung bekommen, die Jauchegruben wurden zugeschüttet und die neu geteerte Straße, ohne Dreckwasser-Rinne, gab schon was her. Nach und nach schafften sich die Anwohner Waschmaschinen mit Wassermotoren an, die dann auf dem neuen Asphalt der Straße standen und ein monotones Zischen von sich gaben.

Der Ofen für die Kochwäsche stand im Garten und war aus Schamotte-Steinen gemauert, mit einem riesigen Kessel, der oben auf dem Rost stand und mit Wasser gefüllt war (Abb. 18). In das Wasser kam geriebene Kernseife und zusätzlich eine halbe Tasse Persil. In diese Lauge stopfte man die Dreckwäsche, die dann zum Kochen gebracht wurde. Das heiße Wasser benutzte man nach dem Kochgang weiter, es wurde mit einem Eimer entnommen und in die Waschmaschine gebracht. Es gab keine Verschwendung!

Metzger Weiler saß in der Stube und handelte die Konditionen für dass Schlachten der ersten Sau am kommenden Freitag aus. Zwei Möglichkeiten der Bezahlung standen zur Debatte, entweder die Bezahlung in bar oder Teile vom Schwein. Der Opa zog die Bezahlung in bar vor, musste aber noch Gewürze und alle anderen Sachen, die zum Schlachten nötig waren, besorgen. Unter anderem auch den Trichinenschauer bestellen. Am Freitag ging der Zirkus los, beim Totmachen der Sau und beim Blut auffangen durfte ich nicht zuschauen, es reichte mir auch so, ich hatte das Viech ja in den letzten Monaten lieb gewonnen und wusste nicht, ob ich heulen oder mich auf die bevorstehenden Fleischmahlzeiten freuen sollte.

Also schaute ich erst zu, als die Sau geschruppt, die Innereien entfernt, abgebrüht und der Beschauer sie zur Weiterverarbeitung frei gegeben hat. Metzger Weiler zerteilte das Fleisch der beiden Schweinehälften, die Oma und eine Bekannte füllten die Einmachgläser mit Leber und Blutwurst. Mein Opa rührte im Wurstkessel, der im Garten auf dem Schamotte-Ofen stand und bestückte seine Räucherkammer ganz am Ende des Gartens mit Wurst in Därmen. Aus der Schreinerei WV 2/3 hatte er schon ein paar Tage zuvor, von Ernst Rattey, ein Ostpreuße, wie er auch, Späne aus verschiedenen Hölzern geholt, aber überwiegend Buche. Es hieß, Buche sollte einen besonderen Rauch entwickeln und ideal zum Räuchern sein.

Die beiden Hinterläufe-Kotelettstücke und andere Teile der Sau lagen schon im Pökelfass, es musste ja alles geräuchert oder angeräuchert sein, denn Kühlschränke standen zu dieser Zeit noch keine zur Verfügung. Am Abend ließ der Opa noch Bauchfett aus und füllte das flüssige Fett mit Grieben in den großen Steinguttopf und stellte es zum Abkühlen in den Keller. Der Schmalzvorrat für ein Jahr war somit gesichert. Aber eine Sau steht ja noch im Stall. Also brauchen wir für die Zukunft keine Angst mehr haben, dass wir hungern müssen. Zum Nachtessen, später als üblich, gab es frischen Panhas, leicht angebraten und mit einem Ei überbacken. Samstag dann großes Reinemachen und das Verteilen der Schlachtpäckchen an die Nachbarn, die durch ihre Futtergaben mitgeholfen hatten, die Säue groß zu kriegen. Beim Abendbrot gab es dass erste Schmalz, mit einem Stück Schwartemagen auf frischem Brot.

Ein Glücksgefühl befiel mich, als ich hörte, dass Frau R. im nächsten Schuljahr nicht mehr unsere Klassenlehrerin sein soll. So richtig Freude kam aber nicht auf, da ja noch unklar war, wer die oder der Neue war.

Ein Abenteuerspielplatz besonderer Art war der Sandberg, die Oma erzählte mir, er entstand aus dem Aushubmaterial des Rhein-Herne-Kanals. Das sogenannte Lager Sandberg hatte ich noch nicht gesehen, zog also mit meinem Schulfreund Manfred Söder los, um diese Lokalität zu erkunden, zumal zwei Kinder dort wohnten, die in unsere Klasse gingen. Bei Bonnkamp und Westermann vorbei ging es noch ein Stück Richtung Altenessen, dann kam der Schwarzbach, an dem ein Trampelpfad entlang der Köttelbecke verlief. Rechts sah man die Felder von Bauer Terkamp und Bauer Polixa. Auf der linken Seite befand sich das Gelände der Knochenmühle, die mit ihrem Gestank des Öfteren ganz Heßler überzog. Nach vorne schauend, sah man schon die ersten Flachbauten vom Lager Sandberg. Die Ansicht überraschte mich: Schöne flache Häuser mit Bänken vor den Türen und Gestelle aus Rohren, die zum Wäschetrocknen dienten, standen vor den Häusern. Die Version der alten Kolonisten, dass da nur Gesindel und hergelaufenes Pack wohnt, war falsch und schlichtweg frech und äußerst gemein. Die Mehrzahl der Anwohner sind Flüchtlinge aus dem kommunistischen Teil von Deutschland, das ja bekanntlich durch den Krieg aller Deutschen geteilt wurde.

Kinderschützenfest

Ostern ist vorbei, der erste Schultag des neuen Schuljahres begann mit einem Paukenschlag, Lehrer Lowitzki ist unser neuer Klassenlehrer und gab uns sofort zu verstehen, dass beim Guten-Morgen-Gruß die Kinder nicht mehr aufstehen. Er zeichnete einen Plan an die Tafel, der die drei Sitzreihen und alle dazu gehörenden Bänke zeigte. Er beorderte jeden einzelnen Schüler an die Tafel, dass er seinen vollen Namen in die für ihn zuständige Reihe und Bank einschrieb und machte sich dabei auf einem Zettel irgendwelche Notizen. In der nächsten Stunde gab der Lehrer dann die neue Sitzordnung bekannt, die zum Leidwesen der Radfahrer und Petzer nicht nach ihren Vorstellungen ausfiel. Alles war anders, keiner saß mehr an seinem angestammten Platz und einige finstere Minen verraten das Unbehagen, das in ihnen umher geht. Nach ein paar Tagen, die Zeit heilt ja bekanntlich alle Wunden, war das Thema neue Sitzordnung vergessen und alles lief wieder in einem normalen Gang.

Die Kinder aus unserer Ecke hatten ihr Schwimmbad ins Herz geschlossen, trafen sich aber gelegentlich am hinteren Ende vom Hafen Wilhelmine Victoria am Rhein-Herne-Kanal, um ohne Aufsicht zu baden, von der Horster Brücke zu springen, auf beladene Schleppkähne zu klettern und bis zur Schleuse als blinder Passagier mitzufahren. Nach ein paar Sprüngen von der Eisenbahnbrücke kam der nächste Schleppzug von der Schleuse in Richtung Hafen Wilhelmine, an dem wir hochkletterten und mit zurück zu unserem Startpunkt fuhren. Es gab auch Schiffe die frisch geteert waren, und wie man dann nach einer solchen Fahrt aussah, kann man sich ja unschwer vorstellen.

In den großen Ferien bewegte sich einiges, ein paar Familien aus unserer Straße richteten ein Kinderschützenfest, so richtig mit König und Königin, aus, an dem viele Kinder in bunten Kostümen und den unmöglichsten Verkleidungen teilnahmen. Der erste Höhepunkt ist der große Umzug, der sich vom Grawenhof

Abb. 19: Der Milchhof

aus in Bewegung setzt und mit einer großen Menge von Zuschauer begleitet wird.

Die erste Etappe ist die Weiler Ecke, bis zur Schmiede Westermann. Von hier aus geht es weiter die Heßlerstraße entlang, bis zur Mühle Nolte. Hier biegt der ganze Zug in einen schmalen Feldweg ein, der entlang des Westfriedhofes zurück zum Grawenhof führt. An Haus 18 ist schon alles zum Kuchenschmaus vorbereitet, die Tische sind mit weißen Tischdecken gedeckt, auf denen Tassen und Teller stehen. In der Mitte vom Tisch sieht man riesige ovale Teller, die mit wohlriechendem Streuselkuchen beladen sind. Dazu gibt es Milch und Kakao, soviel ein jeder trinken kann.

Abends gibt es dann noch einen Umzug mit bunten Laternen und den üblichen Liedern „Wie lustig ist das Zigeunerleben“ oder „Es zogen zwei Königskinder“, die den Zug bis zum Klapheckenhof begleiten. Dort geht es dann am Bahndamm der Zechenbahn entlang, zurück in den Grawenhof. Danach löst sich die Veranstaltung langsam auf, die kleineren Kinder werden von ihren Eltern abgeholt, verabschieden sich und trollen lustig schnatternd nach Hause. Wir, die älteren Kinder, nutzen natürlich eine solche Situation aus und ziehen noch um die Häuser.

Auf Bauer Quadfligs Gelände stehen seit einigen Tagen Bauwagen der Firma Bresat herum und auf der Schweinewiese vom Milchhof steht eine Raupe (Abb. 19). Bald sollten wir erfahren, was hier passiert, die Raupe schiebt das ganze Gelände eben. Die großen Misthaufen verschwinden, ein Bagger verlädt das zusammengeschobene Material auf Lastkraftwagen, die dann zur Müllkippe an der Grothusstraße fahren und den aufgeladenen Dreck dort abkippen. In den Stallungen des Milchhofes klopfen Arbeiter den Kalk-

Abb. 20: Die Clique versammelt sich vor dem Spiel im Gasthaus Fischer an der Ecke.

putz von den Wänden, andere ziehen neues Mauerwerk hoch und teilten den ganzen Stall, es ist unschwer zu erkennen, in Wohnungen auf. Im Spätherbst ziehen dann die ersten Familien, Flüchtlinge aus der DDR, in die schön hergerichteten Wohnungen ein. Unsere Klasse bekommt zwei neue Mitschüler, die aus dieser neuen Wohnanlage kommen. Ihre Aussprache ist für uns Kinder aus Heßler sehr ungewöhnlich, sie beinhaltet Worte und Satzteile, die wir so nicht kennen.

Die Anlage bekommt nach und nach außen noch den letzten Schliff, eine Straße vom Grundweg her kommend führt direkt zum ehemaligen Schweinestall. Hinter der Anlage bekommen die Anwohner noch ein Stück Garten zugeteilt und die von der Raupe abgeschobene Fläche zum Grawenhof hin wird mit Rasen angesät und die Friedhofseite mit Hecken bepflanzt. Der freie Platz vor dem Gebäude eignete sich hervorragend zum Fußball spielen und wird von allen Kindern sofort angenommen. Anfangs gibt es noch Reibereien mit den zugewanderten Kindern, aber bald herrscht Frieden, auch auf dem neuen Bolzplatz.

Das von Bomben zerstörte Haus Grawenhof 10 wird aufgebaut

Schalke 04 gegen den 1. FC Köln, Treffpunkt unserer Clique ist bei Fischer an der Ecke, zwei Stunden vor Spielbeginn (Abb. 20). Bewaffnet mit Fahnen und Signaltröten vom Pütt setzt sich die Gruppe in Marsch, um die Jungen vom Schalker Markt zu unterstützen. Ein Fußmarsch von 20 Minuten, durch den Maibusch und die Caubstraße, bringt uns zum Eingang in die Schalker Glückauf-Kampfbahn. Schnell wird eine Karte am Schalter gekauft, denn wir möchten den angestammten Platz in der Nordkurve noch unbesetzt vorfinden.

Das Vorspiel der Schülermannschaften hat schon begonnen, und 04 lag bis dahin mit ein paar Toren vorne. Das Endergebnis sah wie immer entsprechend hoch aus, ich denke 10 oder 11:0, aber das kannte man ja von den Schalker Schülern. Ganz anders als im Punktsspiel der ersten Mannschaft, Schalke führt bis kurz vor Schluss mit 2:1 und kassiert noch in der letzten Minute das 2:2. Auf dem Weg nach Hause entsteht wie immer eine heftige Diskussion über das Spiel. Der Schiri war Scheiße, der Blödmann hat den Elfer nicht gegeben, wenn der Bernie doch geflankt hätte, warum hat der Schwatte nicht sofort abgezogen, der Manni hätte früher rauslaufen müssen und am Ende war ein Punkt verschenkt. Was soll es? Das Leben geht weiter und der Herbst bläst schon ganz schön heftig durchs Gebälk, und die qualmenden Schlote sind ein untrügliches Zeichen, dass die Kohleöfen schon voll winterlich beheizt werden.

Die Halde WV 2/3 gibt wieder einiges an Kohle her, jeden Tag kratzten 50 und mehr Personen an der schrägen Böschung danach und schleppen Zentner um Zentner mit Karren oder auf Fahrädern nach Hause. Der Kohlenschieber Nase, wegen der roten Knollennase so genannt, hatte Hochkonjunktur und beschiss die Leute, die ihr Deputat an ihn verkauften, nach Strich und Faden. Beim Ankauf zog er schon 20 Mark ab, weil angeblich von der Tonne schon einiges fehlte und im Verkauf war bei Nase der Zentner nur 40 kg schwer. Der Kohlenhök verstand es, die Leute schwach zu reden und mit einem lächelnden Gesicht zu bescheißen.

Dann ist Weihnachten. Dieses Mal brachte der Weihnachtmann mir Rollschuhe, eine passende Gabe meiner Großeltern zu der neu asphaltierten Straße. Die Tage bis Silvester bringen mir so manch blauen Flecken und Abschürfungen an Knien und Händen. Doch der Mensch ist lernfähig und nach kurzer Zeit rollte es schon ganz gut, ohne zu stürzen.

Anfang 1952 sieht man viele neue Gesichter in Heßler, denn das Jugenddorf bekam ständig Zuwachs an Berglehrlingen und Bergjungmännern, die von Norddeutschland kommen, ihr Glück im Bergbau und auf Wilhelmine Victoria suchten. Im Frühjahr beginnt der Wiederaufbau des von Bomben zerstörten Hauses in unserer Straße. Der Bauschutt wird abgefahren, und es kann nur noch eine Frage der Zeit sein, bis die Baufirma unser Kriegsschrott-Depot findet. An einem Dienstag ist es dann soweit, der Bagger der Firma Bressat fördert den ersten Schrott zu Tage und stoppt die Arbeiten, bis die Kampfmittelräumer und die Polizei die Baustelle wieder frei geben.

Sie beschlagnahmte den Schrott, der hauptsächlich aus Stahlhelmen, Bajonetten und Infanteriemunition besteht, und lässt ihn abtransportieren. Unser Vorrat an Schienen-Knallfrösche ist somit verschwunden. Die Baustelle ist aber weiterhin ein Spielplatz für uns und wir verbringen täglich einige Zeit damit, uns den Bau von innen und außen genau anzuschauen.

Heute gibt es ein Lob von meinen Großeltern. Das Zeugnis hat sich um Welten verbessert, die Note 3 in Betragen, die mich über drei Schuljahre hinweg begleitete, hat sich, wie durch ein Wunder, in eine 2 verwandelt. Zur Belohnung bekam ich fünf Mark und die ersten dünnen Scheiben vom geräucherten Knochenschinken. Das Geld legte ich in meine Schublade, denn für Sonntag war in den Schaukästen des Heli Kinos Zorros Rache angekündigt. Die Jugendvorstellung beginnt um 15 Uhr, kostete in Reihe eins bis vier 50 Pfennige und lief mit Reklame und Fox tönender Wochenschau bis 17 Uhr. Nach der Vorstellung ging es schnell um die Ecke an Battons Eisschalter, denn hier gibt es leckeres Eis, eine Kugel für zehn Pfennige.

Ich bestellte mir drei Kugeln, die ich auf dem Weg nach Hause genüsslich im Mund zergehen lasse. Für die erste Abendvorstellung hat sich schon eine lange Schlange von Kinobesucher angestellt, gezeigt wird ein Heimatfilm, leider habe ich vergessen welcher. Danach gibt es noch eine Vorstellung, die letzte, die Nachtvorstellung, sie beginnt um 22 Uhr und endete gegen 0 Uhr. Die Kinos in dieser Zeit sind sehr beliebt bei der Bevölkerung, sie bieten Gesprächsstoff für eine ganze Woche, genau wie der FC 04. Fernsehen? Wie im Kino soll es sein, über eine Glasscheibe in einem Kasten, der zu Hause steht, war im Gespräch, aber was das sein sollte, ich hatte keinen blassen Schimmer, mal abwarten, was kommt.

Turnverein

Daheim liest meine Oma mir einen Brief vor, er beinhaltet das Ergebnis der Schuluntersuchung und hört sich folgender maßen an: „Raten wir Ihnen, dass sich Ihr Kind in eine orthopädische Sportgruppe anmeldet." – „Bla, bla, bla und so weiter", dachte ich, weil es mir nicht in meinen Kram passt. Alles Reden und Murren hilft nichts, denn der Opa übt Druck auf mich aus, dem ich mich schließlich beuge und mich bei Frau Blomeier in der Turnhalle auf WV 2/3 zur Teilnahme an dieses komische Hampelmännchen-Turnen anmelde.

Anschließend an unser Kasperlespiel trafen sich die Turner von TV Hessler zum Training. Einmal in der Halle, schaue ich mir die Übungen mal an und komme zu dem Ergebnis, dass hier die richtige Musik spiele. Warum eigentlich ohne mich? Ich ab zum Hallenwart Schorsch Gajewski, der in seinem Kabuffchen saß und in einer Liste die vor ihm lag, schrieb. „Dieter, watt willste?" – „Herr Gajewski, ich möchte mich im Turnverein anmelden!" – „Watt sacht denn der Emil dazu?" – „Der schickt mich ja!" – „Warte, bis der Trainer kommt, setz dich so lange inne Halle aufe Bank, verhalte dich aber ruhig!", war sein Kommentar. Bevor der Trainer richtig die Halle betreten hatte, lief ich zu ihm und erklärte mein Anliegen, er gab mir ein Formular, welches vom Erziehungsberechtigten auszufüllen und zu unterschreiben war.

Bei den Turnern gefielen mir die Übungen von Jürgen Berthold am besten und beim Pferdsprung und am Reck bekam ich Übungen zu sehen, die eine Klasse für sich waren. Figuren wie die Schwebekippe, Laufkippe, Bauchwelle, Fersenwelle, Grätsche über die Stange, der Jürgen hatte das alles drauf. Nach den Übungen spielten die Turner Basketball. Ich hatte genug gesehen und verzog mich, denn mein Kopf war voll mit Sachen, die ich erst mal verarbeiten musste.

Geschwistertreffen in Essen

Folgendes kann ich zeitlich nicht mehr genau festmachen, denke aber, unerwähnt darf es nicht bleiben. Auf der Halde Wilhelmine Victoria 1/4 verunglückte ein spielendes Kind bei dem Versuch, einen Drachen steigen zu lassen. Das Kind brach in einen Hohlraum ein. Alle Bemühungen der Grubenwehr und anderer Rettungskräfte, dem Kind zu helfen, blieben ohne Erfolg.

Neue Verbotsschilder, stärkere Bewachung durch werkseigenes Wachpersonal, erzielten nicht die erhoffte Wirkung, die sich die Zechenleitung mit dieser Maßnahme zum Ziel gesetzt hatte. Nach wie vor krabbelten und schürften Menschen auf der Halde und an den seitlichen Kippstellen nach Kohle, um ihren Eigenbedarf aufzustocken, denn nicht jeder Bürger aus Heßler war ein Bergmann, der Deputatkohlen bezog. Der Turnverein Hessler ist in meinem Wochenablauf ein fester Bestandteil geworden, es bringt mir viel Spaß und Freude, von den anderen zu lernen und den eigenen Fortschritt im Geräteturnen zu erkennen.

Die Essener Lichtwochen sind ohne Zweifel ein Magnet in der Vorweihnachtszeit, von denen ich bisher nur gehört hatte. Heute standen

Abb. 21: Der Weg zum Bahnhof Heßler wird abgekürzt.

sie auf dem Programm. Schon früh am Morgen geht es los. Der Weg zum Bahnhof Heßler wird abgekürzt, indem meine Oma und ich über den Westfriedhof gehen (Abb. 21). Der östliche Ausgang des Friedhofes befindet sich kurz vor dem Bahnübergang, der Bahnlinie Essen-Bismarck. Wir sparen zwar so nur ein paar hundert Meter ein, das aber ist laut meiner Oma aus Zeitgründen notwendig.

Am Schalter bestellt die Oma die Fahrkarten, die der Beamte in einen Apparat schiebt und nach hinten drückt. Danach zeigt sie mir die Karten, und am oberen Rand ist das Datum des heutigen Tages zu erkennen. Der Gegenzug aus Essen läuft ein, ein paar Passagiere steigen aus und halten dem Kontrolleur ihre Karten hin, die er an sich nimmt und in seiner Tasche verschwinden lässt. Mit einem schrillen Trillerpfeifton gibt der Bahnbeamte dem Lokführer ein Zeichen, dass der seine Fahrt in Richtung Schalke-Bismarck fortsetzen kann.

Nach kurzer Wartezeit fährt dann unser Zug ein, gezogen von einer 01 Dampflok mit fünf Wagen. Die Zugeinheit besteht aus drei Wagen der zweiten Klasse, einem Wagen der ersten Klasse und einem Wagen der dritten Klasse. Wir stiegen im Wagen der dritten Klasse ein, nehmen Platz auf einer gelbbraunen Holzbank und vernehmen den schrillen Pfeifton des Bahnhofsvorstehers und den Pfeifton der Lok, der als Antwort zurückkam. Es gab einen kleinen Ruck, der Zug setzt sich in Bewegung und das für eine Dampflok typische Zischen begleitet uns auf der Fahrt zum Essener Hauptbahnhof.

Dort angekommen bin ich verblüfft, wie viele Bahnsteige es hier gibt, aber der erste Blick von oben auf den Bahnhofsvorplatz, mit den vielen Straßenbahnen und dem Getümmel von Menschen und den beleuchteten Sternen und Fassaden, zog mich sofort in seinem Bann. Meine Oma will hier am Hauptbahnhof ihre Geschwister Martha und Hermine treffen, die mit der Straßenbahn Linie 1 aus Essen-Margarethenhöhe und mit der Linie 17 vom Abzweig Stoppenberg kommen. Die drei Geschwister bildeten eine Gruppe, die sich in der Innenstadt von Essen bestens auskannte. Aus meiner Sicht war ihr Geschnatter überflüssig und zeitvergeudend, für mich zählten nur die Spielzeugläden, die Lichtwochen und Klamotten zum Anziehen, die ich mir wünschte, denn alles andere war für mich zweitrangig.

Irgendwann hatten die drei Grazien alle Einkäufe erledigt und genehmigten sich am Porscheplatz noch ein Kännchen Kaffee und ein Stück Kuchen. Alle drei schwärmten von ihrer Kindheit und die Schwester Hermine erzählte noch, dass sie gesehen hat, wie die gegenüberliegende Synagoge gebrannt hat. „Warum hat die denn gebrannt?“, kam meine Frage. Die drei Damen schauten sich gegenseitig an und zuckten nur mit den Schultern und lenkten mit ihren Männern, die im Pütt viel Geld verdienen, vom Thema ab.

Ein kleiner Fußmarsch zum Bahnhof, dann noch ein kurzes Drücken und alles Gute wünschen und schon war das vorweihnachtliche Einkaufsgeschehen in Essen erledigt, mit dem Ergebnis, dass ich jetzt Besitzer eines grünen Anoraks war, der genau so aussah wie der, den Wolfgang Wittig und Jürgen Berthold aus unserem Turnverein trugen. Der Tag hat mir gefallen, ich habe viel Neues gesehen und meine Neugierde auf die Essener Lichtwochen war somit befriedigt, aber die vertraute Umgebung unserer Stadt, mit der Bahnhofsstraße, den Geschäften Boecker, Sinn, WEKA und den vielen anderen Läden, fehlte mir. Der Oma ging es wohl ähnlich: „Dieter, vor Weihnachten gehen wir noch mal in unsere Stadt, ich muss im WEKA noch Kaffee und ein paar andere Kleinigkeiten kaufen!“ Gemeint war Bohnenkaffee aus der hauseigenen Rösterei. Zufrieden mit diesem Tag verzog ich mich in meine Kammer und ließ den Tag mit ein paar Zeilen aus dem Buch Heidi von Johanna Spyri ausklingen.

Freizeitbeschäftigungen

Silvester ist vorbei, dass Wetter zeigt seine unfreundliche, feuchte und nasse Seite. Schnee ist in der näheren Zukunft nicht zu erwarten, denn dazu ist es zu mild. Was bleibt anderes übrig, als mit ein paar Jungen aus dem Grawenhof zur Baustelle Sportplatz zu gehen und zuschauen, wie ein Bagger den alten Grawenhof, Namensgeber der Neuen Kolonie, abreist. Mit seiner großen Schaufel knallt der Bagger in das Dach, hebt Balken und Mauerwerk hoch und verlud es auf einen LKW.

Der Hof war zwar nicht mehr bewohnt, aber Bauer Terkamp nutzte die Gebäude als Futterlager für seine Viecher. Es konnte nur so sein, dass der Hof mit seinen angrenzenden Feldern an das Wilhelmine Jugenddorf Projekt verkauft worden war. Ein neuer Spielplatz, der Sportplatz, entsteht, dafür muss ein alter Abenteuerspielplatz verschwinden, den wir Kinder in unser Herz geschlossen hatten. Im angrenzenden Garten hinter dem Hof standen etliche Obstbäume, die wir jedes Jahr im Spätsommer ausgiebig plünderten, die aber jetzt zu Brennholz gemacht wurden.

Am Sportplatz neben der Laufbahn errichteten Schreiner der Zeche eine Begrenzung aus Holz, die den ganzen Platz umspannt. Die Sprunggrube und der Kugelstoßring sind fertig und die Tore stehen auch schon, es sieht so aus, als wenn es bald losging. Hinter dem Sportplatz befindet sich ein kleines Wäldchen, wir holten unsere Zwillen raus und fletschten auf alles, was sich darin bewegte, bei einer Trefferquote von null.

Der Boss vom Kesselhaus kam auf uns zu und fragt uns: „Jungs wollter euch watt verdienen?" – „Watt solln wir den machen?" – „Ich hab da ein paar Hölzer zu liegen, könnt ihr die in meinen Garten bringen?" – „Watt kriegen wir denn dafür?" – „Jeder ne Mark!" Wir sprangen auf, gingen mit, er zeigte uns sein Holz, ein paar Balken und Bretter, keine große Sache und kurze Zeit später war der Job auch schon erledigt. Das Holz hatte er natürlich kostenlos aus der Schreinerei und benutzte es zum Verschönern seiner Laube im Garten.

Abb. 22: Eine Bombe muss entschärft werden.

Blindgänger in der Auf- und Neubauzeit

Ganz Heßler ist eine Baustelle, hier werden Ruinen abgerissen, da wird neu gebaut, viele Häuser sind mit großen schweren Leitern und zwischen den Sprossen liegende Bohlen eingerüstet. Alle Fassaden, die starke Kriegsschäden aufweisen, sind Ziel einer Gruppe, die mit ihrem kosmetischen Können die Einschüsse des Krieges zuschmieren und die wie Sommersprossengesichter aussehenden Fassaden neu verputzten.

Auch die evangelische Kirche ist eingerüstet, dicke Sandsteinquader, behauen von Steinbildhauern, findet ihren angestammten Platz in der noch nicht fertigen Ansicht wieder. Der Schrotthändler Rehberg in der Bruchstraße, neben der Taubenzüchterkneipe Otto Schmitt, sieht vor dem ständig wachsenden Schrotthaufen auf seinem Hof nicht mal mehr das Grün der Bäume.

Maloche überall, an der Horster Brücke wird gearbeitet und an der Eisenbahnbrücke wird genietet. Im Brückengestell sitzend fangen die Monteure die glühenden Nieten auf, stecken sie in die dafür vorgesehenen Löcher, einer hält gegen, der andere die Nietenlehre und der dritte knallt mit einem 15 Pfünder auf die Lehre.

In der Grimmstraße gegenüber dem Kirchplatz befindet sich der nächste Neubau. Auch Metzger Loos und das Textilhaus Asbeck tragen dazu bei, dass man nicht mehr für jede Kleinigkeit in die Stadt, fahren muss. Im Fersenbruch, Ecke Grimmstraße, wieder ein Neubau, die Kneipe Jelich, entsteht, gleichzeitig mit dem Neubau der Gaststätte Brümmer gegenüber der Alten Kolonie. Auch die Baracken gegenüber der Melanchthonschule verschwinden und zwei schicke Wohnblöcke für Wilhelmine-Mitarbeiter machen sich breit. Der Neubau Melanchthonschule, der wegen der Zuwanderung in Heßler dringend notwendig geworden ist, zeigt einen beachtlichen Baufortschritt. Haus 10 im Grawenhof hat die alten, neuen, Bewohner nach der Fertigstellung aufgenommen und unserer Straße ein Ansehen ohne Lücken beschert.

Mitten in der Auf- und Neubauzeit ist er plötzlich wieder da, der verdammte Krieg mit seinen verdammten angstverbreitenden Überbleibseln. Über Megaphon und schriftlich wird die Bevölkerung aufgefordert, den Stadtteil Heßler am x-ten bis zur Entwarnung durch Sirenen zu verlassen. Auf dem Baugelände hinter der Metzgerei Loos ist bei Aushubarbeiten eine Luftmine HC 8000 englischer Bauart zum Vorschein gekommen. Das Sprengkommando Hünxe hat dann die drei Zünder mit ihren Detonatoren, die bei englischen Bomben im Sprengmittel und nicht wie bei amerikanischen Bomben im Zünder mit eingebaut sind, erfolgreich entschärft (Abb. 22).

Am Abend erzählte mir der Opa, dass während des Krieges schon eine Luftmine in der Nähe der Uferstraße blind gegangen sei, aber sofort von Kriegsfeuerwerkern entschärft und vernichtet wurde. Einschlafen konnte ich an diesem Abend nicht, meine Gedanken befassten sich mit den Ereignissen des heutigen Tages. Was, wenn die Entschärfung nicht geklappt hätte? Die Männer vom Sprengkommando hätten den Tod gefunden und die Schäden an den umliegenden Gebäuden, wer kann es sagen!

Freude und Leid

Die letzten Blätter fallen von den Bäumen, die Natur verändert sich und begibt sich in den monatelangen Winterschlaf. Allerheiligen, ein grauer nebeliger Tag mit einem Besuch auf dem Westfriedhof. Meine Oma legt jedes Jahr auf das Grab einer Freundin, die im Krieg bei einem Bombenangriff ums Leben gekommen ist, ein Blumengebinde ab und zündet eine Kerze an, spricht ein Gebet und verweilt ein paar Minuten nachdenklich schweigend vor dem Grab. Auf dem Nachhauseweg zeigte sie mir das Grab eines katholischen Pfarrers, der ermordet wurde und sagte zu mir: „Kind, das Schwein läuft immer noch frei herum!“ Gemeint war der Täter. An dieses schreckliche Ereignis kann ich mich noch gut erinnern und denke dabei an den riesigen Trauerzug, der den Pfarrer zu seiner letzten Ruhestätte begleitete.

Die alljährliche Weihnachtfeier der Taubenväter bei Bonnkamp begann mit vielen Lobreden und Ehrungen, ich glaube, jeder Teilnehmer hat am Ende einen Preis erhalten und das Gefühl, der Beste zu sein. Nach dem Weihnachtessen sangen die Frauen der Taubenväter ein paar zeitgemäße Lieder. Danach versammelten sie sich an einem Tisch, um ihre Angetrauten beim Märchenerzählen und Saufen nicht zu stören. Die Veranstaltung endete erst, wenn der letzte Pfennig der Weihnachtskasse in Flüssigkeit umgesetzt im Rachen der Taubenfreunde verschwunden war. So mancher Taubenvater, der auf dem Nachhauseweg die Straße geküsst hatte, verfluchte den Tag und gebot, es beim nächsten Mal anders zu machen. Aber ein Jahr Zwischenzeit mit Erfolgen und Misserfolgen der Flugkünstler lag ja noch vor ihnen. Den Kaninchenzüchtern widerfuhr jedes Jahr das Gleiche, die Oma und ich waren jedes Mal froh, wenn wir den Opa ohne Kniefälle und Blessuren in seinem Bett hatten und schnarchen hörten.

Im Februar 1954 verstarb ein kleines Mädchen aus unserer Straße an Diphtherie. Doktor Lehmann, der seine Praxis in der Hauffstraße hatte, war fassungslos und ordnete an, Kleinkinder in einem bestimmten Alter vorsorglich untersuchen zu lassen. Einige Kinder mussten mit ihren Kindern zum Gesundheitsamt zur

Untersuchung. Zum Glück fand man keine Anzeichen, dass anderen Kindern gleiches widerfahren konnte.

Nach den Osterferien begannen die Ausscheidungen für das Schulschwimmfest in den städtischen Badeanstalten an der Husemannstraße und ich war gut dabei. In meiner Jahrgangsstufe war ich an unserer Schule auf der 25-und 50-Meter-Freistilstrecke der Schnellste. Im direkten Vergleich der Schulbesten belegte ich auf der 25 Meter Kurzstrecke im Freistil den 1. Platz und auf der 50m Strecke, hinter Jürgen Schlappner vom Grillo Gymnasium den zweiten Platz. Mit der 4 mal-25-Meter-Brust-Staffel holten wir noch den dritten Platz für unsere Schule. Die ersten drei Plätze einer Disziplin bekamen einen Lorbeerkranz und ab Platz vier vergab man Lorbeersträußchen.

Beim Schulsportfest im Friedrich-Ludwig-Jahnstadion erreichte ich zum ersten Mal eine Ehrenurkunde mit 56 Punkten. Die Punkte, die ich in den 75-Meter-Läufen liegen ließ, besorgte ich mir locker im Schlagballweitwurf und Weitsprung. Auch in der Fußballauswahl war ich dabei, wir verspielten aber schon in der Vorrunde mit einigen Niederlagen, unter anderem gegen die Kanzlerschule mit 4:1, eine Teilnahme an der nächsten Runde.

In dieser, aus meiner Sicht, so erfolgreichen Zeit, kam nach dem Mittagstisch der Hammer. Die Oma erzählt mir: „Junge, unser Nachbar Karl Desserno ist tödlich verunglückt, er hatte einen Unfall auf der Zeche!“ Ich fing sofort an zu heulen und vergrub mein Gesicht in meine Hände, verzog mich in mein Zimmer, heulte weiter und konnte nicht fassen was ich da erfahren hatte. Plötzlich sah ich Bilder von den schönen Stunden, die ich bei dem Schachthauer in seiner Bude verbrachte, vom kleinen Hund Prinz der Familie Desserno und viele andere Erinnerungen mehr. Herr Desserno erzählte mir einmal, dass er seine Arbeit als Schachthauer sehr mochte und bis zur Rente nichts anderes machen möchte. Zur Beerdigung, auf einem extra für Wilhelmine-Victoria verunglückte Mitarbeiter angelegten Teil des Westfriedhofes, fand unser Nachbar Karl Desserno seine letzte Ruhestätte. In unbestimmten Abständen besuchte ich sein Grab und vermochte nicht meine Tränen zu unterdrücken.

Fernsehen wird zum Schaufenster-Magnet

Motorisierung ist ein magisches Wort in unserer Zeit, Mopeds, Motorräder, und Buckel VWs schießen wie Pilze aus dem Boden. Der WV von Manfred Kollers macht Geräusche wie eine handbetriebene Kaffeemaschine im Dauerbetrieb und bedarf einige Stunden pro Tag an Ausbesserungsarbeiten, um überhaupt lauffähig zu sein. Egal, wichtig ist, ein Auto ist da.

In diesem Jahr läuft so einiges anders als in den Jahren zuvor. Jeden Freitag um 15 Uhr treffen sich die Kinder zum Katechumenenunterricht im Gemeindehaus an der Grimmstraße und büffeln unter der Leitung von Pfarrer Hans Edelhoff Verse, Psalmen und die Zehn Gebote. Zum Abschluss jeder Stunde singen alle Kinder noch ein kirchliches Lied und werden dabei vom Pfarrer auf einem uralten Harmonium begleitet. Nach dem Unterricht kratzen wir Kinder sofort die Kurve, um an unsere außerkirchlichen Spielstätten zu kommen.

Hausaufgaben, Turnverein, Modellbau, Katechumenenunterricht und alltägliche Besorgungen, die zu machen sind, lassen keine Langeweile aufkommen. Abends wird noch eine Stunde, bei Betzing oder Giebel, die Nase an der Schaufensterscheibe platt gedrückt, um ein paar Fernsehbilder zu erhaschen. Das erste Fernsehgerät in unserer Straße hat Einzug gehalten. Die Familie Paul Herzig von Haus 3 ist die erste Familie, die sich dieses kostbare Möbelstück leisten kann.

Den ersten Kasten mit einer Glasscheibe, der bewegte Bilder zeigte, sah ich im September 1953 bei Fahrrad Giebel im Fenster stehen. Ich konnte es nicht fassen, was ich da sah: Einen Bericht über den Wahlsieg von Bundeskanzler Adenauer, der sich bewegte und sprach wie in einem Kinofilm, nur in kleinerem Format. Das Elektrogeschäft Betzing und Fahrrad Giebel zogen abends die Menschenmassen an, die sich, eng gedrängt, die Kinder vorne, Erwachsene hinten, die Nase an der Scheibe platt drückten und sich die Fernsehsendungen anschauten. Im Schaufenster standen auch andere Geräte, die zum Verkauf gedacht, mit Preisschildern versehen waren. 1200 DM, eine für die meisten Leute unerschwingliche Summe.

Da die Fußballweltmeisterschaft anstand, besorgten sich viele Familien diese Flimmerkiste auf Pump und bezahlten sie in monatlichen Raten ab. Mein Opa biss aber nicht an, er sparte lieber erst das Geld zusammen und bezahlte dann in bar. Familie Herzig hatte aber das Herz an der richtigen Stelle, in ihrer Stube sah es aus als sei man im Kino, der ganze Raum war gefüllt mit Zuschauer und von der Straße her, durch die geöffneten Fenster, schauten bestimmt noch mal 20 Personen zu.

Die Fußballseele bekam kein Braten zu futtern, als fest steht, die Deutschen haben eine dicke Packung gegen Ungarn zu verdauen. Ungarn galt im Vorfeld der Fußball Weltmeisterschaft als der sichere Gewinner dieses Turniers, aber im Endspiel für viele unerklärlich, gewinnt die deutsche Mannschaft mit 3:2 und ist Weltmeister!!! Der Jubel in Herzigs Stube und auf der Straße war mit Worten nicht zu beschreiben, binnen weniger Minuten füllte sich unsere Straße mit Menschen, die alle das gleiche riefen: „Wir sind Weltmeister!“

Und erst wir Kinder, sofort holten wir die Klörscher (Fußballschuhe) und die Lederpille raus, pumpten Luft nach und ab ging es auf den Bolzplatz, um das Spiel der Spiele nach zu pölen. Der eine wollte Toni Turek, der andere Fritz Walter sein, aber die Mehrzahl begehrte den Namen Helmut Rahn. Die Weltmeisterschaft in der Schweiz beschäftigte uns noch sehr lange und jedes Kind aus unserer Straße hatte mehr als einmal die Namen der Meisterelf auf sich bezogen und lief mit stolzer Brust zu unseren Spielen auf den Bolzplatz auf.

Grubenunglück auf Dahlbusch

Veränderungen im Garten stehen an, der Opa möchte die Kaninchenställe abreißen, muss aber zuvor alle Stallhasen schlachten und die Nachbarschaft befragen, ob sie Bedarf haben. Für die Personenbeförderung auf der Strecke Essen-Wanne fuhr jetzt ein Schienenbus, den wir wegen seiner Unsauberkeit Ferkeltaxi nannten. Das Aussehen des Schienenbusses erschien uns im Vergleich mit einem Dampfzug mickrig und billig. Unser Interesse an diese Bahnstrecke wurde langweilig und schlief bald ein.

Ein heimlicher Wunsch von mir, ein Fernsehgerät zu Weihnachten zu bekommen, ging nicht in Erfüllung. Aber ein neues Sofa und ein Kühlschrank brachten es auch. Schon klasse, so ein Kühlschrank, Frischwurst, Eier, Käse, natürlich Limonade für mich, immer frisch und gut gekühlt, war schon eine gute Errungenschaft. Von einem Arbeitskameraden erwarb der Opa noch ein tolles Radio, das Sender aus Luxemburg empfing, aus dem die modernste Musik fast kratzfrei zu hören war. Hitparade hören war ja Pflicht und machte mit dem neuen Kasten ja auch richtig Spaß.

Zehn Jahre nach dem Krieg, 1955, ist alles Erdenkliche in den Geschäften für harte Deutsche Mark zu bekommen. Die Wirtschaft brummt, von Hunger oder Armut oder Krieg ist keine Rede mehr, die neuen Worte sind Urlaub, Eigenheim bauen und Kohle machen.

Abb. 23: Wilhelmine Viktoria ist 100 Jahre alt geworden und feiert.

Gemüsegärten funktioniert man zu Grünflächen um, die Hausschlachtungen lassen nach, sogar die Hühner werden abgeschafft und die Gartenlandschaft im Grawenhof wandelt sich von einer Anbaufläche in eine Wiesenlandschaft mit englischem Rasen.

Einkaufsfahrten nach Holland, Kaffee, Butter und verschiedene Textilien sind enorm billiger als bei uns in Deutschland, die Busse fahren zweimal in der Woche und sind brechend voll. Die Bevölkerung verändert sich, die Ruhe und Gelassenheit der Nachkriegszeit ist vorbei, Hektik und Unzufriedenheit machen sich breit und einer will den anderen überbieten. Der eine kauft ein VW Käfer, der nächste sofort einen Opel oder Ford.

Dass Beste wollen alle, aber Neid verdirbt die Menschen und das spürt man an allen Ecken. Wie haben wir zur Einschulung ausgesehen, Kleidung zum Wechseln gab es nicht viel, spielte auch keine Rolle, wichtig für uns waren Brote und andere Lebensmittel, die wir aßen und nicht in den Papierkorb warfen. Dass wichtigste für uns Kriegskinder waren die Nahrungsmittel und dass wir nicht mit hungrigem Bauch ins Bett gingen.

Mein letztes Schuljahr hat begonnen und einmal in der Woche geht es zum Konfirmandenunterricht und in den Schwimmverein. Auch die anderen Tage sind voll mit sportlichen Dingen wie Turnen und Fußballspielen ausgefüllt. Ich saß mit ein paar Kindern zusammen bei uns im Garten, als der Opa mit seinem Fahrrad und einem grimmigen Gesichtsausdruck von der Arbeit nach Hause kam. Er stellte seinen Drahtesel in den Schuppen kam zu uns und sagt knapp und nüchtern: „Auf Dahlbusch hat es ein Grubenunglück gegeben, es gab viele Tote!“ Dass war sein ganzer Kommentar, er ging in die Wohnung und ich folgte ihm. Beim Essen brachte er keinen Ton über die Lippen, schwieg auch danach, legte sich aufs neue Sofa und schlief ein.

Ich rannte zu meinen Kumpels und fragte nach, ob sie mehr Informationen über das Grubenunglück auf Dahlbusch hatten. Aber ich erntete nur ein Schulterzucken, und das sagte ja genug. In den nächsten Tagen war von nichts anderem die Rede, das Grubenunglück war Gesprächsthema Nummer eins. Die Presse berichtet darüber und veröffentlicht Namenslisten mit den verunglückten Personen. Ganz Gelsenkirchen befand sich in Trauer.

Wilhelmine Victoria feiert

Die Zeche ist 100 Jahre alt geworden und würdigt ihr Alter mit Festlichkeiten, die für Heßler bombastisch und protzig wirken. Unter anderem gibt es Sport-Veranstaltungen in der Turnhalle und auf dem Sportplatz. Ein Fußballspiel der Zechenangestellten gegen eine Auswahlmannschaft des Jugenddorfes pfeift Fritz Walter, der in Begleitung von Helmut Rahn erschienen ist, an. Leichtathletik und Boxkämpfe junger Talente, unter anderem auch Kurt Rogosch, der bei BC Schalke boxt, gegen Lothar Bublitz und ein Ausscheidungsschwimmen, wer der schnellste Schwimmer im Jugenddorf ist, gehörten zu den umfangreichen Veranstaltungen. Abends gab es noch ein Essen für angereiste Eltern der auswärtigen Berglehrlinge, die im Jugenddorf wohnen. Danach spielte eine Gruppe von Berglehrlingen Blechmusik zur guten Unterhaltung (Abb. 23).

Am letzten Schultag vor den Weihnachtsferien liest uns unser Lehrer Rohleder eine Geschichte aus einem vergammelt aussehendem Buch vor. Drei kleine Jungen haben auf der Flucht vor den Russen aus Ostpreußen ihre Eltern verloren, sind zu verschiedenen Familien gekommen und versuchten jahrelang ihre Eltern zu finden. Über den Suchdienst des Roten Kreuzes gelang es dann endlich, dass die drei Geschwister von ihrer Mutter in die Arme genommen wurden. Einige Bilder aus dem Fernsehen und den Zeitungen machten sich nach der gehörten Geschichte in meinem Kopf breit, es war ja noch nicht all zulange her, dass die letzten Kriegsgefangenen aus Russland zurück kamen. Vielleicht war auch der Vater der Kinder aus Herrn Rohleders Geschichte dabei.

Die ersten Werbekampagnen der Gelsenkirchener Industrie und Bergbauunternehmen flatterten in die Briefkästen und an den Schulen gab es Prospekte und Werbegespräche der einzelnen Betriebe. Jedes Unternehmen wollte seinen Bedarf an Nachwuchskräften frühzeitig gedeckt wissen.

Einige Veränderungen in unserer Wohnung lassen das Aussehen der Wohnstube mit einem neuen Fernsehgerät moderner und zeitgemäßer aussehen (Abb. 24). Der alte Küppersbusch-Herd verschwand in die ehemalige Waschküche, die einen Anbau erhalten hatte und zu einer richtigen Küche umfunktioniert wurde. Die Herdecke erhält einen modernen, piekfeinen Küppersbusch-Kohleofen. Dazu musste das Ofenrohr verlegt und gekürzt werden und war durch diese Maßnahme kaum noch zu sehen. Links und rechts neben dem Ofen, in gebührendem Abstand, postierten die Möbelpacker zwei Sessel mit hohen Lehnen, die bei Benutzung der Großeltern zu einer Art umkippsichere Einschlafhilfe wurden.

Nach Weihnachten kam der Opa zu mir, legte mir einen Lehrvertrag von der Firma Wirtz & Co auf den Tisch und sagte: „Hier, unterschreib mal, da fängt deine Dreherlehre an!“ Mir flog der Draht aus der Mütze, ich hatte mich schon entschieden, für mich stand fest, ich fange auf Wilhelmine Victoria als Berglehrling an. Als er das vernahm, brach ein Donnerwetter der übelsten Art über mich herein und nach ein paar Widerworten von mir fing ich mir eine ein, die sich gewaschen hatte.

Die Oma mischte sich jetzt ein und gab zu bedenken, dass der Pütt ja nicht dass schlechteste sei und die erbärmlichen Nachkriegsjahre ohne den Pütt noch schlechter ausgesehen hätten. Mein Opa beruhigte sich langsam, ich rieb mir die Backe und er ging zum Fernsehapparat, schaltet in ein und sagt zu mir: „Ach mach doch watte wills, aber mach watt!“ Das war es, was ich hören wollte, ich zog mir meine Jacke an, um die Neuigkeiten unter meinen Kumpels zu verbreiten. Manfred Söder hat sich schon bei Wirtz & CO angemeldet, Dieter Kallner war noch unschlüssig, Helmut Schenda bei Wilhelmine, Frank und Bernd Neubert ebenfalls Wilhelmine und Werner Heckmann auch Wilhelmine.

Abb. 24: Der neue Fernseher sorgt für Veränderungen in der Wohnküche.

Im Konfirmandenunterricht läuft schon alles auf das große kirchliche Fest hin. Die Sitzordnung für die Kirche wird festgelegt und das Gelernte der vergangenen zwei Jahre nochmals aufgerufen und abgefragt. Meine Oma macht sich ständig Gedanken, wie alles ablaufen soll, schreibt Einladungskarten mit dem Vermerk „Bitte Rückantwort“ und legt fest, wie und wo die Tische stehen sollen. Die fehlenden Stühle, so hat man uns zugesagt, bekommen wir aus der Berufsschule von Wilhelmine-Victoria 2/3.

Meine Konfirmation

Im Februar 1956 unterschrieb ich meinen Lehrvertrag, der aber noch die Unterschrift des Erziehungsberechtigten benötigte. Mit einigen Kommentaren und Brummen bekam ich dann endlich die Unterschrift vom Opa, behielt die Durchschrift und trug das Original zurück ins Einstellungsbüro der Zeche Wilhelmine Victoria. Dort bekam ich dann den Termin zur Einstellungsuntersuchung. Am 5. März 1956 fand ich mich zur Untersuchung auf Wilhelmine-Victoria 1/4 ein, mit dem Ergebnis „tauglich für alle Arbeiten“.

Die Vorarbeiten zu meiner Konfirmationsfeier sind in vollem Gange. Meine Oma, die sonst bei bevorstehenden Feierlichkeiten die Ruhe behielt, kam dieses Mal ganz schön ins Trudeln. Sie hatte aber mit einigen kleinen Pausen, die sie zwischendurch einlegte, alles fest im Griff. Zwei Tage vor meiner Konfirmation dann noch ein Schreck in früher Morgenstunde. Ich war mit dem alten Drahtesel vom Opa unterwegs und stürzte auf der Aschenbahn des WV 2/3 Sportplatzes und zog mir böse Abschürfungen an der Stirn und Nase zu. Unser Hausarzt Doktor Wächter behandelte mich und legte mir einem Kopfverband an, mit dem ich die Praxis verließ und nach Hause schlich.

Der Tag meiner Konfirmation begann ruhig, nahm aber, nachdem ich meine neue Garderobe, weißes Hemd, dunkelblauer Anzug und die auf Hochglanz polierten Schuhe anhatte, an Fahrt auf. Der Turban, den mir Dr. Wächter verpasste, flog in die Tonne und die Abschürfungen überdeckte Renate Dahlhof mit hautfarbiger Salbe und Schminke. Ein Büschel Haare, den ich beim Sturz auf die Aschenbahn verloren habe, machte sich als Geheimratsecke im Spiegelbild bemerkbar.

Unsere Kirche war bis auf dem letzten Platz gefüllt, es war ja die erste Konfirmationsfeier nach dem Krieg, die wieder in der evangelischen Kirche Heßler und nicht mehr im Gemeindehaus statt fand. In den ersten Bankreihen lagen kleine Zettel mit den Namen der Kinder, die Mädchen saßen vom Altar aus gesehen auf der linken und die Jungen auf der rechten Seite. Pfarrer Edelhoff wusste beim Abfragen seiner Konfirmanden ganz genau, wer was konnte. Alle Kinder beantworteten fließend und ohne Stocken die Fragen des Pfarrers und bekamen dafür von der Kirchengemeinde Lob und Beifall.

Nach der kirchlichen Feier erhielten alle Kinder eine Bibel und ein Blatt mit dem Konfirmationsspruch, den der Pfarrer für jedes Kind ausgesucht hatte. Mit einem Gruppenbild aller Beteiligten vor dem Eingang der Kirche, endete der Teil der Konfirmationsfeierlichkeiten, die mit der familiären Feier wenig Gemeinsames hatte. Volles Haus, Geschwister der Oma und vom Opa mit ihren Kindern, empfingen mich, gratulierten und übergaben mir ihre Geschenke. Eine Nachbarin, Renate Dahlhof, half meiner Oma bei den Vorbereitungen und Servieren der Mahlzeiten, sie half auch beim Spülen und Abtrocknen mit. Nach dem Essen schaute ich mir die Geschenke an und fand in einer schmalen Schatulle eine Armbanduhr der Firma Junghans mit Sekundenzeiger und Lederband.

In den meisten Briefumschlägen steckte eine Karte mit Glückwünschen zum heutigen Tag und einem Geldbetrag, der mir den Einstieg ins Berufsleben verschönern sollte. Nach dem Zusammenzählen hielt ich eine für meine Verhältnisse enorm hohe Summe in den Händen. Es war ein Betrag mehr als 1000 DM, der meine Gedanken anspornte, was ich mit dem vielen Geld machen soll. Ich bedankte mich bei allen, die an meiner Feier teil genommen haben und beantwortete vereinzelt noch ein paar Fragen über meine Berufswahl.

Nach dem Nachtessen verabschiedeten sich die meisten Familien, bis auf Opas Bruder Hugo mit Familie, die ja keinen so weiten Nachhauseweg hatten. Die beiden tranken noch ein paar Wacholder und tauschten ihre üblichen politischen Weisheiten aus, bis die Oma eingriff und auf ihre Müdigkeit hinwies. Die Stube ist wieder leer, Ruhe eingekehrt, Renate Dahlhof und ich tragen noch das restliche Geschirr und Gläser zum Spülen in die Küche, stellen die Stühle und Tische zusammen und lassen den Tag mit einem kleinen Schnaps ausklingen.

Am 23. März 1956 endet mit der Abschlussfeier in der Melanchthonschule meine Pflichtschulzeit. „Alles Gute!“ Das waren die letzten Worte die ich von der Rektorin und ehemaligen Klassenlehrerin Frau R. hörte. Wir begegneten uns zwar gelegentlich in Heßler, würdigten einander aber keines Blickes.

Stimmen am Stadtrand

Eulen entdecken rund um Eckerresse – der etwas andere Spaziergang [1)]

von Ramona Vauseweh

Abb. 1: Einen Einblick in die Vogelwelt der Region vermitteln Michael Hamann und Eberhard van Kell auf allen von ihnen angebotenen Wanderungen.

Alleebäume recken ihre Äste in die Abendsonne, im Süden jenseits des Feldes schaut der Turm der Resser Pauluskirche über das Land. Dicht am Acker Fachwerk und Mauern, ein weißes Gebäude an einer Wegkreuzung, lange Jahre Ort für eine kleine Einkehr zwischendurch in der Gaststätte Haus Eckerresse, aber inzwischen ganz still. Eine grüne Gegend mitten im nördlichen Ruhrgebiet, nach wie vor ideal für Naturerlebnisse zwischen Stadt und Stadt. Seit mehr als zehn Jahren bieten Michael Hamann und Eberhard van Kell hier auf der Grenze zwischen Resse und Herten Eulenwanderungen an (Abb. 1[2)]).

Gut 25 Naturbegeisterte haben sich an diesem Märzabend gegen halb acht am Treffpunkt zusammengefunden (Abb. 2). „Wenn das Wetter mild ist und nichts im Fernsehen läuft, können es auch deutlich mehr Interessierte sein", so die Erfahrungen der beiden Ornithologen.[3)] „Es gibt Teilnehmer, die jedes Jahr wiederkommen", freuen sich die Experten.

1 Eine Kurzfassung dieses Beitrages ist erschienen in Herten erleben 39(2012), S. 39 bis 41.

2 Abbildung 1 bis 3 und 5 bis 10 Ramona Vauseweh, Abbildung 4 hat Michael Hamann zur Verfügung gestellt.

3 Alle Angaben von Michael Hamann und Eberhard van Kell sind, soweit nicht anders gekennzeichnet, den Mailinterviews mit den beiden Experten entnommen, vgl. Mail Eberhard van Kell, Wed, 28 Mar 2012 09:07:37 +0200, Nachrichten-ID <E456E46CEE-ECE9409506EEDE64C1C78305CFA3@serversbs.vankell.local>, Mail Michael Hamann, Wed, 21 Mar 2012 20:37:11 +0100, Nachrichten-ID <018001cd0798$db7b80a0$9b00a8c0@hamann> oder stammen aus den Aufzeichnungen der Autorin zu den Eulenwanderungen am 31. März 2012, 19:30 bis 21:30 Uhr und am 30. März 2007; 19:30 bis 21:30 Uhr.

Abb. 2: Ruhrgebietsromantik – Sonnenuntergang am Treffpunkt Vierhöfeweg

Es begann damit, dass die beiden für den Verein für Orts- und Heimatkunde Gelsenkirchen-Buer e.V. die ornithologischen Führungen am 1. Mai eines jeden Jahres im Buerschen Grüngürtel übernommen haben, „in Reminiszenz an Herrn Dr. Ermeling“, sagt Eberhard van Kell. „Wir verstehen unser Naturschutzengagement auch in der Weise, über die reine Vogelstimmenwanderung hinaus naturkundliche Führungen für den Verein anzubieten wie die Eulenwanderung und die Fledermausexkursion[4).“

Fast ein Dutzend Kinder und Jugendliche gehören zur heutigen Wandergruppe (Abb. 3). „Die Wanderung ist für Kinder ab dem Grundschulalter geeignet, da es keine schwierigen Wege sind“, bestätigt Michael Hamann. „Es ist allerdings zu bedenken, dass sie bis zu einer Stunde nach Sonnenuntergang dauern kann und es daher vor allem im Sommer sehr spät wird.“ Jetzt beginnt das Frühjahr und unter sachkundiger Führung und zumeist mit Ferngläsern ausgerüstet geht es in die aufkommende Dunkelheit. Die Sonne gibt sich versunken, der Quellmühlenbach teilt üppige Wiesen, Kopfweiden bilden eine dichte Kette.

1. Kopfweiden – das ideale Zuhause[5)]

Gerade einmal ein paar Minuten unterwegs und schon begegnet die Gruppe der ersten Eule.[6)] Aufmerksam blinzelt der Steinkauz in die aufkommende Dämmerung. So viele Menschen – und sie schauen alle herüber. Dass er das Objekt des Interesses ist, ahnt der hellgesprenkelte Vogel nicht. Ganz entspannt verharrt er auf seinem Ast und lässt sich beobachten (Abb. 4). Ohne die sachkundigen

4 Mehr zur Fledermausexkursion s. Infokasten zu Ende des Artikels.

5 Die Nummerierung der Abschnitte entspricht weitgehend der Nummerierung der Standorte in der Karte.

6 Die geschilderten Eindrücke beziehen sich auf die Eulenwanderungen vom 30. März 2007; 19:30 Uhr bis 21:30 Uhr und am 31. März 2012, 19:30 bis 21:30 Uhr.

Führer wäre die kleine Eule den abendlichen Spaziergängern kaum aufgefallen. Um die Vögel auszumachen, braucht man mehr als ein gutes Auge. Auch entsprechende Erfahrung ist von großem Vorteil. Die beiden Ornithologen beschäftigen sich seit vielen Jahren mit Eule und Co. „Wir haben eine Leidenschaft für nachtaktive Tiere", gestehen die beiden.

Abb. 3: Auge in Auge mit der Natur – die Wanderung eignet sich auch für jüngere Naturfreunde.

„Nachtaktive Tiere interessieren mich schon seit Studentenzeiten", sagt Michael Hamann, „dabei ist vor allem die erhöhte Schwierigkeit bei der Beobachtung ein Anreiz, die Tiere trotzdem zu finden." Eberhard van Kell geht es ähnlich. In seiner Freizeit ist er Jäger, „ich bin an die Jagd von meinem Vater von Kindesbeinen an herangeführt worden", erzählt er, „schon früh habe ich Nächte auf dem Hochsitz verbracht." Eulen seien faszinierend aufgrund ihrer heimlichen Lebensweise, formuliert es der Rechtsanwalt und Notar.

Abb. 4: Eulenporträt – Michael Hamann ist es gelungen, einen der Käuze abzulichten.

Die Region Eckerresse bietet sich besonders gut an für eine Eulenexkursion, hier leben Steinkäuze mit mehreren Brutpaaren auf engstem Raum.[7] Das Biotop hält gute Lebensbedingungen für die Vögel bereit. Besonders in der warmen Jahreszeit ernähren sich die Vögel überwiegend von Insekten und Regenwürmern. Auch die gemeine Feldmaus, ebenfalls ganz oben auf der Beuteliste der Vögel, ist hier zu finden.

Genau so geeignet ist die Region für die Aufzucht des Eulennachwuchses. Kopfweiden säumen kleine Wasserläufe, Hecken und Zäune teilen Weiden und Wiesen (Abb. 5). „Die hohlen Bäume sind für die Käuze ideale Brutplätze", weiß Michael Hamann. „Außerdem bietet dieser Lebensraum mit seinem Weidegrünland genügend Nahrung und viele Ansitzwarten" – beispielsweise Zaunpfähle, von deren Spitze man die Gegend überblicken kann. Die Höhe der Zäune ist vollkommen ausreichend, die Eulen jagend niedrig. „In ausgeräumten Ackerlandschaften, in der Stadt und im Wald kommen Steinkäuze nicht vor."

7 Mehr als drei Viertel des deutschen Steinkauz-Bestandes ist in Nordrhein-Westfalen zu finden, vgl.: Artikel Steinkauz. In: Wikipedia : Die freie Enzyklopädie. URL http://de.wikipedia.org/wiki/Steinkauz. Abrufdatum: 29.06.2012, 15 Uhr – Modifiziert Montag, 25. Juni 2012 20:36:34 – Dateigröße: 602 KB – mailto:info-de@wikimedia.org.

1972 war der Steinkauz Vogel des Jahres.[8] Der lateinische Name des Vogels lautet *Athene noctua,* übersetzt „die nächtliche Athene". Die Eule war bereits in der Antike auf Drachmenmünzen abgebildet und ziert seit 2002 die griechische Ein-Euro-Münze. Die deutsche Bezeichnung Steinkauz kommt nicht von ungefähr. Die Vögel brüten durchaus auch in alten Gemäuern, hier in den Gehöften der Gegend. Bis zu 23 cm groß wird das nachtaktive Tier – in etwa so groß wie eine Singdrossel, auch wenn es größer und kompakter wirkt. Steinkauzmännchen und -weibchen unterscheiden sich hinsichtlich ihres Aussehens kaum.

2. Zivilisationszeugen am Weg

Pastellfarbener Himmel, Bäume werden zum Scherenschnitt. Für einen Moment ist die Turmspitze von St. Martinus Westerholt hinter noch unbelaubten Bäumen zu sehen. Am Rand der Erhebung, dicht am Quellmühlenbach, schauen die Dächer des Hofes Lochthowe herüber. Laut schimpft eine Amsel im Gebüsch. Es ist viel los heute auf den schmalen, sonst so stillen Pfaden. Ein Highlight am Weg ganz ohne Flügel, sanft und zahm: Galloway-Rinder stehen an der Einmündung zum Resser Grenzweg (Abb. 6). Die Tiere haben die Wandergruppe kommen hören. Aufmerksam heben die Vierbeiner die Köpfe, neugierig kommen ein paar Kälbchen an den Zaun. Ein paar Streicheleinheiten gibt es für die Mutigen, besonders die Kinder freuen sich über die kleinen wolligen Kälbchen.

Ackerbau und Viehzucht prägen die Landschaft zwischen Buer und Herten seit langer Zeit: „Der früheste Beleg für den Ort Resse (Raedese) findet sich in Güterverzeichnissen der Abtei Werden, die dem 11. Jahrhundert zugeschrieben werden. Aus dem Ort entwickelten sich im späten Mittelalter zwei kom-

8 1971 gab es die erste Ernennung – den Wanderfalken. Der Steinkauz ist damit der zweite Vogel dieser Reihe.

Abb. 5: Weiden, Wiesen, Wasserläufe – ideale Lebensbedingungen nicht nur für Steinkäuze

Abb. 6: Abendliche Körperpflege – Gallowayrind mit Nachwuchs

munal selbständige Bauerschaften (Surresse und Eckerresse) mit je eigenen Gemeindeversammlungen und Gemeindevorstehern."[9] Nach einer Erhebung aus dem Jahr 1782 gehörten sieben Bauern, 14 Kötter und fünf Heuerlinge zur Bauerschaft Eckerresse[10]; ein paar der Familien bzw. ihre Nachfahren sind bis heute im Stadtteil Resse ansässig, einige davon leben sogar noch immer auf ihrem Hof.[11] Während Surresse im Zuge der Industrialisierung im östlichen Teil zu einem Ort mit Kirchen und Geschäftsstraße (Ewaldstraße) heranwuchs und ländlichen Charakter nur am südwestlichen Rand aufweist, hat die ländliche Prägung um Eckerresse bis zum Anfang des 3. Jahrtausends überlebt: Das sogenannte Resser Feld, der Höhenrücken, der sich von der Löchter Heide bis zum Holzbach hinzieht, teilt sich noch immer in Wiesen und Äcker. Vereinzelte Bebauung findet sich überwiegend am Vierhöfeweg, an der Bergackerstraße und an der Böningstraße.

Inzwischen ist es merklich dunkel geworden, und auch die Gruppe wird zunehmend stiller. Die Wanderer flüstern nur noch miteinander, jedes Wort klingt gedämpft und alle Teilnehmer sind zunehmend gespannt. Eine Taschenlampe mitnehmen, „das ist eigentlich nicht sinnvoll", sagt Michael Hamann, „da man sich damit selbst und andere Teilnehmer blendet." Die Augen können sich nicht an die Dunkelheit gewöhnen und man sieht letztlich weniger als ohne Lampe, da man ja nur den –

9 Carl Heinrich Lueg: Die Geschichte der katholischen Kirchengemeinde Herz Jesu Gelsenkirchen-Resse. URL http://www.herz-jesu-resse.de/geschichte.html. – Aufnahmedatum: 29.06.2012, 15:36 Uhr – Dateigröße: 224 kB. - http://www.herz-jesu-resse.de/geschichte.html – mailto:MarcWerner7@aol.com

10 Leushacke, Ulrich (Hrsg.): Vest Recklinghausen. „Aufnahme des ganzen Vest Recklinghausen so wohl Städte als Kirchspiele im Jahr 1782". Recklinghausen : Schützdruck, 2006. – ISBN 3-00-018078-8, S. 148.

11 Lueg, Carl Heinrich: Nach gutsherrlichem Recht – Was es bedeutet, eigenbehörig zu sein. In: Beiträge zur Stadtgeschichte XX(1998), S. 199-249, S. 200.

meist bescheidenen – Lichtkegel überblicken kann. Ein weiteres Problem: „Natürlich stört man auch die Tiere damit." Im Bedarfsfall verfügt die Exkursionsleitung über „richtige" Beleuchtungstechnik.

Was der Diplom-Biologe dagegen empfehlen kann: „Ein gutes Fernglas (Abb. 7) mitbringen!" Den beiden Ornithologen reicht teilweise noch das fahle Restlicht, um Interessantes zu entdecken: Eberhard van Kell macht die übrigen Wanderer auf eine dunkle, etwa einen Meter lange runde Verdickung an einem Baum aufmerksam – sie ist aus Holz und innen hohl und wurde von Menschen angebracht: „Das ist eine Niströhre!" Ein zusätzliches Wohnungsangebot zu den Weiden am Bach für die kleinen Eulen sozusagen.

Der Steinkauz hat es nicht leicht, er ist in Deutschland stark gefährdet: Der Gesamtbestand wurde für 2004 auf 5.800 bis 6.100 Brutpaare geschätzt,[12] die Bestände in Nordrhein-Westfalen sinken.[13] Oft fehlt es an geeigneten Nistmöglichkeiten. Um so mehr freuen sich die Experten nicht nur über die zusätzliche Brutmöglichkeit, sondern auch darüber, dass die Landschaft an der Grenze zu Herten ihren Charakter bis heute bewahrt hat.

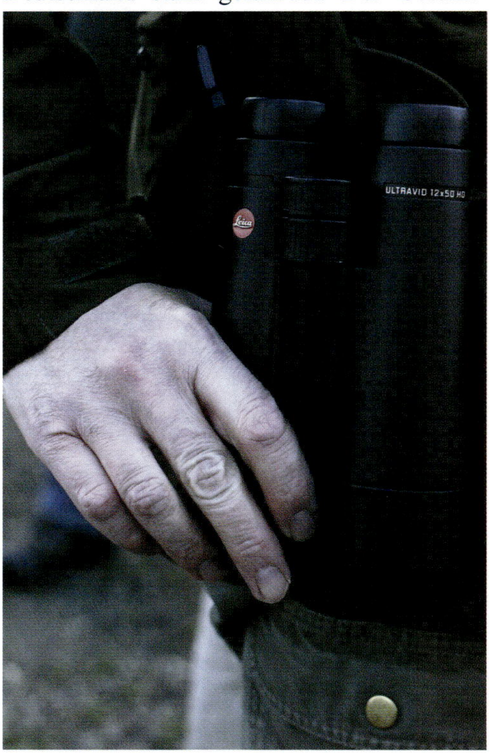

Abb. 7: Beobachtungshilfe – so lassen sich die Käuze nah heranholen.

3. Beobachtungen am Bach

Die Wandergruppe biegt nach links, der Weg führt leicht bergan. „Schaut mal, ein Hase!", flüstert jemand. Still sitzt das Tier an der Böschung, die langen Ohren in Lauschposition. „Ist der groß!", nicht nur die Kinder staunen. Stets suchen die Ornithologen die Gegend nach Interessantem ab. „Rehe!" heißt es plötzlich. Spontaner Stopp auf der Brücke über den Holzbach, die Feldstecher werden gezückt (Abb. 8). Die Wanderer entdecken noch mehr in der Dämmerung: Unten am Wasser treibt sich eine Wasserratte herum.

Darüber hinaus ist der Rundgang eine ideale Gelegenheit, mitten in der Natur den Geräuschen der Nacht zu lauschen. Michael Hamann und Eberhard van Kell identifizieren Vogelstimmen. Dicht am Weg trällert ein Rotkehlchen seine Strophen, jenseits der Hecken singt ein Zaunkönig. „Ist man im Frühjahr hier unterwegs, kann man im Grunde das gesamte Spektrum der heimischen Vogelwelt erwarten", sagt Michael Hamann, „insbesondere die Vogelarten, die abends singen." Oder sogar Fledermäusen begegnen.

12 Artikel Steinkauz. In: Wikipedia : Die freie Enzyklopädie. URL http://de.wikipedia.org/wiki/Steinkauz. Abrufdatum: 29.06.2012, 15 Uhr – Modifiziert Montag, 25. Juni 2012 20:36:34 – Dateigröße: 602 KB – mailto:info-de@wikimedia.org.

13 2003 brüteten noch 5800 Steinkauzpaare in Nordrhein-Westfalen, 2010 waren es nur noch 5450 Brutpaare, vgl. NABU Nordrhein-Westfalen (Hrsg.): Steinkauzbestände in NRW sinken. URL http://nrw.nabu.de/tiereundpflanzen/steinkauz/tagung/index.html – Abrufdatum: 29.06.2012, 15:30 Uhr – Dateigröße: 728 KB – mailto:Info@NABU-NRW.de

Abb. 8: Eine Alternative zum abendlichen Fernsehprogramm: Ich sehe was, das du nicht siehst – welche Tiere zeigen sich am Holzbach?

Auch Waldkauz, Waldohreule und Schleiereule leben in der Region, erfahren die Teilnehmer unterwegs. Der Waldkauz bevorzugt sowohl die gleichen Nistplätze als auch ein ähnliches Nahrungsangebot wie der Steinkauz. Außerdem steht der kleine Kauz bei dem fast doppelt so großen Vogel wie auch bei der Waldohreule auf dem Speiseplan. „Eine noch bei Tage fliegende Waldohreule war ein nicht alltägliches Erlebnis auf einer der Wanderungen", erinnert sich Michael Hamann.

4. Greifvögel erobern die Stadt

Leicht hügelig ist die Landschaft, Bächlein winden sich durch die Wiesen und Kanäle durchziehen das Land. Ein roter Stuhl vor einer Hofmauer, ein alter Hänger, ein bemooster Ast überspannt einen Wasserlauf. Frisch ist der Frühlingsabend, in der Nähe werden Kamine befeuert, es duftet nach Holz und feuchter Erde. Auch die anderen Sinne gehen auf Entdeckungsreise: Das niedersinkende Dunkel intensiviert die ländlichen Gerüche. Harz von frisch gesägten Ästen, der Duft von gemähtem Gras und wasserdurchtränktem dunklen Mutterboden.

An der Wegbiegung ruhen alte landwirtschaftliche Gebäude, Backstein, Ziegeldächer, Luken im Gebälk (Abb. 9). Zahlreiche Brutmöglichkeiten für Greifvögel wie Falken. „Diese Vögel erobern die Innenstädte, machen Jagd auf verwilderte Tauben", erfahren die Spaziergänger von den Vogelkundlern. Inzwischen ist es fast dunkel. „Gibt's hier auch Bären?", fragt einer der kleinen Teilnehmer schüchtern. Doch nicht hier im Revier! Der Magen eines Mitläufers hat recht laut geknurrt. Gerade mal zweieinhalb Kilometer streckt sich die Tour. Doch durch das Stehen, Schauen und Lauschen ist man gute zwei Stunden unterwegs.

Abb. 9: Unterschlupf für Untermieter – Gemäuer wie die Hofgebäude am Hegemannsweg bieten Nistmöglichkeiten für Greifvögel.

Erfreut stellen die Vogelkundler fest, dass die Kopfweiden gepflegt werden und gestutz – „geschneitelt“, so das Fachwort – sind. So bleibt der Lebensraum der Käuze erhalten. Noch in der frühen Neuzeit wurden die Weidenzweige regelmäßig geschnitten und zum Körbeflechten genutzt und waren Teil der landwirtschaftlichen Erwerbsgrundlagen. Um Eckerresse gliedern sich die Bäume inzwischen in ein Biotop zwischen den bebauten Stadtgebieten.

„Die Eulenwanderung dient dem Zweck, den Teilnehmern nicht nur die Tiere näher zu bringen, sondern auch den Lebensraum zu erläutern“, das ist den beiden Experten wichtig. „Der Steinkauz hat in Westfalen und am Niederrhein sein Hauptverbreitungsgebiet – es bedeutet daher für die Menschen in dieser Region eine besondere Verpflichtung, den Lebensraum der Vögel zu erhalten“, betont Eberhard van Kell. Michael Hamann und er kennen einander seit Anfang der 1980er Jahre. Beide sind Mitglieder im Bund für Umwelt und Naturschutz Deutschland (BUND), gehören darüber hinaus zu den ersten Beiratsmitgliedern des Landschaftsbeirats der Stadt Gelsenkirchen (Abb. 10a und 10b). „Außerdem haben ich als Mitinhaber eines Planungs- und Gutachterbüros beruflich ständig mit Biotop- und Artenschutz und ähnlichen Themen zu tun“, ergänzt Michael Hamann.

5. Auf zum Verhör!

Zurück an den Ausgangspunkt, alle stehen ganz still. Den Abschluss dieses etwas anderen Spaziergangs will trotz der Kälte keiner verpassen. In der Dunkelheit haben sich die Steinkäuze bisher nicht weiter bemerkbar gemacht. Nun wird es Zeit! Vögel verhören, so nennen es die Ornithologen, wenn sie den fliegenden Beobachtungsobjekten mehr als ein Ohr schenken. Manchmal muss man die Tiere dazu ein wenig aus der Reserve locken.

Abb. 10a und 10b: Naturpfleger, Vogelkundler und Vereinsmitglieder: v.li. Michael Hamann und Eberhard van Kell

Michael Hamann läuft gute 50 Meter in den inzwischen nachtdunklen Weg hinein. Der 52-jährige stellt eine Klangattrappe auf. „Der Ruf des Steinkauzes klingt fast wie eine quietschende Bremse“, kündigt Eberhard van Kell an. Und tatsächlich, „guhg, guuig“ und „gwuä-ig“, tönt es auf dem finsteren Pfad. Wird einer der Käuze antworten? Ein Versuch ganz ohne Garantie, aber es kann einiges passieren.

Es ist durchaus schon vorgekommen, „dass wir keine Steinkäuze gesehen haben und sie sich auch nicht anlocken ließen – offenbar waren sie nicht in Hörweite“, sagen die Ornithologen. Die Nachtwanderer haben viele Fragen: „Was spielen Sie den Käuzen vor, die Stimmen der Männchen oder Weibchen? Haben die Eulen schon Partner gesucht oder gar ihre Eier gelegt?“ – „Ende März sind die Partner bereits vergeben, jetzt wird nur noch das Revier verteidig!“ ist die Antwort. Und schon ertönen auf die Klänge vom Band die Antwortrufe aus der Nacht. Erst etwas zaghaft von links, dann etwas energischer von rechts. Diese Reviere sind also bereits besetzt!

„Bei der Frühjahrsexkursion ist es fast immer zu beobachten, dass die Käuze auf eine Klangattrappe reagieren und teilweise recht nah herankommen“, sagt Michael Hamann. „Einmal setzte sich eins der Tiere sogar direkt in die Baumkrone über uns“, erinnert sich Eberhard van Kell. Wenn die Reviere abgesteckt sind, hält der Kauz nicht viel von Konkurrenz und macht sich schnell bemerkbar: „Die Vögel rufen ja nicht, um uns eine Freude zu machen“, erklärt der 64-jährige. Bei der Eulenwanderung im Juni werden die Käuze – hoffentlich – bereits im Hellen zu sehen sein. „Die Tieren haben dann Junge“, sagt Michael Hamann, „mit etwas Glück kann man erleben, wie die Kleinen mit Regenwürmern gefüttert werden.“

„Ende März ist die beste Zeit, die Steinkäuze bei den ‚Hochzeitsvorbereitungen‘ zu beobachten; zu dieser Zeit findet die Paarbildung statt und der Brutplatz wird festgelegt“, erklärt Michael Hamann die Terminwahl. „Später im Frühjahr, sobald die Tiere brüten, sind sie heimlicher und reagieren nicht mehr gut auf die Lockrufe, die wir ihnen vorspielen. Außerdem stört man sie dann damit mehr.“

Zwei Mal im Jahr steht die Wanderung auf dem Jahresprogramm des Vereins für Orts-

und Heimatkunde. Der zweite Rundgang startet zumeist Ende Juni. Aus gutem Grund: „Mitte bzw. Ende Juni sind, wenn alles geklappt hat, die Jungtiere flügge“, erläutert Michael Hamann. „Diese rufen dann und man kann sie und auch die Elternvögel oft schon bei Tageslicht beobachten.“ Außerdem seien zu dieser Zeit auch andere Eulen – z. B. Waldohreulen – flügge, „und man kann Glühwürmchen beobachten.“

Meist sind die Bedingungen günstig, Regen und starker Wind allerdings können eine solche Tour zu Nichte machen. „Dann kann man nichts beobachten“, sagt Michael Hamann, „außerdem ist es ungemütlich und die Veranstaltung muss verschoben werden.“ Kälte dagegen sei kein Problem. Die Strecke ist übrigens – zu jeder Jahreszeit – auch bei Tageslicht – immer wieder ein zauberhafter kleiner Spaziergang.

INFOKASTEN
Eulenwanderung Eckerresse

Leitung: Dipl.-Biologe Michael Hamann und Eberhard van Kell – **Die Tour** unterwegs auf der Grenze zwischen Resse und Herten durch das Gebiet Am Quellmühlenbach – **Länge** ca. 2,5 km – **Dauer** ca. zwei Stunden – **Treffpunkt** Ehemaliges Gasthaus Eckerresse, Kreuzung Vierhöfeweg, Lange Straße – voraussichtlich nächster **Termin** s.u. URL http://www.heimatverein-buer.de
Weitere Veranstaltungen der Vogelkundler: **Vogelstimmenwanderung** durch den Buerschen Grüngürtel, 1. Mai, Beginn 7:00 Uhr, Treffpunkt: Ehrenmal Buer – **Bat-Night** Fledermausexkursion zur European Bat-Night: Beobachtung von Fledermäuse bei ihrer nächtlichen Insektenjagd. Die Ultraschall-Ortungsrufe werden hör- und sichtbar gemacht. Nur bei gutem Wetter möglich. Beginn: 19:30 Uhr, Treffpunkt: s. Teilnehmerkarte – Programmänderungen vgl. URL http://www.heimatverein-buer.de

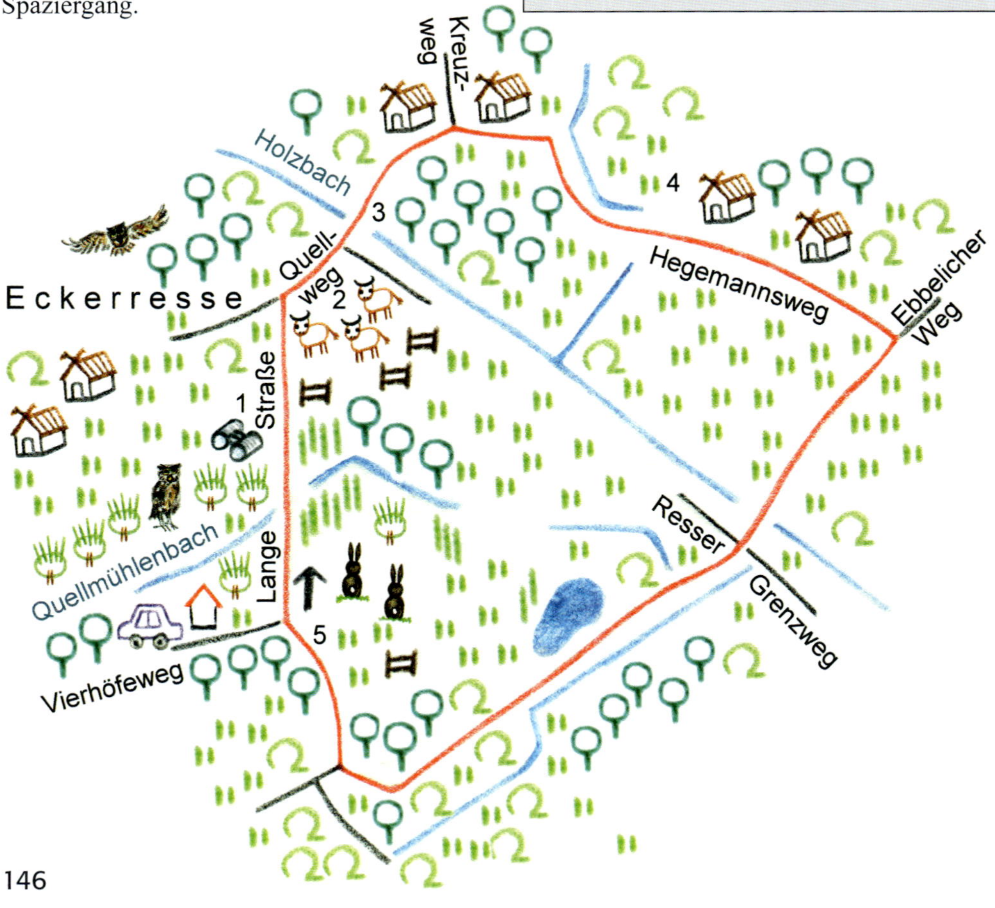

Buer schafft Kunst

Mit ihren farbenfrohen Bildern ist Elsbeth Schulze Tenberge weltweit bekannt geworden

von Ramona Vauseweh

Der Winter zeigt Farbe und viele fröhliche Gesichter, filigran streben Gebäude gegen den Himmel, hinter den Fenstern flackert warmes Licht. Menschen in zeitgenössischen Kostümen plaudern, laufen Schlittschuh, fahren Kutsche, flanieren durch Parklandschaft und Geschäftsstraßen. Nicht nur die Bueraner kennen viele dieser Bilder. Einige der Werke gingen sogar um die ganze Welt.

Ein Atelier braucht sie nicht. Ihr Arbeitsplatz ist die Wohnküche: Der Tisch beladen mit Farbtuben und Acuarellkasten, Bleistiften und Pinseln, von der Wand schauen gerahmte Bilder in den verschiedensten Größen, dicht an dicht. Für unserem Besuch unterbricht Elsbeth Schulze Tenberge eine eher ungewöhnliche Arbeit: Sie restauriert eines ihrer eigenen Bilder. Das Werk war längst verkauft und schmückte eine Wohnung, „hier hat wohl jemand zu sorgfältig sauber machen wollen", vermutet sie. Die Farbe ist nass geworden und an einigen Stellen sogar völlig verwischt. „Nun muss eine Menge dran getan werden", ahnt die Künstlerin. „So etwas ist mir vorher noch nie passiert", erklärt sie sofort. Denn jeden neuen Besitzer weist sie eigentlich darauf hin, dass die Bilder unter Glas gehören. Elsbeth Schulze Tenberge arbeitet mit Aquarell- und besonders mit Acrylfarben auf Wasserbasis sowie mit Tusche. Die Ergebnisse sind daher entsprechend feuchtigkeitsempfindlich (Abb. 1).

Abb. 1: Umgeben von eigenen Werken: Die Künstlerin an ihrem Arbeitsplatz

Abb. 2a, 2b, 2c, 2d: Mehrere Arbeitsschritte, verschiedene Arbeitsmaterialien

„Naive arbeiten im allgemeinen nicht an der Staffelei", erklärt Elsbeth Schulze Tenberge. „Die Bilder sind zu detailliert, es ist schwer, so etwas im Stehen zu malen. Gern erklärt sie ihre ganz persönliche Arbeitsweise: Jedes Bild wird mit dem Bleistift vorgezeichnet bis ins Detail. Dazu braucht man eine ruhige Hand, und die hat sie „zum Glück bis heute!" Sie fängt immer mit dem Gebäude an. Die Symmetrie der Gebäude lässt sich nur mit Hilfe eines Lineals erreichen. Anschließend wird die Farbe aufgetragen.

Nie weiß die Künstlerin vorher, wie das Bild im Ganzen aussehen wird. „Ich mache keine Skizzen", sagt sie, „für die Farben entscheide ich mich direkt beim Malen." Die Konturen zieht Elsbeth Schulze Tenberge zum Abschluss mit Tusche nach, „das gibt dem Bild Tiefe!" Sie malt mit Acryl auf Wasserbasis und mit Aquarellfarben, die sie aber kaum verdünnt, „so gleichen sich die Farbintensitäten, wenn ich beide Sorten in einem Bild verwende." Öl brauche viel Zeit zum Trocknen, und man könne nicht so genau arbeiten, wie es ihr wichtig ist (Abb. 2).

Der Heimatstadt verbunden

Kunst kennzeichnet bereits die Eingangstür. Gesichter aus Ton, „das Werk haben wir damals bei der großen Kunstauktion für das Buersche Museum[1)] erstanden", sagt sie. „Der Förderverein, Oberstadtdirektor Professor Mayer und Dr. Neufang machten sich stark für den Museumsausbau an der Horster Straße", erzählt sie. „Bei der Suche nach Sponsoren fragten sie Künstler, ob sie Werke zur Verfügung stellen, die dann versteigert wurden."

1 Das Buersche Museum wurde in den 1950er Jahren eingerichtet und in den 1980er Jahren durch einen Neubau erweitert. Der Kulturausschuss der Stadt beschloss am 27. August 2008 die Umbenennung in „Kunstmuseum Gelsenkirchen", vgl. Stadt Gelsenkirchen: Kunstmuseum Gelsenkirchen. URL http://stadt.gelsenkirchen.de/de/Kultur/kunstmuseum/ -- Dateigröße: 177 KB. – Aufnahmedatum: 17. November 2012, 17:40 Uhr. – mailto:pressestelle@gelsenkirchen.de

Abb. 3: Früh übt sich: Als Mädchen hat Elsbeth Schulze Tenberge ihre Lehrerinnen und Mitschülerinnen gezeichnet

Eine große Kunstauktion an einem Sonntag, um den Grundstock für den Bau bereitzustellen und einen entsprechenden Rahmen zu schaffen, „da war echt was los!", erinnert sie sich noch gut. „Und immer, wenn ich am Museum vorbei komme, sage ich: Drei Steine sind von mir!" Ihrer alten Heimat Buer fühlt sie sich so verbunden wie eh und je, „ich fahre jede Woche hin, habe die alten Kontakte gehalten und einige Freundinnen, mit denen ich mich regelmäßig treffe."

Seit einigen Jahren lebt die gebürtige Bueranerin in Dorsten, eher ländlich und ruhig, und das Schloss Lembeck ist nur einen längeren Spaziergang entfernt. In der Diele des kleinen Reihenhauses ein heller Bauernschrank mit Blumen, viele Bilder an den Wänden, hier aber nicht die eigenen. Drei Puppen – Gesichter und Hände sorgfältig geschnitzt aus Holz und prächtig gekleidet – bewachen den Treppenaufgang. „Das sind der Sultan und seine beiden Lieblingsfrauen", stellt Elsbeth die Gruppe im Vorübergehen vor. Einst gehörten die drei ihrem Onkel. „Heinrich Maria Denneborg[2)], er war Puppenspieler und Kinderbuchautor, er lebte in der Künstlersiedlung Halfmannshof." Da klingt Stolz heraus.

Im Haus des Onkels befanden sich überall Bilder und Skulpturen. Künstlerisches liegt durchaus in der Familie, „einige hatten und haben durchaus schriftstellerische Ambitionen, es sind aber keine Maler darunter." Der Familienkontakt war eng: „Früher hatten wir kein Geld für große Reisen", erinnert sich die Künstlerin, „in den Ferien ging es auf Besuch zum Onkel nach Gelsenkirchen auf den Halfmannshof." Die mittlere Tochter, ihre Cousine Karla, „war fast so wie meine Schwester." Schöne Erinnerungen an die Ju-

2 Heinrich Maria Denneborg (1909-1987) schrieb Geschichten und Stücke fürs Puppentheater sowie für Radio und Fernsehen. Aus seiner Feder stammt auch das Kinderbuch Jan und das Wildpferd, das mit dem Jugendbuchpreis ausgezeichnet worden ist.

gendzeit: „Alle Ateliers waren offen – Malerei, Bildhauerei, Goldschmiede – wir haben uns überall umgeschaut, haben überall zugeguckt. Was der kleinen Elsbeth damals besonders gut gefiel: „Man durfte durchaus mal was ausprobieren!" erzählt sie. Einmal hatte sie den Wunsch geäußert, „mal eine große Leinwand mit einem großen Pinsel zu bearbeiten". Der Maler Professor Eduard Bischoff „war gnädig und ließ mich bei sich malen."

Insgesamt hat sie selbst inzwischen ca. 1000 Bilder gemalt, so schätzt sie. Und sie hat aus fast jedem Jahr auch ein Bild behalten. Übung macht den Meister, so sieht sie das. Ihrem Stil war sie durch die Jahrzehnte treu und fühlt sich darin gut aufgehoben. Trotzdem, „meine Werke haben sich verändert", das kann sie nur bestätigen. Für einen genaueren Eindruck schauen wir uns frühe Bilder an. Ein Teil der Bildersammlung hängt im Kellergeschoss. Darunter auch das erste Bild, das damals von der Buerschen Zeitung in Auftrag gegeben wurde: „Der Garten Eden, das war ein vorgegebenes Thema!" Damals hat die Künstlerin noch kaum mit Tusche gearbeitet, inzwischen gehören die schwarzen Konturen zu jedem Bild. Man lernt stets dazu: „Früher habe ich mit Softstiften gearbeitet", erzählt sie, „aber die Galeristen haben mich schnell darauf aufmerksam gemacht, dass ich lichtecht arbeiten muss."

Früh übt sich

Elsbeth Schulze Tenberge ist Autodidaktin, „wie alle Naiven", sagt sie. Eine spezielle Kunstausbildung hat sie nicht absolviert und auch keine Akademie besucht. Aber gemalt hat die 71-jährige, seit sie denken kann, „und meine Eltern haben mich immer malen lassen – wenn sich andere kleine Kinder ganz andere Dinge wünschten, habe ich mir zumeist Buntstifte und Papier gewünscht", das hat sie nicht vergessen. Schon als Kind hat sie besonders gerne „große Bilder mit vielen Häusern und Menschen" gezeichnet.

„Meine Mutter war sehr kunstinteressiert und hat selbst gut gemalt", sagt Elsbeth Schulze Tenberge, „ich habe noch Bilder von ihr." Die Mutter war es auch, die Mitte der 1950er Jahre für die junge Elsbeth die Realschule der Ursulinen in Dorsten aussuchte, „eine ihrer Freundinnen war Ordensschwester bei den Ursulinen, daher die Idee!" Die bildende Künstlerin Tisa von der Schulenburg[3)] war dort Lehrerin, Kunst wurde als Fach ernst genommen. „Talent wurde durchaus als Talent erkannt und gefördert."

Elsbeth Schulze Tenberge holt eine alte Zigarrenschachtel hervor. Der Inhalt: Fein ausgeführte Figuren aus Papier, „ich habe alle meine Klassenkameradinnen gezeichnet!" sagt sie, „auch meine Anziehpuppen habe ich mir damals selbst gemalt, bis heute male ich Kleidung gerne." Gute Noten im Fach Kunst, ja, die hatte sie. Für ihre Berufswahl hatte sie die Kunst aber nie im Blick, „es war stets eine Freizeitbeschäftigung" (Abb. 3).

Nach dem Schulabschluss hat sie eine Banklehre gemacht und anschließend bei der Sparkasse und der Volksbank in Buer gearbeitet: „Der Beruf hat mir gefallen!" Aber „mit der Heirat wurde man ja damals Hausfrau", so drückt sie es aus, „doch wenn ich in meinem Beruf geblieben wäre, hätte ich nicht so viel malen können." Und sie hätte nicht so viele Bilder an die Verwandtschaft und Bekanntschaft zu verschenken gehabt – genau das aber kam ihr dann schon kurze Zeit später zu Gute.

Die Gunst der Stunde

Malen blieb die liebste Freizeitbeschäftigung, unterrichtet hat Elsbeth Schulze Tenberge aber nie, jedoch „mit den Kindern meiner Cousine Karla habe ich gerne gemalt." Bis

3 Tisa von der Schulenburg, mit vollem Namen Elisabeth Gräfin von der Schulenburg, 1903 bis 2001, Künstlerin und als Schwester Paula Ordensschwester im Orden der Ursulinen.

Abb. 4a, 4b, 4c, 4d: Motive aus Buer in Auswahl (von li.o. nach re. u.): Amtsgericht, Hochstraße, Gaststätte Rohmann, Rathhaus

Abb. 5: Gründlich recherchiert: Fachwerkensemble hinter der Urbanuskirche

eines Tages eine der Töchter nicht nur die eigenen Zeichnungen, sonder auch ein Bild der Tante mit nach Hause nahm. Ihre Mutter Karla hat das Bild der Galerie Zimmer in Düsseldorf gezeigt. Dann ging alles schnell: „Die Galerie hat sich gemeldet und gefragt, ob ich ausstellen will."

Nun war Elsbeth Schulze Tenberge als Künstlerin vertreten in einer Gruppenausstellung und die eigenen Bilder hingen neben Künstlern mit bereits bekannten Namen wie Nikifor und Generalik. Anfang der 1970er Jahre war es, gerade begann sich die Öffentlichkeit für die sogenannte Naive Kunst zu begeistern, „ein starkes Interesse an diesem Genre war erwacht", erklärt Elsbeth Schulze Tenberge, „zum Beispiel hatte die Zeitschrift HÖRZU immer ein Titelbild in diesem Stil." Sie selbst hatte, als die Galerieanfrage kam, „gerade mal vier oder fünf Bilder – für eine Ausstellung musste ich also ran und malen!" Wie oft hatte sie in all den Jahren ihre Bilder Verwandten, Freunden und Bekannten geschenkt – nun fing es an, sich zu lohnen: Denn durch die Ausstellung wurde Elsbeth Schulze Tenberge bekannt.

Nach der Ausstellung war sie in der Galerie als Ständige vertreten. „Ich hatte plötzlich lauter neue Kontakte – „Künstler sind kommunikative Leute", so hat sie es selbst erlebt. Natürlich gab es auch Ausstellungen in der Sparkasse und der Volksbank. Es folgten die ersten Presseberichte: Buersche Zeitung, Westdeutsche Allgemeine Zeitung, Ruhrnachrichten, Recklinghäuser Zeitung, „damals gestalteten Klaus und Angela Lamza dort das Feuilleton – die beiden waren selbst Sammler naiver Kunst." Eine gute Beziehung entwickelte sich auch zu Amelie Bauer, „aus dem Kontakt ist eine persönliche Freundschaft entstanden." Die Buersche Zeitung hatte darüber hinaus sehr früh angefragt, um ein Bild der Künstlerin in die Ausgabe zu nehmen.

Motiv-Varianten

Das Bild kam sehr gut an, beim Verlag und seinen Lesern. Es wurde dann als Karte und Poster angeboten und fand guten Absatz. So folgte jedes weitere Jahr ein neues Bild: „Diese Bilder besitze ich nicht selbst, sie gehören alle Kurt Bauer!" Die Motive kamen in allen folgenden Jahren aus Buer: Schloss Berge, die Hochstraße, die Urbanuskirche, Gasthof Rohmann, das Rathaus. Der Rathausturm mit seinem mehr als 100 Jahren ist das neueste Gebäude, das sie bisher gemalt hat, vermutet Elsbeth Schulze Tenberge. Moderne Gebäude zu malen, dass reizt sie nicht – allein schon, weil sie auch ihre Figuren in historischen Kostümen abbildet (Abb. 4).

Jedes Bild vermittelt das Flair vergangener Tage, die Menschen sind zu Fuß oder mit dem Schlitten, zu Pferd oder zu Fuß unterwegs und daher entsprechend zeitgenössisch gekleidet. „Für einen harmonischen Gesamteindruck sind durchaus Recherchen notwendig", erklärt die Künstlerin. In Bildbänden informiert sie sich über die jeweilige Mode, „die Kleider sollen zum Gebäude und zur Zeit passen!" Das sei wichtig für die Gesamtstimmung des Bildes: „Ich bin nicht der Nostalgie verhaftet, aber das Bild soll stimmig sein, und durchaus die alte Zeit aufleben lassen."

Um möglichst detailgetreu zu arbeiten, zieht Elsbeth Schulze Tenberge durchaus ab und an einen alten Stich zu Rate oder informiert sich anderweitig über die alte Bausubstanz. „Ich habe ein Fachwerkhaus-Ensemble bei der Urbanuskirche dargestellt, das aber leider längst abgerissen ist", sagt sie, „das lässt sich nicht frei gestalten, sondern ist durchaus historisch fundiert – da gäbe es sonst immer einige alte Bueraner, die sich melden würden!" (Abb. 5)

Abb. 6a und 6b: Münsteraner Motive in Auswahl: Erbdrostenhof und Rathaus

Eines ihrer Lieblingsmotive ist das Rüschhaus. „Ein magischer Ort“, sagt sie. Elsbeth Schulze Tenberge hat es inzwischen schon oft in den verschiedensten Farben und Situationen dargestellt. Manchmal sei dann auch Annette von Droste Hülshoff mit auf dem Bild. „Beim Zeichnen der Gebäude bekommt man zumindest ein wenig von der Genialität eines Schlaun[4] oder anderer Architekten zu spüren“, so empfindet es die Künstlerin. Die Schönheit dieser Gebäude will sie erhalten und legt großen Wert auf Genauigkeit (Abb. 6).

Alte Dörfer und Bauernhöfe seien zum Glück im Münsterland noch viele erhalten, „das liegt einem als westfälisches Geblüt auch am Herzen“, und halten auch für die Zukunft noch viele Motive bereit. Ihre Motive sind der naiven Malerin mehr oder weniger gut vertraut: Schloss Berge, „das kann ich aus dem Kopf, dazu brauchte ich keine Vorlage“, sagt sie und lacht, „ich habe eine Zeitlang in Obererle gewohnt und war immer mit dem Hund im Schlosspark spazieren.“ Schloss Berge, „das habe ich sogar schon einmal mit modern gekleideten Menschen gemalt!“

Der Zauber der Farben

Frühling und Winter ist es auf den Bildern, ganz selten einmal Herbst oder Sommer. Schneeflocken, Blütentupfen – alle werden einzeln per Hand aufgetragen –„das ist der einfachere Teil der Arbeit, sozusagen kleine Verschnaufpause beim Malen“, sagt die Künstlerin. Die kalte Jahreszeit gibt sich bei Elsbeth Schulze Tenberge immer farbenfroh. Im Winter 2009 betiteln die Westfälischen Nachrichten ihren Artikel über die aktuelle Ausstellung von Elsbeth Schulze Tenberge mit „Heile Welt in leuchtenden Farben“[5]. Die Winterkälte wird stets aufgefangen in warmen Tönen: Das Gelb in den Fenstern lässt statt Glühbirnen und Neonröhren Kamin und Kerzenlicht assoziieren. Warmes Tannengrün zeigt Weihnachtsfreude. Die zarten Pastellfarben betonen die filigran ausgeführten Fassaden, stützen den Eindruck winterlicher Kälte und tragen den Frost über den Bildrand hinaus.

Zurzeit ist Elsbeth Schulze Tenberge mit einer Auftragsarbeit beschäftigt: Ein Bild von Schloss Lembeck. Ebenfalls ein durchaus vertrautes Motiv. Seit einigen Jahren wohnt Elsbeth Schulze Tenberge im alten Dorf Wulfen, 20 Minuten zu Fuß vom Schloss entfernt. Graf Merfeld hat auch ein Bild von Lembeck von ihr, ein Winterbild, „das hängt im Schloss“, aber dieses wird nun ein Sommerbild. „Es handelt sich zwar um das selbe Gebäude – aber alles andere wird ganz anders: Die Menschen, die Tiere, die Farben“, sagt sie, „das macht es besonders reizvoll: Besonders die andere Farbwahl verändert das Motiv, es bekommt eine ganz andere Ausstrahlung.“ Schloss Ahaus in Blau oder in Gelb – das habe eine völlig andere Wirkung.

Farben sind für Elsbeth Schulze Tenberge „das A und O“, wie sie sagt. „Sie drücken Kraft und Lebensfreude aus.“ Denn genau das wünscht sie sich, dass ihre Bilder durchaus Freude und Positives vermitteln. Besonders die Auftragsbilder mit den Buer-Motiven für die Buersche Zeitung[6] für die erste Seite der Weihnachtsausgabe zeigen viel Blau. „Das liegt wohl auch am Thema, es sind ja Winterbilder – meine wenigen Sommerbilder habe ich durchaus mit sehr viel Grün gestaltet“, unterscheidet sie. Andererseits, „ich hatte durchaus schon eine regelrechte Blau- bzw. eher Türkis-Phase“, gibt sie zu. Eine Farbe

4 Johann Conrad Schlaun, 1695 bis 1773, war ein deutscher Baumeister, Architekt und Militär des Barock.

5 Winkler-Borck, Sigrid: Heile Welt in leuchtenden Farben : Galerie van Almsick zeigt bis 23. Dezember Weihnachtsausstellung „Die Naiven dieser Welt“. In: Westfälische Nachrichten, 23. November 2009

6 Die Weihnachtsbilder für die Buersche Zeitung erschienen in den Jahren 1974 bis 2006, dann gestaltete Elsbeth Schulze Tenberge noch zwei weitere Wintermotive für die Recklinghäuser Zeitung.

Abb. 7: Diese Karte ging um die Welt: Weihnachten auf dem westfälischen Bauernhof

mit geradezu mystischer Wirkung, „zauberhaft“ wie sie selbst sagt. „Auch bei meine Kleidung dominierten zu dieser Zeit Blau und Türkis“, hat sie festgestellt.

Bis ins kleinste Detail

Detailverliebt ist jedes der Werke, und zwar bis hin zum Bildrand: Zwei Jungen, die sich ausgelassen im Schnee balgen. Kinder, die mit einem Reifen spielen. Der Krug, der umgestülpt über einer Zaunlatte zum Trocknen hängt und vergessen wurde – selbstverständlich mit einem winterlichen Schneehäubchen versehen. All zu viel Fantasie braucht man nicht, um die kleinen Geschichten in den Bildern zu spüren.

Jedes Werk hat sein Thema: Hochzeit, Jagdgesellschaft, Schlittschuhläufer, Weihnachten auf dem Bauernhof. Dazu viele Einzelszenen in den Bildern. So manchen erinnern die Bilder möglicherweise an die sogenannten Wimmelbilder[7]. Den Blick verweilen lassen und genau hinschauen lohnt sich, es gibt viel zu entdecken. Der Journalist Norbert Ruhnau hat es in einem Zeitungsartikel treffend in Worte gefasst:

„Es ist schon jede Menge los auf den Bildern von Elsbeth Schulze Tenberge: Elegant gekleidete Spaziergänger promenieren dort durch idyllische Landschaften, und geschwätzige Wäscherinnen treffen sich am plätschernden Marktbrunnen, da sieht man berittene Jägersleute mit ihren Hunden vor einem prächtigen Schloss die Jagd verblasen, und eine bunte Kinderschar vergnügt sich auf winterlich ver-

7 Wimmelbilder sind großformatige Bilder, die sich aus vielen kleinen Szenen zusammensetzen. Diese Bilder haben ihre Väter in der „großen“ Kunst bei Malern wie Hieronymus Bosch und Pieter Brueghel dem Älteren.

schneiten Hügeln. Man muß sich schon Zeit lassen, um die vielen, liebevoll gestalteten Szenen eines jeden Bildes wahrzunehmen."[8]

Tiere beleben jedes Bild: Zwei kleine grüne Enten am Teich oder ein prächtiger Pfau im Schlosspark, die schwarze Katze, die aufmerksam ein paar Vögel in der Dachrinne beobachtet, zwei Hunde, die heftig um einen Knochen streiten. Und Hunde gehören auch zum Leben der Künstlerin, „schon meine Mutter hatte einen Dackel". Zur großen Freude der kleinen Großcousinen hat Elsbeth damals auf jedem Bild ihrem Hund Blacky einen Platz gegeben. So wurde jedes Motiv zum Suchbild und der schwarze Pudel sozusagen ein kleiner Glücksbringer: „Als ich bekannter wurde, lautete eine Titelzeile von damals ‚Blacky bellt für Kinder'", erinnert sich Elsbeth Schulze Tenberge. „Mein nächster Hund war ein weißer West Highland Terrier – der war dann nicht mehr so winterbildgeeignet", sagt sie und lacht.[9]

Bilder auf Reisen – Ausstellungen im In- und Ausland

Bilder von Elsbteh Schulze Tenberge hingen bereits im Gelsenkirchener Hans-Sachs-Haus. In Essen hat sie ihre Werke bei Tina Belz präsentiert, unter anderem mit einem klassischen Essener Motiv, der Villa Hügel im Grünen, davor fröhliche Menschen. „Auch Familie Krupp hat die Ausstellung besucht", erzählt Elsbeth Schulze Tenberge, „Frau Krupp entdeckte das Bild, rief: ‚Da sind wir ja alle drauf!' und freute sich."

„In Köln hat Marianne Kühn[10] Bilder von mir gezeigt", sagt sie, „sie stellte ausschließlich Naive aus." Heute gäbe es keine Galerien mehr, die nur Naive ausstellen – „es wird durchaus noch in diesem Stil gearbeitet, aber die meisten Alten von damals sind tot, für eine Galerie ist schwer, eine ganze Ausstellung Naive zusammenzubekommen."

In den späten 1970er Jahren reisten 26 Werke in die größte Stadt Kanadas. „Die Frau eines Mitarbeiters meines Mannes war aus Toronto", erklärt Elsbeth Schulze-Tenberge, „sie schickte ihren Eltern immer die Weihnachtskarten, die ich gestaltet habe." Den Eltern gefielen die Karten wohl sehr, sie zeigten die Motive einer Galeristin und ein neuer Kontakt war geschlossen. Kurze Zeit später wurden Werke von Elsbeth Schulze Tenberge in der Gallery Danielli ausgestellt, „sie hat eine sehr gute Klientel." Bei der Ausstellung war der deutsche Generalkonsul Hans B. Röder unter den Gästen, „er sorgte dafür, dass die Bilder im Anschluss auch durch Südamerika zogen."

Das Goetheinstitut hatte sich nach der Ausstellung in Toronto der Bilder angenommen. Zunächst reiste die Kollektion in die Galerie Kahan Esikoff, eine spezielle Naivengallerie an der Madison-Avenue nach New York und anschließend durch Südamerika. „Die Bilder waren ein gutes Jahr unterwegs, bis ich sie zurück hatte."

Der erste Schritt zur internationalen Karriere war gemacht. Auf der Bilder-Tournee hatte auch ein führender UNICEF-Mitarbeiter die Motive entdeckt: „Nachts klingelte bei uns das Telefon und ich habe noch überlegt, ob

8 Ruhnau, Norbert: „Bildgewordene Träume" in der Eper Galerie : Elsbeth Schulze Tenberge stellt Werke aus. In: Westfälische Nachrichten, 24. Dezember 1987

9 Auf der Suche nach Blacky: Auf der UNICEF-Postkarte (Abb. 7) begrüßt der kleine Pudel im Vordergrund einen Mann, der Geschenke bringt. In diesem Beitrag ist er darüber hinaus auf zwei weiteren der abgebildeten Werke zu sehen: Vor dem Rathaus Buer tummelt der schwarze Hund sich zu Füßen der Menschenmenge, vor dem Rathaus Münster begleitet er ein Paar dicht vor den Rathausarkaden.

10 Marianne Kühn, 1914-2005, war Politikerin und die Ehefrau des ehemaligen nordrhein-westfälischen Ministerpräsidenten Heinz Kühn. Nach ihrer politischen Laufbahn wurde sie als naive Malerin und Kunstmäzenatin bekannt, betrieb selbst eine Galerie und sammelte Kunst.

ich überhaupt abhebe“, erinnert sich die Künstlerin. „Auf Englisch stellte sich jemand vom Kinderhilfswerk der Vereinten Nationen vor und fragte mich, ob ich ein Werk für eine ihrer Karten zur Verfügung stelle.“ (Abb. 7)

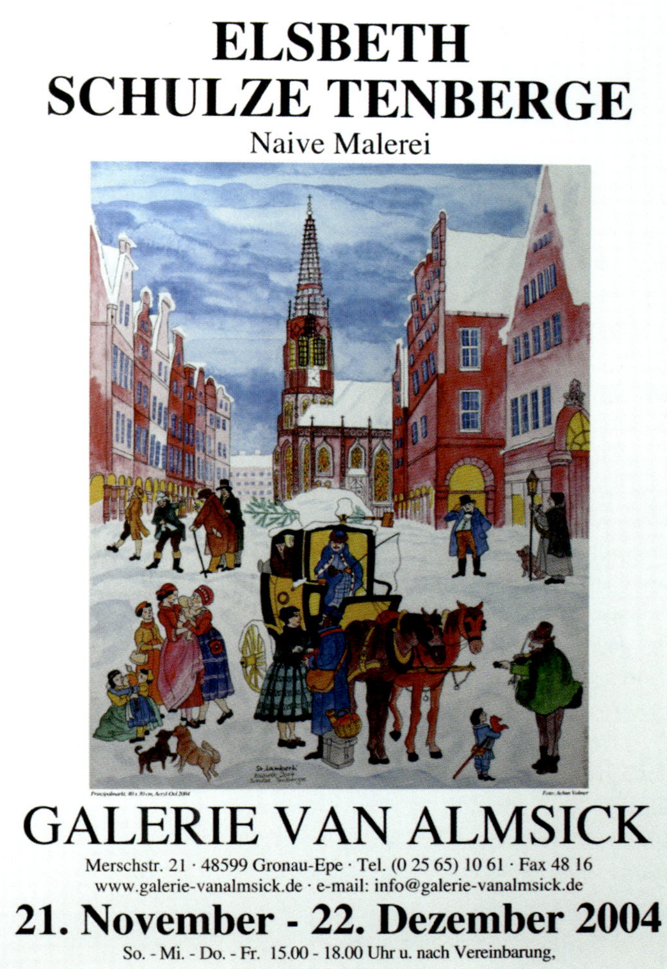

Abb. 8: In der Galerie van Almsick werden Elsbeth Schulze Tenberges Bilder seit den 1970er Jahren ausgestellt.

Weihnachten auf dem westfälischen Bauernhof hat Elsbeth Schulze Tenberge für die Weihnachtskarte in Farbe gebannt. 69 Millionen Stück wurden in die ganze Welt verschickt., eine weitere Weihnachtskarte folgte 1980 und 1982 ein Porzellanservice für UNICEF und ein Kalender vom Wiechmann-Verlag. Insgesamt hat das Kinderhilfswerk der Vereinten Nationen 270 Millionen Postkarten mit Motiven von Elsbeth Schulze Tenberge weltweit verkauft. Ein Motiv für UNICEF gestalten, „das war selbstverständlich ehrenamtlich.“ Aber nun wurde die Presse richtig aufmerksam. Artikel erschienen in der Welt am Sonntag und in der Bild, „das Ganze wurde zum Selbstläufer.“ Auf Grund der Motive gab die Zeitung Die Welt ihr den Titel „Botschafterin Westfalens“.

Eins nach dem anderen

Genau so, wie sie die Farben nach einander aufträgt, malt Elsbeth Schulze Tenberge auch ihre Bilder eins nach dem anderen – „ich arbeite nie an mehreren Bildern gleichzeitig, sonst kommt man mit den Farben durcheinander“, sagt sie, „fünf anspruchsvolle Bücher lassen sich auch kaum nebeneinander lesen – da kommt man mit den Personen durcheinander.“ Und: „Beim Malen eines Bildes ergibt sich die Idee für das nächste.“

Wir sitzen in der gemütlichen Wohnküche. Auch Hundedame Mimi kommt herbei und freut sich über ein paar Streicheleinheiten. Im Moment ist ein wenig Zeit. Bei Druck arbeitet die Künstlerin durchaus schneller, „das brauchte ich durchaus manchmal auch“, gibt Elsbeth Schulze Tenberge zu. „Vor Ausstellungen bin ich immer besonders aktiv“, hat sie festgestellt. Es kommt schnell vor, dass sie bis in die Nacht hinein malt, „nicht nur wegen des Zeitdrucks und einer nahenden Ausstellung“, betont sie, „ich vertiefe mich völlig in das Bild – manchmal bin ich selbst so fasziniert und will sehen, wie das Ganze schließlich aussieht.“ Denn sie hat die Bilder nicht vorher im Kopf, jedes Motiv entwickelt sich bei seiner Entstehung. Zwischen den Nächten zwischen Farben und Pinseln gibt es durchaus „müde“ Phasen, „da kümmere ich mich gerne um meinen Garten“, sagt sie, „allerdings“, wendet sie gleich ein und lächelt dabei: „Auch da arbeitet man mit Farben!“

Die nächste Ausstellung kommt bestimmt. „Seit 35 Jahren bin ich der Galerie van Almsick eng verbunden“, freut sich die Malerin. Auch diese Verbindung fast schon ein glücklicher Zufall: „Die Galerie eröffnete 1977 und ein Verwandter von mir hatte dort eins meiner Bilder gezeigt“, weiß sie noch gut; „der Galerist war auf der Suche nach Werken für eine Weihnachtsaustellung und meldete sich bei mir. Die Galerie ist ansässig in Gronau-Epe, „durch die Nähe zu den Niederlanden male ich auch immer wieder Motive wie Windmühlen und Höfe von dort.“ (Abb. 8)

Die Künstlerin fühlt sich gut aufgehoben bei „ihrem“ Galeristen, „er steht nicht unter dem sonst oft üblichen Verkaufsdruck, bemüht sich sehr um Künstler und Gäste“, sagt sie. Ausstellungen machen Spaß – „die Besucher und Künstler kommen zumeist schnell ins Gespräch“, so hat sie das bis heute wahrgenommen. „Georg van Almsick veranstaltet auch Lesungen und Konzertabende, sorgt gleichermaßen für kulturelles Programm wie auch für das leibliche Wohl seiner Gäste und hat guten Zulauf. Bei van Almsick seien Nikifor und sie die einzigen Naiven, van Almsick vertrete sonst auch völlig andere Richtungen. Arbeiten von Miró über Picasso bis Chagall werden gezeigt – hier ist man als Künstlerin in bester Gesellschaft.

INFOKASTEN
Galerie Georg van Almsick

Merschstraße 21
48599 Gronau-Epe

Telefon: +49 (0) 25 65 / 10 61
Handy: +49 (0) 1 71 / 12 66 344
Fax: +49 (0) 25 65 / 48 16

Web: http://www.galerie-vanalmsick.de/
Mail: info@galerie-vanalmsick.de

50 Jahre Ingenieurausbildung in Gelsenkirchen

Von der Ingenieurschule zur Fachhochschule

von Wolfgang L. Rüdiger

Als im Oktober 1962 die ersten 35 Studierenden der soeben in Gelsenkirchen-Buer gegründeten „Staatlichen Ingenieurschule für Maschinenwesen“ in den provisorischen Räumen der „Georg-Kerschensteiner-Schule“ an der Goldbergstraße ihr Studium des Maschinenbaus, Abt. Konstruktionstechnik, aufnahmen, konnte niemand ahnen, was sich in den nachfolgenden Jahrzehnten aus dieser kleinen Zelle mit drei Klassenräumen und einem Büro entwickeln würde. In dem Büro wirkten Oberbaurat Erich Müller (als Gründungsdirektor) und ein Verwaltungsbeamter. Zum Sommersemester 1963 kamen dann 35 Studierende des Maschinenbaus neu hinzu. Die nunmehr 70 Studierenden mussten sich mit dem wenigen Platz in den Klassenräumen begnügen, der jedoch für den seminaristischen Unterricht in den Grundlagenfächern zunächst ausreichte. Zum Wintersemester 1963/64 wurde die Abt. Fertigungstechnik eingerichtet. Im Oktober 1964 startete schließlich das Studium der Elektrotechnik mit der Abt. Allgemeine Elektrotechnik.

Dieser Anfang verwirklichte, was der Erlaß vom 24. März 1961 des damaligen Kultusministers Schütz bestimmte: Gelsenkirchen-Buer wird Standort einer dreizügigen Ingenieurschule mit den Fachrichtungen Maschinenbau und Elektrotechnik.

Mit der amtlichen Bezeichnung „Studierende“ wurden die zum Studium Zugelassenen von den „Studenten“ an wissenschaftlichen Hochschulen unterschieden; denn die Ingenieurschulen unterstanden der Aufsicht durch die Schulabteilungen bei den zuständigen Regierungspräsidenten. Die intern „Dozenten“ genannten Lehrenden begannen ihren „Unterricht“ als „Baurat im Ingenieurschuldienst“ und konnten dann später über Oberbaurat, Baudirektor bis zum Oberbaudirektor aufsteigen.

Es war die Zeit der Gründung von über 30 Ingenieurschulen in ganz NRW.

Pünktlich zum Wintersemester 1964/65 war der Umbau des ehemaligen Berglehrlingsheimes neben der Schachtanlage „Hugo Ost“ an der Ressestraße beendet. Durch Entfernung von Wänden zwischen den einzelnen Zimmern entstanden Semesterräume. In die ausgeräumte Küche mit ihren Nebenräumen zog die „Normenstelle“ ein, welche sicherstellte, dass stets die neuesten DIN-Normen für die Lehre verwandt wurden. Der große Ess-Saal wurde ein willkommener Konstruktionssaal, der mit neuesten Arbeitstischen, in denen ein sog. Reißbrett integriert war, ausgerüstet wurde. Damit konnten jedem „Maschinenbauer“ in den unteren Semestern ein persönlicher Arbeitsplatz zugeteilt werden, der auch in den Nachmittagsstunden zur Verfügung stand.

Jetzt endlich begann auch die Einrichtung von Laboratorien für Physik, Chemie und Werkstoffkunde/Werkstoffprüfung, deren Planung durch die Fachdozenten bereits anfing, als die Raumpläne für den Umbau vorlagen. Die Kellerräume des Berglehrlingsheimes boten guten Platz für eine kleine, aber unverzichtbare mechanische Werkstatt („Schlosserei“), deren Maschinen (Dreh-, Fräs-, Bohr- und Schleifmaschinen) zugleich die Basis für das später zu vervollständigende Werkzeugmaschinenlabor darstellten und unmittelbar nach Aufstellung bereits im Lehrbetrieb für die Studierenden des Maschinenbaus eingesetzt wurden. Zeitgleich entstanden die ersten Versuchsaufbauten für die elektrischen Maschinen. Mit großer Hingabe haben Dozenten und die inzwischen eingestellten Mitarbeiterinnen in der Verwaltung sowie die „fachpraktischen Mitarbeiter" aus der Besonderheit dieses Provisoriums das Bestmögliche gemacht.

Nach dem Umzug war nun auch Platz für die Aufnahme der Studierenden in den inzwischen differenzierten Studiengängen: Der Studiengang Maschinenbau mit den Studienrichtungen Konstruktionstechnik (MK) und Fertigungstechnik (MF), der Studiengang Elektrotechnik mit der Studienrichtung Allgemeine Elektrotechnik (EA). Entsprechende erste Abteilungsleiter wurden von der Ingenieurschule Essen (für den Maschinenbau Oberbaurat Steinhausen) und Ingenieurschule Dortmund (für die Elektrotechnik Oberbaurat Grießl) nach Gelsenkirchen-Buer versetzt. Mit der stetigen Zunahme der Zahl der Studierenden ging auch die Zunahme des Lehrpersonals einher. Es wurde aus Dipl.-Ing.'en oder Dr.-Ing.'en mit einer mindestens fünfjährigen hauptberuflichen und einschlägigen Praxis außerhalb der Hochschule gewonnen. Sie wurden in der Regel als „Baurat z. A." (zur Anstellung) für ein Probejahr eingestellt und nach erfolgreicher Einarbeitung als „Baurat i. Ingenieurschuldienst" ins Beamtenverhältnis auf Lebenszeit übernommen. Ein erfahrener Kollege wurde in dieser Zeit jedem Anfänger als Mentor beigestellt, der auch am Ende des Probejahres eine Beurteilung abzugeben hatte.

Die Immatrikulation erfolgte jeweils zum Winter- und Sommersemester; d. h. es wurden für die drei Studienrichtungen MK, MF und EA zweimal jährlich je 35 Studierende aufgenommen. Bei einem sechs-semestrigen Studium führte dies insgesamt zu einer Nennzahl von 630 Studierenden. Für diese Anzahl reichte dann auch das Berglehrlingsheim nicht mehr aus. Der Ausweg: Für die unteren Semester mussten die Räume der ehemaligen Berufsschule an der Brinkgartenstraße einschließlich zweier Pavillons auf dem Schulhof aktiviert werden; sogar einige Räume im Souterrain der Pfefferackerschule wurden durch die Ingenieurschule genutzt. Zusammen ergaben sie das „Provisorium II", zu dem die Lehrenden vom nun „Provisorium I" genannten Berglehrlingsheim „pendeln" mussten.

Drei Studienrichtungen mit 630 Studierendenzahl setzt jedoch voraus, dass alle Studierenden jeweils die Zulassung zum nächsthöheren Semester bzw. zum Studienabschluss erhalten. Andernfalls müssen die Nichtzugelassenen das Semester wiederholen und bewirken somit eine Überschreitung der Nenn-Studierendenzahl des aufrückenden Semesters. Für diese Studierendenzahl standen im SS 1967 nur 27 Lehrende zur Verfügung, was ein Betreuungsverhältnis von 1 : 32 bedeutete.

Der Unterricht wurde in 39 Semesterwochen je Studienjahr an sechs Tagen in der Woche erteilt (Okt-Feb; Apr-Jul). Da jedem Baurat ein unterrichtsfreier „Studientag" zustand, reichte bei dem vom Regierungspräsidenten vorgegebenem Curriculum und der Wochen-Lehrverpflichtung von 24 Stunden (häufig als Doppelstunde erteilt) die normale Lehrkapazität nicht aus, was zur Folge hatte, dass die meisten Lehrenden „Mehrarbeit" bis zu sechs Wochenstunden erbringen mussten.

Am Ende des Sommersemesters 1965 wurden die ersten 31 Maschinenbau-Ingenieure mit einer Feierstunde verabschiedet. Die meisten von ihnen hatten bereits einen Arbeitsplatz – in Baden-Württemberg. Es war die Zeit, als über dem Ruhrgebiet viele schwarze Fahnen wehten, die den Rückgang des Bergbaus signalisierten und als Folge davon die hiesigen Ingenieurarbeitsplätze fehlten. Einer dieser Absolventen arbeitete später als Vorstandmitglied eines bekannten Stuttgarter Auto-

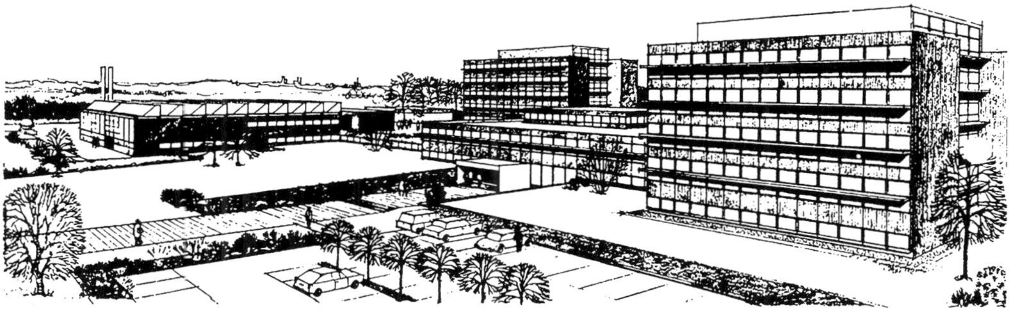

Abb. 1: Neubau 1971

mobilherstellers. Die Semestertreffen dieser Absolventen fanden später regelmäßig im Großraum Stuttgart statt.

Dem weitergehenden Bildungsauftrag der Ingenieurschulen entsprachen die ab 1965 eingeführten „Allgemeinwissenschaftlichen Seminare", an denen die Studierenden verpflichtend teilnahmen, wobei sie über den „technischen Tellerrand" in Bereiche wie Kunstgeschichte, Sprachen, Wirtschaftsrecht, Ökologie, Wirtschafts- u. Sozialpolitik usw. hineinschauen konnten. Höhepunkte im Studienjahr waren die ‚Besinnungswochenende' für Studierende und Dozenten im „Haus der Begegnung" der EKD in Mülheim/Ruhr, die zum Teil gemeinsam von der ESG (Evangelische Studentengemeinde) und der KSG (Katholische Studentengemeinde) ausgerichtet wurden.

Schon sehr bald erkannte man, dass die Provisorien I und II auf die Dauer nicht tragbar waren, zumal in den technisch anspruchsvollen Fächern die personellen und apparativen Behelfe nicht mehr mit einem qualitätsvollen Unterricht vereinbar waren. Ein Neubau musste her!

Von der Fachhochschule zur heutigen Hochschule

Bereits am 31. Oktober 1968 haben die Ministerpräsidenten der (damaligen) Bundesrepublik ein Abkommen über die Errichtung von Fachhochschulen mit dem Ziel beschlossen, den Ingenieurschulen einen neuen Status zu geben und sie aus dem sekundären Schulsystem herauszunehmen, was gleichzeitig die Herauslösung aus dem starren schulrechtlichen Rahmen einer „höheren Fachschule" bedeutete. Darüber hinaus sollte in Erkenntnis der EWG-Entwicklung damit auch eine Gleichwertigkeit der Ingenieurschulabschlüsse mit vergleichbaren ausländischen Abschlüssen erreicht werden, so dass sie nicht mehr international denen eines Technikers gleichgesetzt werden konnten.

Die befürchteten Nachteile der künftigen Ingenieurabsolventen äußerten sich 1968/69 in massiven, zum Teil von „Semesterstreiks" unterstützten Forderungen nach Aufwertung der Ingenieurschulen und ihrer Abschlüsse durch Anhebung z. B. in den Status einer Akademie. Ein erster Schritt war die Einführung einer mit zusätzlichem Zeitaufwand zu erstellenden Abschlussarbeit im ‚7. Semester'. Verbunden damit gab es daher beim Studienabschluss jetzt die neue Berufsbezeichnung „Ing.(grad.)", den graduierten Ingenieur.

Die Entwicklung in NRW führte schließlich zum „Gesetz über die Fachhochschulen des Landes NRW (FHG)", welches der Landtag am 29. Juli 1968 verabschiedete. In diesem Gesetz wurde die Gründung von Fachhochschulen zum 1. August 1971 bestimmt. Erst das „Gesetz über die Errichtung der Fachhochschulen in NRW (FHEG)" vom 8. Juni 1971 – also zwei Monate vor Gründung der

Fachhochschulen – legte die Neuordnung mit der Zusammenfassung von Ingenieurschulen und anderer vergleichbarer Einrichtungen fest und erklärte sie zu eigenständigen Einrichtungen des Landes NRW in Form einer „Körperschaft des öffentlichen Rechts“. Aufsichtsbehörde war von nun an das Ministerium für Wissenschaft und Forschung des Landes NRW. Die bis dahin als sog. „Dozenten“ bezeichneten Lehrer erhielten jetzt die Amtsbezeichnung „Fachhochschullehrer“ und waren ab Dezember 1973 „berechtigt, neben der Amtsbezeichnung die Bezeichnung ‚Professor‘ zu führen.“ (Urkunde mit Unterschrift des Ministers für Wissenschaft und Forschung des Landes Nordrhein-Westfalen, Johannes Rau) Der Begleiterlass enthält folgenden Hinweis: „Beim Ausscheiden aus Ihrem derzeitigen Amt endet die Berechtigung, die Bezeichnung ‚Professor‘ zu führen; dies gilt nicht beim Eintritt in den Ruhestand.“

Am 1. August 1971 wurden demnach die Ingenieurschulen in Recklinghausen (Bauwesen), Gelsenkirchen-Buer und Bochum (Maschinenwesen) sowie die Höhere Wirtschaftsfachschule in Bochum zur „Fachhochschule Bochum“ zusammengefügt. Der Studienort Gelsenkirchen-Buer wurde die „Abteilung Gelsenkirchen der FH Bochum“, der Studienort in Recklinghausen eine Außenstelle der Abteilung Bochum. Diese ging mit Errichtung des FH-Neubaus in Bochum neben der Ruhr-Universität in die neuen Räume über. Nach dem beauftragten Gründungsrektor Türck konnte der Konvent erstmalig den Rektor der „Fachhochschule Bochum“ (aus der Abteilung Bochum Prof. Königsbüscher) und den Prorektor als sein Stellvertreter (aus der Abteilung Gelsenkirchen Prof. Dipl.-Ing. Rüdiger) für die Amtsperiode vom 15. 03.1976 bis 14.03.1980 wählen.

Es entstanden mit dem Datum 01.08.1971 insgesamt 16 staatliche und sechs private Fachhochschulen. Sie sollten im Rahmen einer akademischen Ausbildung besonders den durch den technischen Wandel entstandenen Ingenieurbedarf durch eine qualitativ hohe und praxisnahe Lehre abdecken.

Zeitlich parallel zur Ausformung der Fachhochschulpläne verliefen die Neubauplanungen für Gelsenkirchen-Buer. Sie begannen nicht nur für den hiesigen Standort, sondern auch für die übrigen neuen Ingenieurschulen mit einem landesweit einheitlichen Rastermaß, welches erlaubte, die je örtlichen Raumpläne individuell und schnell zu verwirklichen. So startete in der zweiten Hälfte der 1960er Jahre der Neubau der „Staatlichen Ingenieurschule für Maschinenwesen“ an der Neidenburger Straße, der 1970 bezogen wurde und in seiner großzügigen Ausgestaltung genügend Freiraum für die wachsende Studentenzahl durch neue Fachbereiche und Studienrichtungen bot. Bei den Maschinenbauern war die Anordnung von Semesterraum und dem daneben liegendem Konstruktionssaal mit Zeichentischen, die jedem Studierenden einzeln zugeteilt wurden, schon fast luxuriös zu nennen. Die Gebäude für die Abteilungen Maschinenbau und Elektrotechnik einschließlich der Physik- und Chemielaboratorien gruppierten sich um den Großen Hörsaal mit ansteigenden Stuhlreihen mit zusammen 630 Plätzen, Filmvorführkabine, absenkbarer Leinwand und drahtloser Übertragungsanlage. Ein angeschlossener großer eingeschossiger Hallenkomplex nahm die übrigen Laboratorien auf; das Isotopenlabor erhielt ein isoliert stehendes Gebäude.

Der Große Hörsaal erwies sich als gern genutzte Stätte für größere Veranstaltungen außerhalb der Ingenieur- und später der Fachhochschule. In diesem Hörsaal fanden u.a. auch mehrmals Mitgliederversammlungen des Fußballvereins „FC Schalke 04“ statt.

Das bundesweit geltende „Hochschulrahmengesetz (HRG)“ vom 30.01.1976 hob die

Fachhochschulen auf die gleiche tertiäre Ebene wie die übrigen Hochschulen. Dazu heißt es im § 1: „Hochschulen ... sind die Universitäten, die Pädagogischen Hochschulen, die Kunsthochschulen, die Fachhochschulen ...“ Dazu gehörten die Freiheit von Forschung und Lehre, die akademische Selbstverwaltung sowie die „Pflege und Entwicklung der Wissenschaften durch Forschung, Lehre, Studium und Weiterbildung ... Sie bereiten auf berufliche Tätigkeiten vor, die die Anwendung wissenschaftlicher Erkenntnisse und wissenschaftlicher Methoden ... erfordern.“ Gleichzeitig wird in § 18 bestimmt, dass den FH-Absolventen der Diplomgrad „Dipl.-Ing. (FH)“ verliehen wird. Für die Umsetzung haben die Hochschulen zwei Jahre Zeit. Ebenso erhielten sie den ausdrücklichen Auftrag zur Forschung als eigenständige Aufgabe.

Damit einher ging die gesetzlich vorgeschriebene Neuordnung von Studium und Lehre. Die Regelstudienzeit wurden auf höchstens vier Jahre (acht Semester) festgelegt, aufgeteilt in Grundstudium und Hauptstudium, und verlängert um die Zeit für die nunmehr „Diplomarbeit“ genannte Abschlussarbeit mit mündlicher Prüfung. Ein wesentlich neues Element im Studienablauf war das „Praxissemester“ während des Hauptstudiums, welches den Studenten je nach ihrer gewählten Fachrichtung einen vertieften, verstehbaren Einblick in das betriebliche Geschehen eines Unternehmens ermöglichte und somit die Verbindung mit den bis dahin im Studium erworbenen Fachkenntnissen herstellte.

Nach Anpassung des FHG an das Hochschulrahmengesetz (HRG) wurden die neuen im FHG vorgegebenen Hochschulorgane Rektorat, Senat, Konvent und Fachbereiche 1980 durch Wahlen bestimmt, an denen die Professoren, Mitarbeiter und Studenten als je eigene Gruppen teilnahmen. Sie wählten aus ihrer Mitte jeweils den Rektor (zugleich Senatsvorsitzender), die Prorektoren für Lehre und Studium, für Forschung und Entwicklung und für Finanzen, den Konventsvorsitzenden, die Fachbereichsleiter, die später „Dekane“ genannt wurden, und je einen Abteilungsleiter für Bochum und Gelsenkirchen. Der Begriff „Studierender“ wurde durch den „Studenten“ bzw. die „Studentin“ abgelöst. Der am 02. Mai 1980 gewählte Rektor der FH Bochum kam aus der Abteilung Gelsenkirchen.

Die neuen Gremien nahmen unverzüglich ihre Arbeit auf und begannen Ende der 1970er Jahre, besonders aber in den 1980er Jahren, die Hinwendung der FH Bochum zu den Unternehmen der jeweiligen Region. Dabei entwickelte die Abteilung Gelsenkirchen eine herausragende Eigeninitiative vor allem in Richtung der mittelständischen Unternehmen, um die eigenen Leistungen und Möglichkeiten bekannt zu machen. Daraus entstanden vielfältige nützliche Beziehungen besonders in den Bereichen von „FuE“ (Forschung und Entwicklung). Sie wurden unterstützt durch den bereits zu Ingenieurschulzeiten gegründeten und rege tätigen Förderverein, der jetzt unter der Bezeichnung „Förderkreis der Fachhochschule Bochum, Abt. Gelsenkirchen“ (gegr. 1964) aktiv war. Die Abteilung hielt gleichzeitig in der Lehre Schritt mit den technischen Fortschritten, die in neuen Studiengängen – beispielhaft seien Ver- und Entsorgungstechnik im Fachbereich Maschinenwesen (1979/80) und Nachrichtentechnik im Fachbereich Elektrotechnik genannt – ihren Niederschlag fanden.

Mit Einführung der studentischen Praxissemester während des Hauptstudiums entwickelte sich eine Beziehungsebene zu Unternehmen auch außerhalb der Emscher-Lippe-Region. Auf dieser Ebene entstanden dann viele Themen für Diplomarbeiten, die einerseits die Studenten sehr betriebsnah an die Lösung gestellter Aufgaben heranführte, andererseits den Unternehmen umsetzbare

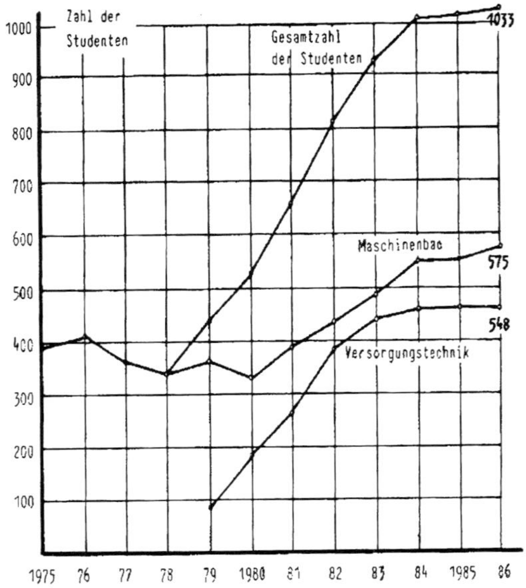

Abb. 2: Studentenzahlen im Fachbereich Maschinenbau der Abteilung Gelsenkirchen

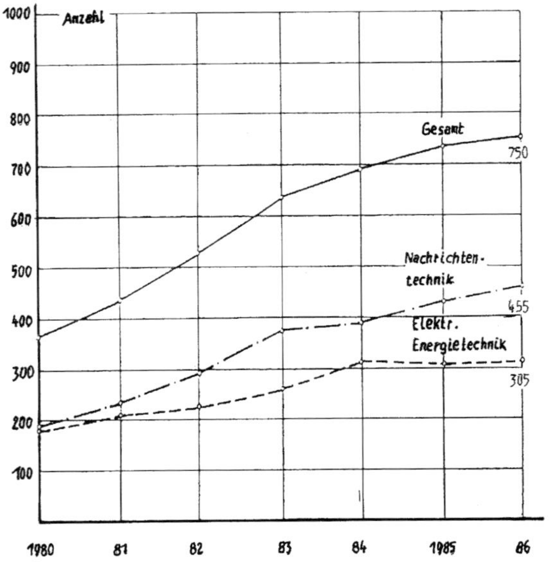

Abb. 3: Studentenzahlen im Fachbereich Elektrotechnik der Abteilung Gelsenkirchen

Erkenntnisgewinne vermittelte bis hin zur möglichen Einstellung des (späteren) Diplomingenieurs. Dabei ist zu beachten, dass die Studienanfänger im Maschinenbau bis zu 80 Prozent, die in der Elektrotechnik bis zu 70 Prozent neben der Fachoberschule oder Abitur eine einschlägig abgeschlossene Lehre aufzuweisen hatten: Beste Voraussetzungen für ein praxisnahes und praxisorientiertes Studium!

Das hohe Ansehen der Abteilung Gelsenkirchen im weiten Umkreis und die außerordentliche Wertschätzung ihrer qualitätsvollen Ausbildung förderten den zahlreichen Zugang von Studienanfängern. Die Gesamtzahl der immatrikulierten Studenten stieg 1987 bereits auf 1.800.

Steigende Studentenzahlen bei etwa gleichbleibender Zahl der Professoren und fachpraktischen Mitarbeiter führte schließlich zu einer außerordentlichen Mehrbelastung bei Vorlesungen, Übungen und Praktika, was in der Verschlechterung des Betreuungsverhältnisses sichtbar wird, vgl. Abb. 4.

Die fortlaufende Erneuerung der wissenschaftlich-apparativen Ausstattung der Laboratorien sorgte gleichzeitig für eine ständige Anpassung an den technischen Fortschritt. Leider musste der 1971 bezogene Neubaukomplex an der Neidenburger Strasse wegen hoher Schadstoffkontaminierung 2009 aufgegeben werden.

Mit der wachsenden Bedeutung der Abteilung Gelsenkirchen stieg auch der von vielen Seiten vorgetragene Wunsch nach Selbständigkeit, der 1992 auf Grund eines am 15. Januar dieses Jahres in Gelsenkirchen von dem damaligen Ministerpräsidenten Johannes Rau angekündigten Versprechens verwirklicht wurde. Dieses Versprechen wurde gestützt durch Absicht der Landesregierung, die vom Strukturwandel besonders betroffene Emscher-Lippe-Region zu stärken. Bereits im Vorfeld machte die Emscher-Lippe-Agentur (ELA) im Oktober 1991 den Vorschlag, die Abteilung Gelsenkirchen als Keimzelle einer „FH Emscher-Lippe“ zu etablieren. Der dann im Dezember 1991 gegründete ‚Hochschul-

Jahr	1980	1981	1982	1983	1984	1985	1986
Studenten je Professor	26	33	35	40	44	44	45

Abb. 4: Betreuungsverhältnis in der Abteilung Gelsenkirchen

Ausschuss' der ELA, an dem auch Professoren der Abt. Gelsenkirchen mitwirkten, hatte jetzt die Aufgabe, Perspektiven einer selbständigen Fachhochschule zu entwickeln. Aus der Professorengruppe wurde der Gründungsausschuss für die selbständige „Fachhochschule Gelsenkirchen-Bocholt-Recklinghausen".

Nunmehr erstreckte sich der Einfluss- und Einzugsbereich der Hochschule auch auf das südwestliche Münsterland. Gelsenkirchen-Buer bleibt der Sitz der Fachhochschule, die vom Gründungsrektor Prof. Dr. Schulte geleitet wird, mit der Aufgabe, in dieser neuen Hochschuleinrichtung die erforderlichen Strukturen entsprechend den Vorgaben des Fachhochschulgesetzes einzuziehen. In diesem Jahr kann die FH Gelsenkirchen demnach auf ihr 20-jähriges Bestehen zurückblicken. 2011 war das Jubiläumsjahr für das 40-jährige Bestehen aller 1971 gegründeten Fachhochschulen in NRW.

Die Grafik (Abb. 5) fasst noch einmal die Entwicklung zusammen:

Der Austausch mit ausländischen Hochschulen führte zu einem zunächst europaweiten Beziehungsnetz, welches sich befruchtend auf Lehrende und Lernende auswirkte. Insbesondere konnten Studenten durch ein befristetes Auslandsstudium an den Partnerhochschulen oder durch ein Auslandspraktikum ihre fachlichen und sprachlichen Fähigkeiten berufsfördernd erweitern. Die FH Gelsenkirchen setzte die in der FH Bochum mit den Partnerschaften zum Sheffield City Polytechnic, zu den Universitäten Oviedo/Spanien und Valenciennes/Frankreich begonnene Tradition fort und erweiterte sie auf den heutigen weltweiten Stand. Außer den Erasmus-Partnerschaften bestehen Beziehungen zu „Hochschulen mit einem strategisch-politischen Hochschulvertrag". Hierfür seien beispielhaft einige Länder genannt: Brasilien, Indien, Kanada, Mexiko, Tunesien, USA. Sie werden ergänzt durch Fachbereichs-Kooperationen mit Jordanien und der Schweiz.

Das „Hochschulgesetz – HG" vom 14. März 2000 bedeutete die Fortentwicklung der Leitungsorgane in den Hochschulen des Landes NRW. Von den gesetzlichen Möglichkeiten machte die Fachhochschule in der Weise Gebrauch, dass seit August 2008 der Rek-

Abb. 5: Entwicklung Ingenieurschule – Fachhochschule Gelsenkirchen

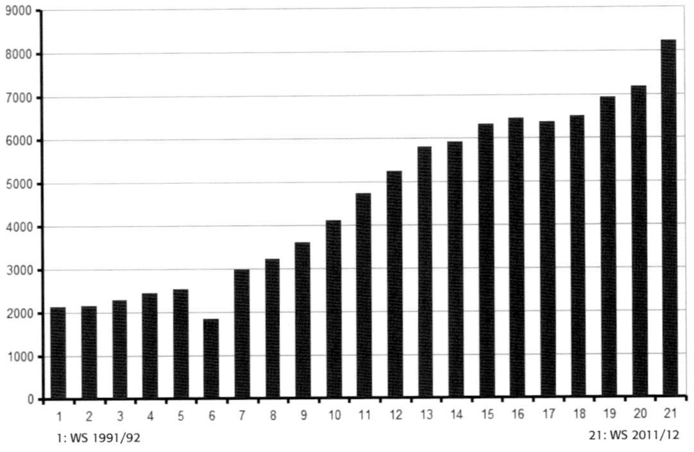

Abb. 6: Studentenzahlen der Fachhochschule Gelsenkirchen

tor nunmehr als Präsident der Vorsitzende des Präsidiums (statt Rektorat) ist und seine drei Vizepräsidenten die annähernd gleichen Aufgaben wie die früheren Prorektoren übernehmen (Wirtschaft/Personal/Verwaltung; Forschung und Entwicklung/Studium/Weiterbildung; Planung u. Finanzen).

Im Januar 2007 wurde mit dem „Hochschulfreiheitsgesetz NRW“ der Hochschulrat mit zehn Mitgliedern etabliert. Er berät das Präsidium und übt die Aufsicht über die Geschäftsführung des Präsidiums aus. Merkmal dieses Rates ist die Einbeziehung von Wirtschaft, Verwaltung, Politik und Kultur durch fünf hochschulexterne Mitglieder, die entsprechende Perspektiven in die Hochschule einbringen sollen. Der jetzige Vorsitzende des Hochschulrates ist Absolvent der eigenen Hochschule.

Die neben dem Diplomgrad angestrebten neuen Studienabschlüsse Bachelorgrad und Mastergrad erforderten von den Fachbereichen weitreichende Veränderungen in der Lehre und in der Organisation der Studienabläufe. Die äußeren Voraussetzungen hierfür, vor allem ein vergrößerter Raumbedarf, wurden in den Neubauten, die bereits seit Mitte der 90er Jahre entstanden und entstehen, angemessen berücksichtigt.

Die zum 1. April 2012 in „Westfälische Hochschule“ umbenannte Fachhochschule mit dem Untertitel „Gelsenkirchen – Recklinghausen – Bocholt“ ist mit der Erweiterung um den Studienort Ahaus Ausdruck einer Ausbildungsdynamik, die der Emscher-Lippe-Region und dem unmittelbar benachbarten Westmünsterland zum Wohle gereichen wird. Der Anstieg der Studentenzahlen beweist es.

Fünfzig Jahre Ingenieurausbildung in Gelsenkirchen: Die Stadt hat einen unverwechselbaren, wertvollen „Schatz“. Der Stadt und der Hochschule Glückwünsche zu diesem Jubiläum!

Literaturverzeichnis-Verzeichnis:

1) Chronik: Geschichte, Entstehung und Entwicklung der Fachhochschule Gelsenkirchen, seit 1. März 2012: Westfälische Hochschule, Hrsgb. Der Präsident der Westfälischen Hochschule

2) Spurensuche: 40 Jahre Fachhochschule Düsseldorf – Zur Gründungsphase der Fachschule Düsseldorf, Journal der FH Düsseldorf, Jg. 32, 11/2011

3) Dieter Hannemann: Rückschau im Gründungsjahr der Fachhochschule Gelsenkirchen, FH Gelsenkirchen (intern), 20.12.1992

Abbildungs-Nachweis:

Abb. 1: Fachhochschule Bochum, Abteilung Gelsenkirchen

Abb. 2, 3, 4: 1962–1987 25 Jahre Ingenieurausbildung in Gelsenkirchen (Hrsgb. Der Rektor der Fachhochschule Bochum)

Abb. 5: Dieter Hannemann: Rückschau im Gründungsjahr der Fachhochschule Gelsenkirchen, FH Gelsenkirchen (intern), 20.12.1992

Abb. 6: Fachhochschule Gelsenkirchen

Die Gehölzflora Schloss Berges

Ein neuer Internet-Auftritt des Vereins für Orts- und Heimatkunde Gelsenkirchen-Buer e.V.

von Nadine Stritzke

Seit vielen Jahren führt Gartenbauingenieur Lothar Konietschke regelmäßig am zweiten Oktobersonntag durch die Berger Anlagen und erläutert souverän und fachkundig aufgrund seiner langjährigen Erfahrung als Gartenbauingenieur im Berger Park Allerlei zu den Gehölzen der Anlage. Die Veranstaltungen sind stets gut besucht, doch entstand in den vergangenen Jahren die Idee, die umfangreichen Informationen auch einem größeren Publikum zugänglich zu machen. Als Medium wurde dazu das Internet gewählt.

In meiner einjährigen Zeit als Praktikantin beim Verein für Orts- und Heimatkunde Buer bestand eine meiner Hauptaufgaben in der Fortführung und Erarbeitung der Internetseiten, die seit einiger Zeit unter der Adresse http://www.natur-buer.de verfügbar sind.

Das Portal ist zweigeteilt. Ein Teil befasst sich mit der Geschichte und Architektur des Schlosses Berge, ein weiterer mit den Gehölzen im Park um das Schloss. Ruft man diesen Teil auf, gelangt man auf eine Seite mit einer Übersichtskarte des Berger Parkes (Abb. 1), die in 10 Teilkarten gegliedert ist. Jede dieser Teilkarten führt zu einer vergrößerten Darstellung, in der nun die Standorte der wichtigsten Gehölze eingetragen sind. Abb. 2 zeigt

Abb. 1: Eine Übersichtskarte stellt den Teil der Parkanlagen schematisch dar, der sich in unmittelbarer Nähe um das Schlossgebäude herum befindet.

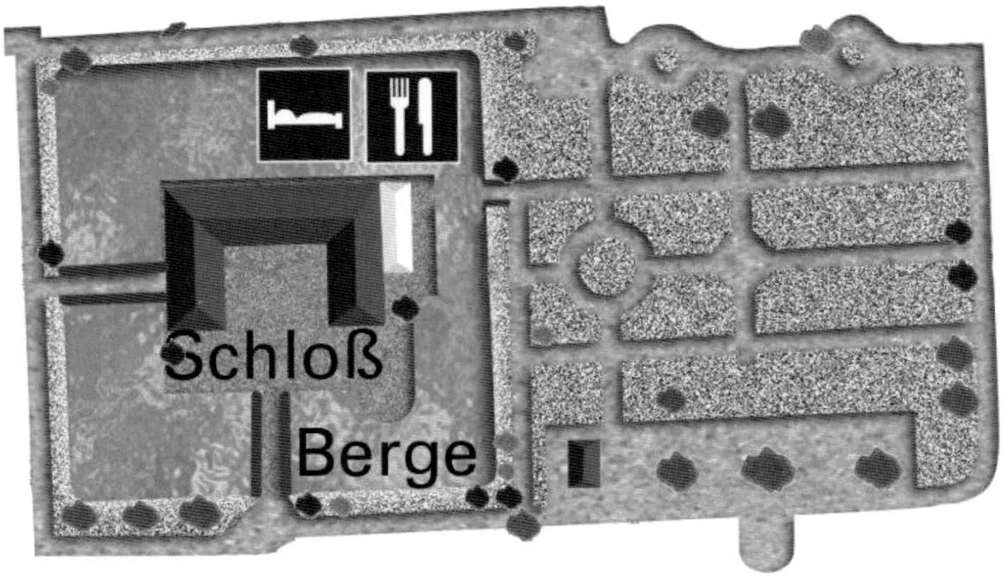

Abb. 2: Schematische Darstellung Schloss und französischer Garten – Beispiel für eine der Teilkarten, die durch ein Anklicken des jeweiligen Bereiches auf der Übersichtskarte aufgerufen werden können. Hier wiederum sind bereits einzelne Bäume klickbar.

dies am Beispiel der Teilkarte 7, auf der das Schloss und dessen unmittelbare Umgebung kartiert sind. Auf jeder Teilkarte wird die sog. Imagemap-Funktion genutzt. Dies bedeutet, dass sich einzelne Flächen einer Abbildung, also die kartierten Baumstandorte, mit einer weiteren Seite verknüpfen („verlinken") lassen. Diese Seite beinhaltet schließlich den Steckbrief zu einem Gehölz, wie dies Abb. 3 für das Beispiel der Eibe zeigt. Hier finden sich die wichtigsten Informationen zu den Blättern, dem Stamm, den Blüten, den Früchten usw. neben einer jeweiligen Abbildung.

In der Parkanlage von Schloss Berge wurden von Schülern des Max-Planck-Gymnasiums die wesentlichsten Flächen aus Abb. 1 hinsichtlich der Gehölzflora kartiert. Diese Daten wurden von mir ergänzt und oft auch korrigiert. Bis zum Ende meines Praktikums am 30. September 2012 habe ich diese Kartierungen weitgehend in die entsprechenden Karten eingetragen. Die Arbeiten konnten wegen des umfangreichen Datenmaterials leider noch nicht abgeschlossen werden. Dies gilt insbesondere auch für die Steckbriefe der Gehölze. Im Berger Park sind etwa 250 verschiedene Gehölzarten zu kartieren, zu beschreiben und zu fotografieren. Die Kartierungen und Beschreibungen sind inzwischen weitgehend fertiggestellt. Die Fotos sind bei weitem noch nicht komplett für alle Baumarten vorhanden; daher sind viele Steckbriefseiten leider nicht illustriert. Hier ist noch viel Detailarbeit nötig, die langwierig ist. Es muss dabei nämlich auch bedacht werden, dass die Baumfotos immer in einer großen Auflösung vorliegen, also so nicht verwendet werden können. Denn dann würden sich die Internetseiten unerträglich langsam aufbauen. Daher muss von jedem Foto eine internetoptimierte Version erstellt werden, ein zeitraubender Prozess, vor allem, wenn man an die mindestens 1000 Bilder denkt, die verarbeitet werden müssen!

Während meines Praktikums konnten die Arbeiten ein gutes Stück weit gedeihen. Die zentralen Kartenteile mit dem Schloss als

Zentrum konnten fertig gestellt werden. Hier sind die Baumstandorte sämtlich schon verlinkt und können aufgerufen werden. Darüber hinaus wurde eine separate Seite des Kräutergartens östlich des Schlosses erstellt. Dort stellt die Stadt Gelsenkirchen Kräuter dar, wie sie in den vergangenen Jahrhunderten in der Küche sowie vor allem zur Heilbehandlung eingesetzt wurden und werden. Vor wenigen Jahren wurden entsprechende Schilder ergänzend aufgestellt. Leider werden die Beete nur einmal im Jahr hergerichtet und den Rest des Jahres sich selbst überlassen. Hinzu kommt Vandalismus, dem schon einige der Schilder zum Opfer gefallen sind. Umso wichtiger ist es daher, den Inhalt und Gehalt des Kräutergartens im Internet aufzubereiten und darzustellen.

Viele Arbeiten an den Schloss Berger Internetseiten konnten fertig gestellt werden, Anderes konnte weitgehend vorbereitet werden. Ich hoffe, es wird gelingen, zum Beginn der Vegetationsperiode im kommenden Frühjahr 2013 dem Publikum eine umfassende, funktionsfähige Internetseite über die hochinteressante Gehölz- und Krautflora des Berger Parkes zu präsentieren.

Abb. 3: Baumsteckbrief Gemeine Eibe – ein Beispiel für einen der Steckbriefe, die durch das Anklicken der schematischen Baumdarstellungen auf den Teilkarten aufgerufen werden können.

Aus der Reihe „Beiträge zur Geschichte"
In jeder guten Buchhandlung weiterhin erhältlich

Band 25 • 2006
ISBN: 978-3-938152-14-0
VK-Preis: 12,90 EUR

Band 26 • 2007
ISBN: 978-3-938152-20-1
VK-Preis: 12,90 EUR

Band 27 • 2008
ISBN: 978-3-938152-27-0
VK-Preis: 12,90 EUR

Band 28 • 2009
ISBN: 978-3-938152-31-7
VK-Preis: 14,90 EUR

Band 29 • 2010
ISBN: 978-3-942395-00-7
VK-Preis: 14,90 EUR

Band 30 • 2011 ISBN: 978-3-942395-01-4 • VK-Preis: 12,90 EUR

Bergwerke und tödliche Unfälle in Gelsenkirchen – Eine Dokumentation

von Bernhard Hagemann

Das heutige Gelsenkirchener Stadtgebiet blickt auf mehr 150 Jahre Zechengeschichte zurück. Von 1845 bis 2000 gab es hier insgesamt 14 Zechen (Abb. 0), einige davon förderten nur für kurze Zeit, andere dagegen über viele Jahrzehnte.

Alma	**1873-1877**	**Holland**	**1845-1988**
Bergmannsglück	**1872-1960**	**Hugo**	**1881-1993**
Verbundbergwerk Bergmannsglück/Westerholt	**1960-1976**	**Hugo/Consolidation**	**1993-1997**
		Lippe (vorher Westerholt)	**1998-2008**
Consolidation	**1848-1988**		
Consolidation/Nordstern	**1988-1993**	**Nordstern**	**1866-1988**
		Nordstern/Zollverein	**1983-1987**
Ewald	**1870-1990**		
Ewald/Schägel & Eisen	**1990-1997**	**Ver. Rheinelbe**	**1845-1877**
Ewald/Hugo	**1997-2000**	**Ver. Rheinelbe und Alma**	**1877-1963**
Dahlbusch	**1859-1966**	**Scholven**	**1875-1995**
Graf Bismarck	**1856-1973**	**Westerholt**	**1902-1998**
Hibernia	**1846-1943**	**Wilhelmine Victoria**	**1854-1980**

Auf diesen Zechen kam es immer wieder zu teils schweren Unfällen. Insgesamt endeten 574 dieser Unfälle tödlich für die Beteiligten.

Die schwersten Unfälle ereigneten sich infolge von Schlagwetter- oder Kohlenstaubexplosionen. Unter Schlagwetter versteht man in der Bergmannssprache unter Tage vorkommendes Grubengas, welches bei einem Anteil von fünf bis 15 Prozent in der Luft explosiv reagiert.

Die folgende Übersicht nennt die Daten der Unglücke sowie Unglücksursache und genaue Zahl der Toten. Dem Gedenken an die tödlich verunglückten Bergleute wird bis heute Rechnung getragen: Denkmäler auf den Friedhöfen der Stadt erinnern an ihr Schicksal.

- Zeche Consolidation: 24.09.1886, 56 Tote durch Kohlenstaubexplosion
- Zeche Consolidation: 07.03.1901, 18 Tote durch Schlagwetterexplosion
- Zeche Dahlbusch: 23.08.1943, 34 Tote durch Schlagwetter-/Kohlenstaubexplosion
- Zeche Dahlbusch: 20.05.1950, 78 Tote durch Schlagwetter-/Kohlenstaubexplosion
- Zeche Dahlbusch: 03.08.1955, 42 Tote durch Schlagwetterexplosion

- Drei Denkmäler erinnern an die verunglückten Bergleute auf dem Friedhof Hilgenboomstraße in Gelsenkirchen-Rotthausen (Abb. 1, 2, 4).

- Zeche Hibernia: 08.06.1887, 52 Tote durch Schlagwetterexplosion
- Zeche Hibernia: 23.01.1891, 57 Tote durch Schlagwetterexplosion
- Zeche Holland: 09.12.1910, 10 Tote durch Schlagwetterexplosion
- Zeche Holland: 29.09.1915, 14 Tote durch Schlagwetter-/Kohlenstaubexplosion
- Zeche Holland: 31.10.1925, 18 Tote durch Schlagwetterexplosion
- Zeche Nordstern: 26.06.1955, 14 Tote durch Schlagwetterexplosion

Auf dem Gelsenkirchener Altstadtfriedhof und dem Friedhof Horst-Süd erinnern Skulpturen an verschiedene Grubenunglücke und deren Opfer, Abb. 3 und 5.

Auch auf der Zeche Wilhelmine-Victoria wurden in den insgesamt 20 Betriebsjahren mehrere Bergleute Opfer tödlicher Unfälle, Abb. 6.

Außerdem ist auf dem Gelsenkirchener Ostfriedhof ein Denkmal für verunglückte Bergleute der Zeche Unser Fritz in Herne zu finden (29.9.1947), Abb. 7.

Abb. 2: Denkmal von 1950 östlich der Hilgenboomstraße

Abb. 1: Säule von 1943 auf dem nördlichen Teil, nördliche Ecke

Abb. 3: Denkmal für die verunglückten Bergleute auf dem Altstadtfriedhof Gelsenkirchen südlich der Kirchstraße

Abb. 4: Denkmal von 1955, östlich der Hilgenboomstraße

Abb. 5: Denkmal für die verunglückten Bergleute auf dem Friedhof Horst-Süd, östliche Seite der Trauerhalle

Abb. 6: Denkmal für die verunglückten Bergleute 1942–1963 auf dem Friedhof Heßler, Grawenhof (westl. Hauptweg, östl. Seite).

Abb. 7: Das Denkmal für verunglückte Bergleute der Zeche Unser Fritz in Herne (29.9.1947)

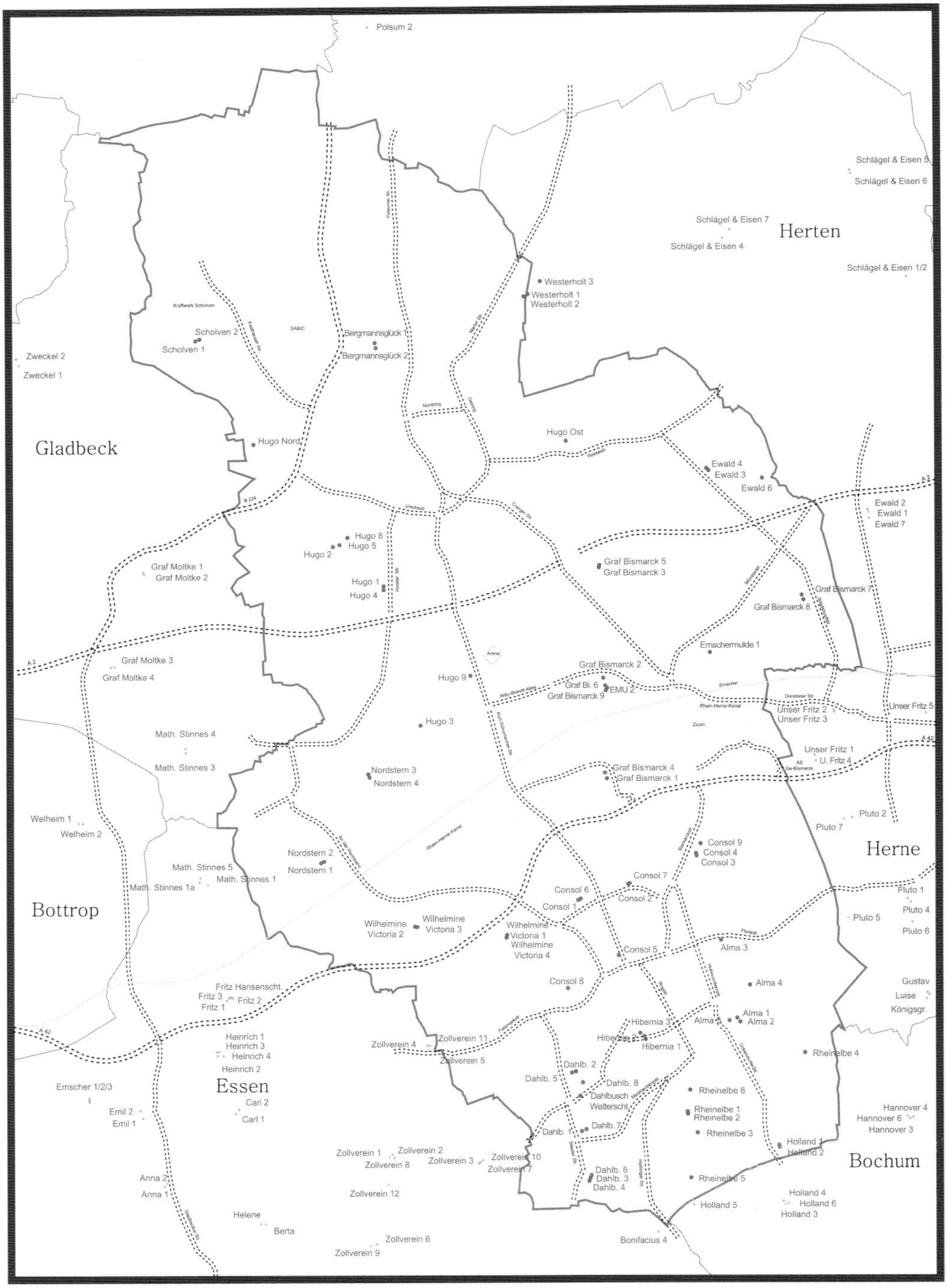

Abb. 8: Zechenstandorte in Gelsenkirchen im Überblick

Welche Rolle kann Buer für Gelsenkirchen in der Emscher-Lippe-Region spielen?

Vortrag Dr. Peter Paziorek, Podiumsdiskussion, verschriftlicht von Biggy Pieper, bearbeitet von Boris Spernol

ÖFFENTLICHE VERANSTALTUNG
Verein für Orts- u. Heimatkunde e. V.

Thema:
„Welche Rolle kann Buer für Gelsenkirchen in der Emscher-Lippe-Region spielen?"

Veranstaltungstag: Mittwoch, 19. Juni 2013
Beginn: 19:00 Uhr
Ort: Michaelshaus Buer, Hochstraße
Eintritt: kostenfrei

Einführungsvortrag:
Dr. Peter Paziorek
(Regierungspräsident Münster, a. D.)

Podiumsdiskussion mit Repräsentanten der Ratsfraktionen:
SPD – Dr. Klemens Wittebur
CDU – Werner Wöll, Frak.-Vors.
Bündnis90/Die Grünen – Peter Tertocha, Frak.-Vors.
FDP – Jens Schäfer, Frak.-Vors.

Moderation:
Ulli Potofski

Verein für Orts- und Heimatkunde e. V.
Kontakt: Georg Lecher
i. H. Volksbank Ruhr Mitte eG

Goldbergplatz 2 – 4
D-45894 Gelsenkirchen-Buer
E-Mail: info@heimatverein-buer.de

Dr. Gerd Escher:
Ich freue mich, dass Sie so zahlreich hierhin gefunden haben und hoffe, dass es ein lebhafter Abend wird. Im Namen unseres Vereins für Orts- und Heimatkunde heiße ich Sie recht herzlich willkommen. Besonders begrüße ich Herrn Dr. Peter Paziorek, den Redner unseres heutigen Abends. Er hat eine lange politische Karriere durchlaufen. So war er unter anderem Staatssekretär im Bundesmi-

nisterium für Ernährung, Landwirtschaft und Verbraucherschutz. Besonders vertraut mit unserem Thema ist er durch seine Zeit als Regierungspräsident in Münster, in der er auch für die Emscher-Lippe-Region zuständig war. Herr Paziorek ist Sohn unserer Stadt und mit Gelsenkirchen weiter verbunden. Er hat hier noch Ämter, zum Beispiel im Zusammenhang mit unserem Musiktheater und auch beim FC Schalke 04. Die anschließende Podiumsdiskussion wird moderiert von Herrn Ulli Potofski, den ich auch recht herzlich begrüße. Ich glaube, er ist Ihnen auch bekannt als Sportmoderator und als Moderator vieler Sendungen. Er ist Gelsenkirchener von Geburt und fühlt sich mit unserer Stadt verbunden.

Das Thema des heutigen Abends lautet im Kern: Welchen Wert kann Buer für unsere Stadt in der Wirkung nach außen haben? Wie weit kann unsere Stadt dadurch profitieren, dass das Nordzentrum auch Anziehungskraft in die Umgebung bringt? Wir wissen alle, dass unsere Stadt alle Kräfte benötigt, um voranzukommen, sowohl wirtschaftlich als auch imagemäßig. Als erste Großstadt im Vest hatte Buer eine Ausstrahlung ins Vest – oder wie es jetzt fast deckungsgleich ist, in die Emscher-Lippe-Region – und ins südliche Münsterland. Unsere Fragestellung, die wir heute behandeln wollen, ist: Nutzen wir dieses Potential für unsere Stadt Gelsenkirchen? Können wir mehr daraus machen? Und natürlich: Welches Potential ist überhaupt vorhanden? Es geht also nicht darum, zu fragen, ob für Buer in Gelsenkirchen genug getan wird, sondern wie man mit Buer für unsere Stadt punkten kann. Das ist das Thema des heutigen Abends und auch Thema unserer Podiumsdiskussion. Bevor ich Herrn Paziorek das Wort erteile, möchte ich natürlich auch die Vertreter der Parteien hier auf dem Podium recht herzlich begrüßen. Ich freue mich, dass Sie den Weg hierhin gefunden haben und mit uns diskutieren wollen. ... Herr Paziorek, Sie haben das Wort, wir sind gespannt auf Ihre Äußerung.

Dr. Peter Paziorek

Ich freue mich immer wieder, nach Buer in meine Heimatstadt zu kommen und festzustellen, welch großes bürgerschaftliches Engagement in Buer gegeben ist. Deshalb habe ich die Einladung zum heutigen Abend auch gerne angenommen.

Das Thema dieser Veranstaltung würde sich höchstwahrscheinlich so nicht stellen, wenn die Nacharbeitung der kommunalen Gebietsreform nach 1975 anders verlaufen wäre. Was meine ich damit? Es gab ein Urteil des Verfassungsgerichtshofes in Nordrhein-Westfalen, dass die Bildung der neuen Stadt Bottrop – im Sprachgebrauch Glabotki – verfassungswidrig sei, weil die Kriterien, die man sich zur Neugliederung des Landes selbst gegeben hatte, in diesem Fall nicht eingehalten worden seien.[1] Somit musste der Landtag eine neue Entscheidung treffen. Mein ehemaliger Lehrer, Professor Heinrich Meya, der zu dieser Zeit Gelsenkirchens Oberstadtdirektor war, ergriff zusammen mit dem damaligen Oberbürgermeister Werner Kuhlmann sofort die Initiative, um Gladbeck und Kirchhellen für Gelsenkirchen zu gewinnen. Dieses Ansinnen wurde mit einem sehr interessanten Papier untermauert, das aus Gelsenkirchener Sicht die Grundlage für weitere Gespräche bildete. Ein Angebot an die Gladbecker Seite lautete, den Verwaltungsschwerpunkt der neuen Stadt in Buer anzusiedeln, um die Wege von Kirchhellen und Gladbeck, z.B. zum Rathaus, kürzer zu gestalten. Das ist kommunalpolitisch in Gelsenkirchen mitgetragen worden. Unter Ministerpräsident Heinz Kühn wurde dieses Konzept – Gladbeck und Kirchhellen zu Gelsenkirchen – Kabinettsbeschluss, und wurde damit die Vorlage der Landesregierung für den Landtag. Am Abend vor dieser Abstimmung gab es eine Beratung in der SPD-Landtagsfraktion mit einer – so heißt

1 *Verfassungsgerichtshof für das Land Nordrhein-Westfalen*, Urteil vom 6. Dezember 1975, VerfGH 13/73, GV. NRW. 1975 S. 700 = OVGE 31, 284

es – sehr harten Aussprache. Werner Kuhlmann soll hierbei eine „Brandrede“ für Gelsenkirchen gehalten haben, was in der SPD-Fraktion wohl zu einer weiteren Diskussion geführt hat. Diese nutzte der damals sehr einflussreiche Bottroper Landtagsabgeordnete Ernst Wilczok. Noch in dieser Nacht schrieb er mit anderen Kollegen einen Antrag, wonach Bottrop mit Kirchhellen selbstständig bleiben und Gladbeck Teil des Kreises Recklinghausen werden sollte. Zur großen Überraschung gab es somit am nächsten Morgen einen neuen Entwurf im Landtag – mit dem Ergebnis, wie wir es heute kennen. Heute würde sich die kommunale Situation in der Emscher-Lippe-Region anders darstellen, wenn der Kabinettsbeschluss die Mehrheit gefunden hätte. Dann wäre Buer sicherlich ein stärkeres Verwaltungszentrum im Vergleich zur heutigen Situation.

Somit muss heute ganz anders darüber nachgedacht werden, welche besonderen Funktionen Buer zugewiesen werden müssen, um für die Gesamtstadt Gelsenkirchen positiv in die Emscher-Lippe-Region auszustrahlen. Es ist also die Frage, welche Rolle Buer zukünftig spielen kann. Zunächst stellt sich aber die Frage, was wir überhaupt unter Buer verstehen. Bis Mitte der 1990er Jahre bezeichnete der Begriff Buer alles, was – außer Horst – in Gelsenkirchen nördlich des Kanals liegt. Heute ist Buer ortsrechtlich nur noch der Bereich, der früher als Buer-Mitte bezeichnet wurde. Sollen wir uns nur noch darauf beziehen oder werden die umliegenden Stadtbezirke einbezogen? Das ist eine spannende Fragen, die ich aber nur anreißen möchte. Auch müssen wir uns jetzt mit dem Begriff der Emscher-Lippe-Region auseinandersetzen. Es gibt nämlich Überlegungen, wieder den Begriff „nördliches Ruhrgebiet“ stärker zu verwenden. Dies hätte einen kleinen Vorteil: Wer nämlich aus der Emscher-Lippe-Region eine Modellregion für den Strukturwandel machen möchte, kann vielleicht mit der Bezeichnung „nördliches Ruhrgebiet“ leichter Förderhilfen erreichen. Anfangs gab es auch die Bezeichnung „Emscher-Lippe-Raum“. Der Begriff „Region“ wurde erst in den 1990er Jahre benutzt. Im Erdkundeunterricht habe ich sogar noch den Begriff „Emscher-Zone“ gelernt. Das war die Zeit, in der mein Erdkundelehrer mit Blick auf die damalige DDR sagte, der Begriff „Zone“ sei eigentlich anders besetzt. Seit 1988 gibt es die Zusammenarbeit der Kommunen Bottrop, Gelsenkirchen und dem Kreis Recklinghausen, um ein gemeinsames Konzept für den Strukturwandel in dieser Region, also der Emscher-Lippe-Region, zu entwickeln. Diejenigen, die diese Region von außen beobachten, kommen sehr oft zu dem Ergebnis, dass es kaum eine Teilregion in Nordrhein-Westfalen gebe, in der die Kommunalpolitik so eng und intensiv zusammen arbeite. Mit anderen Worten: Der Begriff „Emscher-Lippe-Region“ ist tatsächlich aus meiner Sicht ein positiv besetzter Begriff, trotz der großen strukturpolitischen Probleme.

Ganz ausblenden darf man in diesem Zusammenhang aber nicht die Diskussion über die Verwaltungsneugliederung des Ruhrgebietes. Das Ruhrgebiet selbst möchte sich als Marke „Metropolregion Ruhr“ positionieren. Es stellt sich somit für die hiesige Kommunalpolitik die Frage, ob es nicht eventuell kontraproduktiv sein könnte, auf den Begriff Emscher-Lippe-Region für eine Teilregion im Ruhrgebiet zu setzen. Diesen Widerspruch sehe ich aber tatsächlich nicht. Vielmehr ist die Emscher-Lippe-Region aufgrund ihrer besonderen Problemlage auch innerhalb des Ruhrgebietes eine besondere Teilregion. Dies sollte sich durchaus in einem Bekenntnis zu einem gemeinsamen Namen niederschlagen, wobei dabei auch auf alte historische Zusammenhänge zurückgegriffen wird. Ich denke hier an die gemeinsame Geschichte im Vest Recklinghausen. Leider ist das Ruhrgebiet strukturell tatsächlich noch keine Einheit. Das hat nichts damit zu tun, dass hier Kommunalpolitik und Verwaltung nicht versuchen würden, richtige Weichenstellungen zu treffen. Vielmehr sind die heutigen Probleme Ergebnis einer besonderen strukturpolitischen Entwicklung: nämlich mit dem relativ späten Rückzug des heimischen Bergbaus, der in der Emscher-Lippe-Region sehr bedeutend war. Natürlich gab es auch weitere industrielle Schwerpunktbereiche, wie z.B. die Chemie- und die Stahl- und Metallindustrie. Leider war der Tausendfüßler Handwerk und Mittelstand hier nicht so stark ausgeprägt wie z.B. im Münsterland.

Von besonders negativer struktureller Auswirkung ist wohl auch die Tatsache, dass die Neugründungen der Universitäten im Ruhrgebiet ab den 1960er Jahren vornehmlich im Süden des Ruhrgebietes in Dortmund, Bochum, Essen und Duisburg stattfanden. Vielleicht hat Essen es deshalb in den letzten zwei Jahren geschafft, trotz seiner Haushaltsprobleme gute strukturelle Zuwachsraten aufzuweisen. Moderne junge Unternehmer, die in den Bereichen Dienstleistungen und Beratung tätig sind, haben sich gerade im südlichen Ruhrgebiet wegen der Nähe zu den Universitäten angesiedelt. Gelsenkirchen und Recklinghausen sind für die Kreativwirtschaft keine Schwerpunktorte. Da kann auch kein Oberbürgermeister einfach einen Schalter umlegen und sagen, wir holen diese Leute mal hier hin. Die Entwicklung eines solchen modernen Unternehmertums hängt natürlich mit besonderen strukturpolitischen Vorgaben zusammen, z.B. mit einem universitären Angebot.

Ich möchte aus einem Gutachten zitieren, in dem es heißt: „Die einschlägigen Indikatoren der wirtschaftlichen Leistungsfähigkeit zeigen, dass sich die einzelnen Städte und Kreise des Ruhrgebietes aktuell sehr unterschiedlich darstellen. Insbesondere beim zentralen Indikator BIP (Bruttoinlandsprodukt) je Einwohner zeigen sich erhebliche Differenzen. Gleiches gilt für die realen Bruttolöhne. Die hier dokumentierte große Heterogenität hatte sich auch schon vor einem Jahrzehnt gezeigt. Sie hat im Zeitablauf sogar leicht zugenommen.“ Die Entwicklung im Ruhrgebiet läuft also nicht einheitlich ab. Ich zitiere: „Dabei zeigt sich im Hinblick auf die Lage einzelner Städte und Kreise im internen Vergleich eine sehr hohe Konstanz. Die wirtschaftsstärkeren Städte und Kreise bleiben im Zeitablauf tendenziell vergleichsweise wirtschaftsstark, während diejenigen, die bereits vor einem Jahrzehnt im internen Vergleich hinterher hinkten, im Schnitt keinen Boden gutmachen konnten.“[2)]

Das ist die Zusammenfassung eines Gutachtens, das ziemlich offen die Strukturprobleme im Ruhrgebiet darstellt. Die Region, die große Probleme hat, ist leider die Emscher-Lippe-Region – die Region, zu der Gelsenkirchen mit Buer gehört.

Wie müsste eine Förderpolitik aussehen, die tatsächlich Hilfe bringen kann? Entscheidender Ansatzpunkt hierfür ist, dass auf europäischer Ebene auf Dauer eine strukturpolitische Förderung nur dann vorgenommen wird, wenn die Fördergebiete in ihren Grenzen kleinteiliger als bisher und von dem Prinzip der Kooperation geprägt sind. Meine Erfahrung aber ist, dass eine Kooperation im regionalen Verbund nicht immer leicht hergestellt werden kann. Mit Fug und Recht kann man hier in der Emscher-Lippe-Region seit gut 25 Jahren auf eine gute Zusammenarbeit auf der Basis eines Gefühls der Gemeinsamkeit verweisen. Somit ist schon eine Anforderung für die EU an eine gute Strukturpolitik erfüllt.

Ich habe meinen Hauptwohnsitz jetzt in Beckum. Dort ist in der vergangenen Wo-

2 Rheinisch-Westfälisches Institut für Wirtschaftsforschung: Den Wandel gestalten – Anreize für mehr Kooperationen im Ruhrgebiet. Endbericht. Projekt im Auftrag der RAG-Stiftung, 2011, S. 142; <http://www.rwi-essen.de/media/content/pages/publikationen/rwi-projektberichte/PB_Den-Wandel-gestalten.pdf>

che, nach einem halben Jahr der Verhandlungen, die Fusion zwischen den Stadtwerken von Oelde und Beckum gescheitert. Dies erwähne ich nur, um deutlich zu machen, wie schwierig es manchmal sein kann, einen regionalen Konsens zu erreichen. In der Emscher-Lippe-Region ist man weiter. Jeder von Ihnen kennt die Regionalagentur Emscher-Lippe, in der die Städte dieser Region zusammenarbeiten. Damit ist auch organisatorisch eine Basis dafür gelegt, gemeinsam aufzutreten. Ich möchte noch mal darauf hinweisen: Wenn man die Chance wahrnehmen möchte, die Strukturprobleme hier zu bewältigen, dann kann man es nur im Verbund tun. Ich möchte aber noch mal betonen, dass ich nicht gegen ein Einheitsgefühl im Ruhrgebiet reden möchte, das ist überhaupt nicht mein Thema heute Abend. Die Emscher-Lippe-Region hat aber schon ein Zusammengehörigkeitsgefühl, was eben hilft, im regionalen Verbund gemeinsame Probleme aufzugreifen und zu lösen.

Als Bundestagsabgeordneter besuchte ich eine Ruhrgebietskonferenz, die die Ruhrinitiative veranstaltete. Bundeskanzlerin Angela Merkel war eingeladen und ihr wurde ein neues Konzept zur Weiterentwicklung des Ruhrgebietes vorgestellt. Im Rahmen einer Präsentation wurde auf die Kulturlandschaft verwiesen: die Theatervielfalt in Essen, das Schauspielhaus in Bochum, etc. Das Musiktheater im Revier war aber für die Macher dieser Präsentation über das Ruhrgebiet kein Thema! Für mich war das wieder ein Zeichen dafür, dass gute Aktivitäten im nördlichen Ruhrgebiet oft unberücksichtigt bleiben. Auch bei den ersten Programmplänen zu der Kulturhauptstadt 2010 konnte man diesbezügliche Sorgen haben. Glücklicherweise gelang es dann in den ersten Gesprächen, dass in der Programmgestaltung Recklinghausen und Gelsenkirchen nicht abgehängt wurden. Selbstverständlich hatte ich mich in dieser Frage eng mit Oberbürgermeister Baranowski abgestimmt. Herr Pleitgen als Sprecher des Vorstandes der Kulturhauptstadt hat sich dann sicherlich im gesamten Kulturjahr sehr fair an seine Zusage gehalten.

Was will ich damit sagen? Wer nicht „Hallo, hier sind wir und wir benötigen eine Hilfe" ruft, wird nicht damit rechnen können, dass andere von sich aus sagen: „Wir helfen euch." Deshalb ist es so wichtig, dass diese Emscher-Lippe-Region im Land auch politisch zusammen auftritt.

Und was sind die zentralen Produkte in der Region? Das sind immer noch Energie und Chemie. Chemie bedeutet Verbundwirtschaft, da kann man sowieso nicht nur in Stadtgrenzen planen. In Marl besteht ein Arbeitskreis der Chemiewirtschaft, in dem auch Vertreter aus Gelsenkirchen und Castrop-Rauxel mitwirken. Dort wird gemeinsam für die Region im Bereich der Chemiewirtschaft geplant und beraten, um sich als Chemiestandort gegenüber anderen Chemiestandorten zu behaupten. Im Bereich Kultur ist dagegen aber durchaus eine bessere Zusammenarbeit in unserer Region denkbar.

Bezogen auf die geografische Lage liegt Buer sehr zentral in der Emscher-Lippe-Region. Buer kann aber nicht mehr die zentralen Aufgaben übernehmen, wie es vielleicht bei einer anderen Entscheidung nach 1975 möglich gewesen wäre. Aber ich halte es für diese Region für wichtig, das Buer städtebaulich und kulturell attraktiv verbleibt, sich im Arbeitsmarkt verbessert und dadurch positiv in die Emscher-Lippe-Region ausstrahlt. Die Zentralitätsverluste, die zurzeit hier in Buer diskutiert werden, sind natürlich Zentralitätsverluste, die sich vornehmlich nicht überregional auswirken. Denn es sind Zentralitätsverluste, die zwar innerstädtisch zu Verlusten führen, aber in der Region keine Bedeutung haben. Aber für Buer gibt es ganz besondere Schwerpunkte, die herausgestellt werden sollten. Ganz wichtig ist der Bereich Dienstleistung und Handel. Da gibt es ein tolles positives Signal: Was hier in Sachen Hertie-Kaufhaus geschehen ist, das ist beispielhaft in Nordrhein-Westfalen, und ist ein Zeichen, wie sehr die Bueraner an ihrer Heimat interessiert sind. Und das ist eine gute Grundlage für die Weiterentwicklung von Buer. Heute entscheiden gerade junge Menschen darüber, wie attraktiv sie eine Stadt finden. Ich zitiere einmal die Frankfurter Allgemeine Zeitung: „Nur wer Kinderbetreuung, Schulen, Carsharing, gutes Wohngelände anbietet, wird zukünftig auch noch begehrte Mitarbeiter für die eigenen Unternehmen gewinnen.“[3]

Und hierzu gibt es gute Ansatzpunkte in Buer. Nehmen wir nur das Stichwort Kultur: Wir müssten z.B. den festen Bestand unseres Museums viel stärker herausstellen. Liebermann, Heckel, Nolde, Radziwill und Rohlfs, diese berühmten Maler werden zurzeit in unserem Museum an der Horster Straße ausgestellt. Und schauen wir uns die Plastiken an, die in dieser Ausstellung zu sehen sind. Das sind Kunstgegenstände, die man hier in Buer gar nicht vermutet. Kultur könnte also auch ein Anker sein, um neben einem guten Handel und einem leistungsstarken Mittelstand Attraktivität nach außen zu erreichen. Viele Bueranerinnen und Bueraner sind früher ins Heimatmuseum gegangen, das sich in den heutigen Räumen des Museums befand. Buer gehörte jahrhundertelang zum Vest Recklinghausen. Sicherlich kann hierüber eine Verbindung zur heutigen Emscher-Lippe-Region durch ein solches Museum gezogen werden.

Wobei das mit dem Vest Recklinghausen auch nicht immer so nett war. So schrieb Heinrich Pennings: „Das Vest Recklinghausen hatte während seiner Zugehörigkeit zum Kölner Erzstifte nur die Bedeutung eines dazu nicht selten vernachlässigten Nebenlandes. Hier lebte kein Fürstengeschlecht, das dem Geistesleben Antrieb gegeben und etwa die Geschichtsschreibung aufgemuntert hätte. Von hier gingen keine großen Entschlüsse aus“[4]. Geschichte sollte man somit auch nicht verklären, aber in Buer gibt es Möglichkeiten, auf diese gemeinsame Geschichte im Interesse der ganzen Region hinzuweisen.

Es kann nicht meine Aufgabe sein, zu sehr in die Einzelheiten der hiesigen Kommunalpolitik einzusteigen, aber es ist sehr begrüßenswert, dass die Stadt Gelsenkirchen beabsichtigt, z.B. auf dem Gelände der früheren Kinderklinik einen gehobenen Wohnungsbau zuzulassen. Natürlich muss man gerade in einer Stadt wie Gelsenkirchen die Freiraumgestaltung berücksichtigen, aber dieses Beispiel für neue Wohnbebauung kann für Buer eine positive Entwicklung mit sich bringen.

Ich möchte diese Aspekte, weil gleich ja noch das Podiumsgespräch stattfindet, nicht vertiefen, sondern nur Folgendes zum Abschluss sagen: **Gelsenkirchen kann wirklich froh sein, dass es Buer hat.** Ohne Buer wäre Gelsenkirchen heute nur noch südlich des Kanals gelegen, und zwar bezogen auf die Emscher-Lippe-Region in einer Randlage. Gelsenkirchen kann somit heute die Aufgabe eines Mittelzentrums mit oberzentralen Funktionen nur deshalb wahrnehmen, weil diese Stadt in dieser Form so 1928 gebildet worden ist.

Zweitens: Nach der von mir zitierten Untersuchung in der FAZ ist klar, dass das Lebensumfeld in einer Kommune so aussehen muss, dass Menschen auch dort gerne wohnen wollen. Deshalb müssen gerade die „weichen“ Faktoren planerisch und strukturell unterstützt werden, um Buer als Wohnsitz attraktiv zu halten.

In der Zeitschrift „100% BUER“ reibt man sich beim Durchblättern der aktuellen Ausgabe, die über eine Sonderausgabe des Gourmet-Magazins „Der Feinschmecker“ berichtet, verdutzt die Augen – und ich kann

3 Schönheitswettbewerb der Kommunen, in: Frankfurter Allgemeine Zeitung, 25.05.2013, Nr. 119, S. 16

4 Heinrich Pennings, in: Vestische Zeitschrift. Zeitschrift der Vereine für Orts- und Heimatkunde im Vest Recklinghausen 37 (1930).

die Empörung dieser Zeitschrift gut verstehen. Denn während das Angebot in den Nachbarstädten Essen, Bochum, Dortmund, Duisburg ausführlich vorgestellt wurde, gab es für Gelsenkirchen lediglich einen Gastro-Tipp und um Buer haben die Redakteure einen großen Bogen gemacht. Jetzt kann man sagen, das sei ja nur eine Kleinigkeit. Aber ich behaupte: Ganz viele Kleinigkeiten können später ein großes politisches Faktum werden. Wer eine solche Entwicklung nicht als möglich ansieht, der hat oft schon verloren. Und deshalb ist es so wichtig, dass die Emscher-Lippe-Region im Land auf sich aufmerksam macht.

Somit ist es auch richtig und wichtig, in der Emscher-Lippe-Region darüber nachzudenken, wie man sich gemeinsam bei den Faktoren Industrie, Gewerbe, Freiraumgestaltung, Innenstadtattraktivität und Kulturangebot langfristig aufstellen kann. Buer könnte bei einer solchen Konzeption als Anker in einer gemeinsamen Strategie wirken.

Leider hat die Emscher-Lippe-Region landesweit gesehen unterdurchschnittliche Struktur- und Sozialdaten. Pro 100 Einwohner haben wir in der Emscher-Lippe-Region nur 28 sozialversicherungspflichtig Beschäftigte, Düsseldorf hingegen 60. Das ist ein enormer Abstand. Diese Region sollte zusammenstehen, damit für sie seitens des Landes Maßnahmen getroffen werden, die eine Weiterentwicklung ermöglichen.

Ich weiß aus meiner vorherigen Tätigkeit, dass die Kommunalpolitik das hier genauso sieht. Aber es sollte auch nach außen deutlich gesagt werden: Wir wollen die Emscher-Lippe-Region zu einer Modellregion machen. Deshalb war es eine gute Idee, dass der Verein für Orts- und Heimatkunde e.V. sich vorgenommen hat, dieses Thema heute zu behandeln. Ich würde mich freuen, wenn ich einen kleinen Beitrag dazu geleistet habe, dass man über diese Problematik der Strukturpolitik und der Bedeutung von Buer auch weiterhin im positiven Sinne nachdenkt.

Diskussion

Ulli Potofski:
Danke schön, Herr Dr. Paziorek. Ich möchte mich noch einmal kurz vorstellen. Mein Name ist Ulli Potofski, ich bin Gelsenkirchener, geboren 1952 auf der anderen Seite des Kanals, Schalker. Ich habe gerade gemerkt, wie wichtig es Ihnen ist, dass Buer existent ist und was Buer alles für Gelsenkirchen tut. Ich habe das früher auch schon immer so empfunden. Die andere Seite war die schönere Seite, das stimmt schon. Da hat man ein bisschen neidisch rüber geschaut. Das Einzige, was mir etwas Kummer macht – wenn ich so hier in die Reihen schaue –, das ist unser gemeinschaftliches Durchschnittsalter. Wenn ich hier unterwegs bin auf der anderen Seite des Kanals, frage ich mich immer, womit ich Geld verdienen könnte in Gelsenkirchen. Ich glaube, ich würde einen Laden für Rollatoren aufmachen. Das ist etwas böse, aber wenn man das sehr, sehr kritisch betrachtet, kommt einem das manchmal in den Kopf. Jetzt möchte ich die Herren auf dem Podium bitten, zu sagen, welcher Platz in Gelsenkirchen für Sie der interessanteste und schönste ist.

Dr. Klemens Wittebur:
Die neu hergerichtete Domplatte, der neue Domplatz im Norden der Hochstraße.

Werner Wöll:
Ich reflektiere auf ein Gebiet, das noch nicht existent ist in der Form, also noch überplant wird, nämlich das Gebiet der ehemaligen Kinderklinik, wo ein hervorragendes Wohngebiet entstehen wird und was dann die Anziehungskraft hat, die gewünscht wird, um für Gelsenkirchen neue Bevölkerungsschichten zu gewinnen.

Peter Tertocha:
Also, wenn es um einen konkreten Platz geht, ist es sicherlich die Gegend rund um den Ber-

ger See, und wenn ich eine größere Fläche wählen darf, ist es das gesamte Zentrum von Buer rund um die Hochstraße.

Jens Schäfer:
Ich schwanke da ein wenig, weil es eine Menge Orte gibt, die ich als schön oder als interessant empfinde. Im Moment ist es aufgrund des guten Wetters meine Laufstrecke, und zwar rund um und durch den Stadtwald. Das ist es sehr schön. Man glaubt nicht, dass man sich in einem ehemaligen Industriegebiet befindet.

Ulli Potofski:
Ich bin überrascht, dass keiner etwas von Schalke gesagt hat, auch etwas enttäuscht. Schalke ist doch eigentlich der Stolz der Region, darüber sind wir bekannt. Wir haben einige Stichworte geliefert bekommen für unsere Diskussion und ich möchte Sie noch einmal bitten, uns nacheinander Ihre These zu sagen zu unserer Überschrift: Welche Rolle kann Buer für Gelsenkirchen in der Emscher-Lippe-Region spielen? Weicht die davon ab, was wir von Herrn Dr. Paziorek gehört haben?

Jens Schäfer:
Herr Dr. Paziorek hat sehr viel Richtiges und Wichtiges zu der Diskussion gesagt, weil Buer in Westfalen auch als Claim, wenn man so möchte, immer noch zieht und man sich die Stärken dieses Stadtzentrums, dieses Teils von Gelsenkirchen klar machen muss. Ich glaube aber, dass es wichtig ist, um auch eine bedeutende Rolle zu spielen, eine Einzigartigkeit herauszuarbeiten. Das kann die Energiewirtschaft sein, das kann der Einzelhandel sein, das kann aber auch das Thema Bildung sein. Die FDP-Ratsfraktion hat in diesem Jahr ein Campus-Konzept vorgestellt zur Stärkung auch der Westfälischen Hochschule, die – die Entscheidungen sind nun mal ein paar Jahrzehnte vorher getroffen worden – sehr an den Rand von Gelsenkirchen gerückt wurde. Trotzdem sind wir der Meinung, dass sie ein ganz starkes Pfund ist, mit dem wir auch wuchern können und das man noch wesentlich stärker herausstellen kann.

Ulli Potofski:
Darf ich mal da die Zwischenfrage stellen: Weiß man das außerhalb von Gelsenkirchen, dass es sowas überhaupt hier gibt? In einer Medienstadt wie Köln – weiß, glaube ich – kein Mensch, dass es in Gelsenkirchen junge Leute gibt, die Journalismus oder etwas drumherum in den Medien studieren. Woran liegt das?

Jens Schäfer:
Das ist eine sehr gute Frage, aber Sie haben gerade den Lehrstuhl PR und Journalismus angesprochen, der als einer der wirklich herausragenden Lehrstühle gilt und der gerade junge Menschen aus ganz Deutschland mittlerweile nach Gelsenkirchen zieht, weil er über die Grenzen des Ruhrgebietes hinaus immer bekannter wird. Deswegen ist es uns sehr wichtig, die Hochschule an dieser Stelle zu stärken, auch bekannter zu machen, gemeinsam zu überlegen, wie man das anstellen kann. Beispielsweise in der Stadtplanung und Stadtentwicklung darüber nachzudenken, ob man nicht Quartiere auch im Bereich und im Umfeld der Fachhochschule stärker in dieses studentische Leben einbezieht, um daraus für eine neue Attraktivität auch gerade für junge Leute zu ziehen, die Sie ja in Ihrem Eingangsstatement einbezogen haben, und sie stärker an diese Stadt und in diese Stadt zu binden.

Ulli Potofski:
Jetzt könnten wir aus Ihren Statements heraus schon in die Diskussion gehen, aber ich möchte trotzdem allen anderen zunächst die Möglichkeit geben, aus ihrer Sicht zu sagen, welche Rolle Buer für Gelsenkirchen spielen kann.

Peter Tertocha:
Also, wenn Buer eine Rolle spielen soll, die auch über die Grenzen hinausgehen soll, dann

muss es sich meines Erachtens auf die Stärken besinnen, die es hat. Das ist das Flair, das in Buer existiert, das ist auch viel die gewachsene Struktur – und das darf vor allen Dingen nicht austauschbar erscheinen. Wenn Städte untereinander Verwechslungsgefahr bergen, wird es schwierig, und diesen Weg dürfte man auf keinen Fall gehen.

Ulli Potofski:
Was wäre auf Buer bezogen etwas, was man nicht verwechseln kann?

Peter Tertocha:
Zum Beispiel, wenn man eine Einkaufsstruktur hat an den Einkaufsstraßen, die langsam auch in Buer immer mehr austauschbar wird, dass historisch gewachsene Geschäfte, aus gutem Grund auch manchmal, sagen, wir können nicht mehr. Mittlerweile wird auch Buer ein bisschen austauschbar. Da sehe ich eigentlich eine Gefahr. Hier ist ein Besinnen auf die Stärken, die es mal gab, angesagt. Da hoffe ich auch auf das ehemalige Karstadt-Gebäude – ich bleibe lieber bei diesem Namen –, dass da einiges in Bewegung gerät, was positiv sein könnte für Buer. Ich möchte noch zwei Punkte herausgreifen und nehme mal den Ball auf zur Diskussion über die Fachhochschule: Ich glaube nicht, dass heute noch jemand auf die Idee käme, an solch eine Stelle eine Fachhochschule zu platzieren, nämlich an den Stadtrand in die Heege, wo es so aussieht: hinfahren, studieren und wieder nach Hause fahren. Aber das zu Hause liegt in der Regel nicht in Gelsenkirchen oder in Buer. Und dann hängt das Ganze damit zusammen, dass der Bekanntheitsgrad überregional gesehen zumindest sehr gering ist, maximal in Szene-Kreisen. Ich sehe da auch kaum eine Lösung, wie sich das noch wesentlich verbessern ließe. Vielleicht über einen ganz langen Zeitraum, dass da auch noch eine Infrastruktur entsteht, aber das ist ein Fehler, der vor vielen Jahren gemacht wurde – und man würde ihn heute wahrscheinlich nicht mehr so machen.

Ulli Potofski:
Ist der Fehler zu reparieren?

Peter Tertocha:
Schwierig. Also, so in der Heege ist ja eine relativ freie Fläche. Es ist überhaupt keine studentische Infrastruktur dort vorhanden und die Leute fahren halt nach Hause. Man kann natürlich Einiges erreichen über ein Campus-Konzept, was Jens Schäfer gerade angesprochen hat, sprich, dass man auch mehr Studentenwohnungen in der Nähe hat. Aber die Zeitspanne, die es benötigt, um eine solche Infrastruktur dort entstehen zu lassen – ich glaube, da reden wir schon über 15, 20 oder mehr Jahre.

Ulli Potofski:
Also, einmal Bildung, dann das Unverwechselbare, was Buer ausmacht und jetzt Herr Wöll. Bitte Ihre These.

Werner Wöll:
Meine These lautet, dass Gelsenkirchen ein Imageproblem hat, im Gegensatz zu Buer. Buer ist so wichtig für Gelsenkirchen, wie das Wasser zum Leben für die Menschen. Das kann man durchaus mal sagen. Auf der anderen Seite darf man auch nicht übertreiben. Das Ganze ist eine Wechselbeziehung. Wir haben ja auch gerade gehört, dass, wenn wir uns aufteilen würden, die Bevölkerungszahl zu klein wäre, um die Rolle, die eigentlich Gelsenkirchen in der Region spielen muss, annehmen zu können. Deswegen müssen wir in der Tat die Stärken, die in Buer vorhanden sind – das ist zum Beispiel auch die Industrie – herausstellen. Nicht umsonst haben wir im Zuge der BP-Norderweiterung diese Diskussion geführt. Wir müssen Arbeitsplätze hierhin bekommen, um auch die Kaufkraft in der Stadt zu binden, um die nötige Infrastruktur und einen gedeihlichen Einzelhandel hier in der Stadt zu haben. Das müssen wir bewerkstelligen, das ist wichtig. Freiraumplanung ist genannt worden: Das ist das eine. Aber wir

müssen natürlich sehen, dass die Bevölkerung entsprechende Arbeitsplätze kriegt, dass entsprechende Wohnungen vorhanden sind. Wohnbedürfnisse ändern sich im Laufe der Jahre, der Anspruch wird höher. Deswegen ist das von mir eingangs angeführte Kinderklinikgelände ein wichtiger Impuls.

Ulli Potofski:
Danke schön, Herr Wöll. Nun fehlt uns noch Herr Dr. Wittebur.

Dr. Klemens Wittebur:
Es war ganz wichtig in den letzten Jahren für Buer – und damit aber dann auch in seiner Bedeutung für die gesamte Stadt Gelsenkirchen –, dass es uns gelungen ist, über mindestens zehn Jahre eine Diskussion über einen Leitplan zu führen, wobei es darum ging, dass Buer sich nicht allein über den Einzelhandel definiert, sondern dass es eine Verbindung geben muss zwischen attraktivem Wohnen im Zentrum von Buer, Einzelhandel in Buer, Dienstleistungen in Buer und Kulturangeboten in Buer. Das ist uns gelungen, wenn man sich anschaut, was in den letzten zehn Jahren passiert ist; das ist ein großes Pfund, das Buer in die Stadt Gelsenkirchen einbringen kann. Und wenn viele Menschen inzwischen aus der Umgebung zurück ins Buersche Zentrum kommen, dann ist das genau darauf zurückzuführen, dass es hier im Zentrum von Buer eben sehr attraktiv ist zu leben, zum Beispiel auch als älterer Mensch. Denn man hat kurze Wege, viele Angebote, die man zum täglichen Leben braucht, die man woanders nicht hat.

Ich möchte einen Punkt ansprechen, der mir hier etwas zu kurz gekommen ist: das Grüne, das in und vor allen Dingen rund um Buer vorhanden ist. Herr Dr. Paziorek hat zu Recht darauf hingewiesen, dass natürlich alles das, was mit der Norderweiterung verbunden ist, nicht unumstritten ist. Gerade die SPD-Ratsfraktion hat immer deutlich gemacht, dass wir beide Teile sehen müssen: Zwar werden zusätzliche Freiflächen für Industrie benutzt. Im Gegenzug wird der Buersche Grüngürtel aber nach Hassel hin ausgeweitet. Dort, wo früher Industrie war und wo eine riesige Kokerei stand, wird in Zukunft wieder ein Wald vorhanden sein. Wir geben der Natur einen gewissen Platz zurück. Das ist genau das, was wir als SPD-Fraktion im Zusammenhang mit Industriepolitik für sinnvoll erachten.

Letzte Bemerkung zur Westfälischen Hochschule, weil das kritisch angesprochen wurde. Ich bin davon überzeugt, dass die Westfälische Hochschule in den nächsten Jahren an Bedeutung gewinnen wird. Und wenn hier beispielsweise der Studiengang Journalismus oder Public Relations angesprochen wurde, der noch unbekannt sei, hat das auch etwas damit zu tun, dass es seine Zeit dauert, bis sich bestimmte Dinge durchsetzen. Als ich in den 1970er-Jahren in Münster Kommunikationswissenschaften studiert habe, gab es zwei große Standorte für Journalismus. Der eine war Dortmund, der andere war München; da hat noch niemand über Köln geredet. Genauso kann es in 20 Jahren sein, dass man viel über Gelsenkirchen und über Gelsenkirchen-Buer redet, wenn es über bestimmte Studiengänge geht, die jetzt vielleicht noch gar keiner kennt.

Ulli Potofski:
Herr Dr. Paziorek, irgendwas hinzuzufügen? Fehlt da noch irgendwas? Hätten Sie von den Handelnden in der Stadt noch etwas anderes erwartet?

Dr. Peter Paziorek:
Nein, ganz im Gegenteil. Ich glaube schon, dass es auch richtig war, gerade die Westfälische Hochschule von allen noch mal angesprochen zu bekommen. Der Name „Westfälische Hochschule" war ja sehr umstritten. Es haben ja einige darin Verrat an der Zusammenarbeit der Ruhrgebietshochschulen und der Ruhrgebietsfachhochschulen gesehen. Ich fand die Entscheidung sehr klug, weil die

Schwerpunkte dieser Westfälischen Hochschule, die jetzt auch wohl darum kämpft, ein Promotionsrecht zu bekommen, außer Buer noch Ahaus, Bocholt und Recklinghausen als Standorte hat. Das ist der gleiche Weg, wie zum Beispiel in der Vermarktung der Emscher-Lippe-Region oder des nördlichen Ruhrgebiets. Man muss sich absetzen. Man muss das eigene Profil zeigen – und das dauert. Aber für mich ist das ein gewaltiger Baustein, um die Emscher-Lippe-Region und damit auch Buer attraktiver zu machen. Alles andere kann ich auch nur unterschreiben. Ich kann nur bitten, die Zusammenarbeit auch in der Stadt so vorzunehmen, kommunalpolitisch, dass die Bedeutung von Buer nicht schlechtgeredet wird. Man muss herausarbeiten, dass die Doppelzentren in Gelsenkirchen eine große Chance für die Stadt sind, um ihre oberzentralen Funktionen wahrzunehmen. Man muss daran arbeiten, Buer eine besondere Funktion zuzuweisen. Buer war früher einmal bei den Gaststätten ein Klein-Münster. Herr Tertocha hat Recht: Strukturen müssen auch historisch wieder wachsen und aufgenommen werden.

Ulli Potofski:
Wir haben ja gehört, Freiräume müssen geschaffen werden, Wohnungen müssen entstehen. Wie kann man das finanzieren? Wie kriegt man Investoren? Wie kommt man an das Geld, um all diese Dinge dann auch wirklich umzusetzen?

Dr. Klemens Wittebur:
Das Geld für größere Investitionen, sei es nun für Stadterneuerung oder sei es, um Arbeitsplätze zu schaffen, dieses Geld muss von Privatleuten kommen. Die öffentliche Hand hat dieses Geld nicht, und man muss sich fragen, ob es Aufgabe der öffentlichen Hand wäre, hier das Geld auszugeben oder ob es nicht eher Aufgabe ist, im öffentlichen Bereich für Bildung und anderes das Geld auszugeben.

Christian Schramm:
Mein Name ist Christian Schramm. Ich wohne in Buer und bin beruflich Architekt. Ich möchte mich zur Grundsätzlichkeit von Investitionen hier in Gelsenkirchen äußern, weil wir hier, so wie in vielen Bereichen des Ruhrgebietes, die Stadt der Unglückseeligen sind. Wir haben rundherum wesentlich bessere Rahmenbedingungen. Wir sind zwar das Ruhrgebiet, wir sind aber trotzdem wieder Solitäre und schaffen es nicht, einheitliche Förderrichtlinien hinzubekommen. Wir haben in Gelsenkirchen, abgesehen von Herne, die schlechteste Mietenstufe, die in der öffentlichen Förderung überhaupt zu finanzieren ist: Ich bekomme in Buer wesentlich weniger Fördermittel als zum Beispiel in Bochum, Gladbeck, Essen oder Recklinghausen. Wenn ich hier ein Objekt baue, muss ich es ungefähr 30 Prozent billiger bauen als in Essen. Ich baue gerade an der Gelsenkirchener Straße in Essen-Katernberg, gerade hinter dem Ortseingangsschild von Essen. Man merkt es überhaupt nicht, wenn man von Rotthausen nach Essen oder von Bülse nach Gladbeck fährt. In Gelsenkirchen bekomme ich 1.050 Euro Förderung den Quadratmeter öffentlich geförderter Wohnraum, in allen umliegenden Städten 1.350 Euro. Hier haben wir die Mietenstufe zwei mit 4,45 Euro und in allen umliegenden Städten die Mietenstufe mit 5,15 Euro. Das ist eine Unmöglichkeit. Ich war zwölf Jahre Vizepräsident der Kammer in Düsseldorf und habe fünf Minister miterlebt: nach Vesper, Wittke, Lienkämper und Vogtsberger jetzt Groschek. Aber diese Sache haben wir nicht ändern können, eine Katastrophe. Deswegen müssen wir uns als Stadt bei der Politik besser verkaufen. Das schlechte Standing hat 1975 angefangen. Wir sind immer im Hintertreffen, und da sind Politik und unser Marketing gefordert.

Wilhelm Bialy:
Es wurden Parameter genannt, die nachvollziehbar sind, um die Rolle Buers zu

verstärken, aber ein Punkt sollte auch Berücksichtigung finden, und zwar der Lärm. Gelsenkirchen ist eine der lautesten Städte, und wir können nachvollziehen, dass gut verdienende Bürger, nicht nur weil sie früher nicht adäquaten Wohnraum fanden, sondern auch wegen des Lärmes weggezogen sind. Ich sage das als erster Sprecher der Bürgerinitiative Lärm Gelsenkirchen. Wir haben wieder verschiedene Aktionen vor, und ich bitte auch die Politiker, sich dieses Lärm-Problems anzunehmen.

Ulli Potofski:
Woran macht man das fest, dass Gelsenkirchen eine der lautesten Städte ist? Ist das ein Thema in der Stadt? Ich bin überall auf der Welt unterwegs, bin nächste Woche wieder für 14 Tage in London. Ich habe immer den Eindruck, in London ist es viel lauter als in Buer.

Dr. Klemens Wittebur:
Es gibt bestimmte Bereiche, die in der Tat lärmgestresst sind, wobei ich mal sagen würde, dass das im Gelsenkirchener Süden, also zum Beispiel an der Kurt-Schumacher-Straße immer noch eine ganz andere Dimension hat als zum Beispiel hier auf der De-La-Chevallerie-Straße, die man aber auch nicht unterschätzen sollte. Aber ich wollte noch was anderes sagen. Meine Wahrnehmung ist, dass zum Beispiel der Einzelhandel eine sehr starke Werbung für Buer, dann aber auch für die gesamte Stadt Gelsenkirchen ist. Das kann man gar nicht hoch genug ansetzen. Außerdem ist der Gelsenkirchener Norden so grün, wie nur ganz wenige Städte dieser Größenordnung.

Peter Tertocha:
Ja, manchmal würde ich mir auch wünschen zu sagen, ein bisschen mehr Selbstbewusstsein würde auch einigen ganz gut tun innerhalb der Stadt, auch manchmal einem selbst, wo man seine Stärken herausstellt. Stadtmarketing war in Gelsenkirchen über Jahre ein Randgeschäft, was von ein, zwei Leuten mitgemacht wurde, aber eigentlich hat sich niemand darum gekümmert. Das hat sich gebessert in den vergangenen zwei, drei Jahren durch neue handelnde Akteure. Aber viele neigen dazu, über Probleme zu reden. So ist das Musiktheater ein Kern der Debatte „oh, watt datt wieder kostet“. Damit muss man werben, dass man so etwas hat. Aber keiner redet darüber, was das für ein Image-Faktor für die Stadt ist. Wenn ich nur, wie in einigen Städten, auf der grünen Wiese irgendwie Wohnraum schaffe, bekomme ich auch Bevölkerungszahlen, die hochgehen, aber das ist nicht attraktiv.

Ulli Potofski:
Ich habe, Dr. Paziorek, gerade als Kernaussage Ihres Vortrags mitgenommen, dass die Förderprogramme kleinteiliger werden. Was müssen wir uns darunter verstellen?

Dr. Peter Paziorek:
Es wird jetzt eine Förderdiskussion geben zum Thema Bildung. Wir haben hier das Problem, dass wir in der Emscher-Lippe-Region stärker bildungsferne Schichten haben als in anderen Regionen. Es wird eine Diskussion stattfinden, wie die Förderkulisse im Verbund mit Bottrop, Gelsenkirchen und Recklinghausen gestrickt wird. Dann muss man gemeinsam auftreten, um diese neue Förderstrategie positiv hierhin zu lenken. Das wird für besondere Bildungsprogramme laufen, das wird vielleicht für besondere Städtebauförderprogramme laufen, wirtschaftlich. Das wird nur gehen, wenn tatsächlich auch das Bewusstsein einer gemeinsamen Region da ist. Das ist kleinteilig insofern, als es nicht um das ganze Ruhrgebiet geht, aber auch nicht nur um Gelsenkirchen alleine, sondern um diese Mischform der Region dazwischen.

Werner Wöll:
Kommunale Zusammenarbeit ist das Stichwort auf allen Ebenen, weil es alleine gar

nicht mehr geht. Man müsste Kräfte bündeln, weil man nur dann geballt auftreten kann und die Position letztendlich auch einfordern kann.

Dr. Klemens Wittebur:
Ja, ein ganz konkretes Beispiel ist hier im Gelsenkirchener Norden das gemeinsame Städtebau-Entwicklungsprojekt von Gelsenkirchen und Herten. Da können wir eine Vorreiterrolle spielen

Jens Schäfer:
Dass die interkommunale Zusammenarbeit gut ist, so wie sie schon durchgeführt wird, und dass sie weiter ausbaufähig ist, das ist, glaube ich, Konsens aller Parteien. Das sind sehr, sehr wichtige Punkte, aber wir haben ja gerade einen anderen Bereich angesprochen, das waren die Rahmenbedingungen, um Gelsenkirchen auch für auswärtige Investoren attraktiver zu machen. Das gilt für viele Bereiche, auch für die Gestaltungssatzung, die vor fünf Jahren komplett überarbeitet wurde. Wir sind der Meinung, dass man jetzt noch einmal schauen muss, ob alles so richtig war. Wie restriktiv muss Stadtplanung an der Stelle sein? Wir haben nur vereinzelte Gastronomie, aber die wird teilweise sehr geknebelt, wenn sie ihre Außengastronomie erweitern möchte. Ein anderes Thema ist die kulturelle Entwicklung. Wir haben bald die Kulturmeile. Was passiert wirklich alles darauf? Bezieht sich das nur auf das Museum und die Kunstwiese? Kann man da nicht noch mehr machen? Frage auch an den Heimatverein, was vorhin aufkam zum Heimatmuseum: Besteht zum Beispiel die Möglichkeit, im irgendwann einmal freigezogenen Finanzamtsgebäude wieder etwas im Bereich Heimatmuseum zu machen? In unserer Nachbarstadt Gladbeck ist das Finanzamt auch ausgezogen, das ist jetzt ein Zentrum der Kreativwirtschaft geworden. Da sind jetzt viele Unternehmen, die dort ein Gründerzentrum sehr, sehr erfolgreich betreiben. Das heißt jetzt „Kreativamt".

Werner Wöll:
Wir finden diese Karstadt-Problematik ja praktisch in jeder Stadt, aber hier ist es wirklich gelungen, mit Investoren ein Konzept zu erarbeiten, das trägt. Der Glaube an Buer ist also vorhanden, und das muss einfach mal gestärkt werden. Ein anderes Beispiel ist das ehemalige Bergamt, das auch von einem Privatmann gekauft worden ist. Das sind alles Beispiele, wo privates Engagement von statten geht, zum Vorteil von Buer. Vielfach muss man die Leute aber auch führen. Das haben wir in Horst gesehen bei der Diskussion um die Essener Straße. Da waren viele Einzelinteressen, alle haben den Zustand beklagt. Der Wille war da, aber letztendlich muss dann auch die Stadt die Aufgabe übernehmen. Manche sind wirtschaftlich potent und dazu bereit, etwas zu machen, aber das muss viel mehr abgerufen werden hier in der Stadt.

Dr. Gerd Escher:
Interkommunale Zusammenarbeit wird begrüßt, aber wird sie auch konzentriert auf diese Region? Es gibt in Marl eine Initiative, die kümmert sich um die Emscher-Lippe-Region als Sprachrohr. Man baut da etwas auf, um für die Region tätig zu werden. Wir haben die Emscher-Lippe-Agentur, die war mal hier in Gelsenkirchen, die ist nach Herten abgewandert. Die hat man abziehen lassen. Es ist eine Frage, warum? Wenn wir die Bedeutung erkennen und eine Rolle spielen wollen, dann müssen wir uns auch engagieren und bemühen, diese Agenturen und diese Ämter zu uns zu holen und dort intensiv mitzuarbeiten.

Dr. Klemens Wittebur.
Ich muss Herrn Dr. Escher ein wenig widersprechen. Es ist nicht entscheidend, ob der Sitz des Regionalsekretariates, wie das heutzutage heißt, in Herten ist, ein paar Kilometer von Buer entfernt, oder in der Stadt Gelsenkirchen. Ich bin eigentlich davon überzeugt,

dass wir wirklich zusammenarbeiten müssen. Die Zusammenarbeit lässt aber zuweilen zu wünschen übrig.

Werner Wöll:
Die Zusammenarbeit muss Köpfe haben und Hauptaugenmerk müssen die Hauptverwaltungsbeamten darauf legen. Sie müssen die Treiber in dieser Frage sein. Deswegen einfach von hier aus die Aufforderung, dass der Oberbürgermeister das letztendlich zu seiner Chefsache macht, die regionale Zusammenarbeit ganz oben auf die Tagesordnung zu setzen. In der Tat ist das politisch unstrittig. Aber die Kräfte müssen auch gebündelt werden. Und deswegen muss das, wie wir von der CDU meinen, mit dem Kopf verbunden sein, und das kann im Grunde nur das Stadtoberhaupt sein.

Peter Tertocha:
Ich glaube schon, dass sich einiges in den letzten Jahren in Sachen Zusammenarbeit zwischen den Städten in der Emscher-Lippe-Region deutlich verbessert hat. Dann ist es für mich wirklich nicht wichtig, ob der Standort irgendwo in Gladbeck, Herten oder Gelsenkirchen sitzt. Ich hätte ein Problem damit, wenn er plötzlich nach Münster oder so verlagert wird und das Ganze dann zentral gesteuert wird. Ich glaube, da ist schon einiges in den letzten fünf bis zehn Jahren angestoßen worden.

Jürgen Hansen:
Mein Name ist Jürgen Hansen, Piratenpartei Gelsenkirchen. Wenn ich recht informiert bin, hat die SPD seit 1949 hier die Ratsmehrheit. Ich weiß wohl, es waren zweimal CDU-Oberbürgermeister, der Rest war SPD und auch der Rat war in der Mehrheit SPD. Das soll keine Kritik sein, die Mehrheiten waren so. Wir sitzen ja noch nicht im Rat – noch nicht, wir hoffen, dass wir es hinbekommen werden, zumindest hier in Gelsenkirchen, nicht lächeln, über den Bundestag rede ich jetzt nicht –, aber ich hätte Ihnen geantwortet, mein schönster Platz hier in Gelsenkirchen wäre das Haus, wo wir Liquid Democracy einführen dürfen. Da liegt der Knackpunkt bei allen Parteien. Der Herr von der FDP, ich bin ganz nah bei Ihnen. Campus-Diskussion, wunderbar. Handelsdiskussion, was die Grünen angesprochen haben. Die Infrastruktur. Aber woran lag das? Es lag einfach daran, meine Herren, dass Sie es in den Jahren vorher versäumt haben, die Menschen mitzunehmen hier in Gelsenkirchen. Sie haben es einfach nicht auf die Reihe bekommen, obwohl die technischen Möglichkeiten heute und vor Jahren schon da gewesen wären, eine solche Sache einzuführen, um sich nämlich die Legitimation der Bürgerinnen und Bürger von Gelsenkirchen für so weittragende Entscheidungen, wie den Campus da draußen hin oder nicht dort draußen hin, Hans-Sachs-Haus ... – ich könnte weitere Sachen aufzählen, um sich die Legitimation zu holen. Nein, was haben Sie gemacht? Sie haben es unter 66 Leuten im Rat ausdiskutiert, wie auch immer, und haben es dann einfach entschieden.

Ulli Potofski:
Aber funktioniert Demokratie nicht so?

Jürgen Hansen:
Nein, so funktioniert sie nicht mehr. Nicht mehr in unserer heutigen Zeit. Wir leben nicht mehr in der Zeit, in der Demokratie gemacht wird von 600 Abgeordneten in Berlin oder von 66 im Rat von Gelsenkirchen. Demokratie lebt nach unserem Verständnis heute davon, alle mitzunehmen und niemanden zurückzulassen und alle einzubinden in Beschlüsse, in Entschlüsse, die von so weitreichender Tragweite sind. Und das, denke ich, hätte man tun sollen, dann wäre es gar nicht mit der Strukturschwäche und auch mit Buer so weit gekommen. Ich glaube, das war ein Grundfehler in unserer Politik.

Peter Tertocha:
Manchmal muss die Politik entscheiden, wenn verschiedene Positionen innerhalb der Bevölkerung recht stark sind. Ich mache das mal an dem Beispiel des gerade angesprochenen Hans-Sachs-Hauses klar. Da bin ich gerne bereit zu sagen, dass man die Position vertreten kann, es zu sanieren oder es nicht zu sanieren. Aber die Bevölkerung war da relativ gespalten. So muss man es einfach hinnehmen, in vielen Umfragen waren die Menschen dafür, in vielen gab es auch eine nennenswerte Anzahl von Leuten, die dagegen waren. Und irgendwann muss auch mal pragmatisch entschieden werden, was man nun macht. Und dann ist eine Entscheidung gefällt worden, das historische Hans-Sachs-Haus zu erhalten, auch wenn es nicht ganz billig wird. Ansonsten hätte die praktische Umsetzung nie erfolgen können, das ist das Problem an der Sache. Das war schon ein Prozess, der selbst in der gerade beschriebenen Struktur fast zehn Jahre gedauert hat.

Werner Wöll:
Letztendlich ist das alles ein Instrument zur Meinungsbildung. Das ist ja akzeptiert mittlerweile, das will man ja auch gar nicht in Abrede stellen. Aber die Letztverantwortlichkeit der Politik kann dadurch nicht ersetzt werden. Ich denke, das ist Konsens hier. Davon müssen wir uns nicht gegenseitig überzeugen.

Dr. Klemens Wittebur:
Also, ich will genau das Gegenteil als Beispiel bringen, um deutlich zu machen, was da gerade behauptet wurde, dass das zum Beispiel hier gerade für die Entwicklung Buers überhaupt nicht stimmt. Wir haben in den letzten Jahren einen Leitplan Buer entwickelt, wofür wir uns regelmäßig mit allen möglichen gesellschaftlichen Gruppen in Buer – ob Einzelhandel, Kirchen, Banken, Gewerkschaften, Politiker, Verwaltung – zusammengesetzt haben, mehrere Sitzungen, größere Zusammenkünfte, kleinere Zusammenkünfte, um genau das zu entwickeln, was in den letzten Jahren passiert ist. Es ist einfach falsch, wenn hier behauptet wird, dass das irgendwo nur in den Parlamenten ausgetragen wird. Ansonsten ist es so, und dazu stehen wir auch als politische Partei, dass wir nach wie vor in einer parlamentarischen Demokratie leben, wo bestimmte Entscheidungen über Parteien, über Wahlen letztendlich dann in Parlamenten entschieden werden. Und das hat auch nach wie vor, davon bin ich auch ganz persönlich überzeugt, seine Berechtigung. Ich würde immer noch sehr vorsichtig sein, wenn man diese parlamentarischen Entscheidungen durch plebiszitäre Entscheidungen alleine ersetzen würde, weil man nie so genau weiß, wer sich dann letzten Endes durchsetzt, weil sich da die Frage stellt, wie dann politische Meinungen zustande kommen. Wer beeinflusst eigentlich wen? Wer wen wie? Das ist problematisch. Von daher bin ich immer noch davon überzeugt, dass die parlamentarische Demokratie in der Tat das ist, woran ich festhalten möchte.

Adolf Nowak:
Ich habe eine so schlichte Frage, dass ich mich kaum traue, sie zu stellen. Ich möchte von dem Thema ausgehen, welche Rolle Buer für Gelsenkirchen spielen kann, und auf den Namen Buer eingehen. Eine kleine Anekdote: Eines sonntags morgens löste ich das Kreuzworträtsel in der Welt am Sonntag, da kam ein Begriff vor: „Nobelvorort von Gelsenkirchen" mit vier Buchstaben. Raus kam natürlich „Buer". Und meine Frage zielt dahin: Kann man nicht den Klang Buer – es kam ja öfter auch schon zur Sprache – nicht im Namen der Stadt verankern? Es gibt zum Beispiel Oer-Erkenschwick. Warum nicht Buer-Gelsenkirchen?

Dr. Peter Paziorek:
Wenn man das marketing-technisch sieht, das muss man wohl anerkennen, was Adolf Nowak da gesagt hat. Sie glauben gar nicht, was

das für einen Donnerhall hervorrufen würde in ganz Deutschland. Genauso, wie, wenn Schalke deutscher Meister wird, das wird ja jetzt bald stattfinden.

Ulli Potofski:
Oh, Gott!

Dr. Peter Paziorek:
Herr Potofski muss dann verhindern, dass seine Journalisten-Kollegen sich nur ganz bestimmte Ecken in Gelsenkirchen anschauen, um wieder das Bild zu malen, wie schlecht das hier aussieht. Das Problem wäre die Diskussion in der Stadt. Es würden natürlich all die Argumente kommen: Was bedeutet das allein schon für Kosten, Umstellung? Was bedeutet das im Zusammenleben der beiden Stadtzentren? Dass es für das Zusammenwachsen der Städte falsch war, 1930 den damals vorhandenen Stadtnamen Gelsenkirchen-Buer zu ändern, ist ja wohl heute unbestritten. Wir hätten manch anderes Klima in dieser Stadt, wenn diese Stadt einen Doppelnamen hätte, wie Rheda-Wiedenbrück, wo die einen in Rheda total evangelisch sind und nicht nach Wiedenbrück gehen und die Wiedenbrücker nicht nach Rheda gehen, weil die da oben alle evangelisch sind. Und trotzdem klappt es hervorragend, weil jeder auch das gewisse Achtungsgefühl hat. Aber zu glauben, dass das stadtmarketingmäßig wirklich getragen würde in der Stadt, da, Adolf, hätte ich meine ganz großen Zweifel.

Dorothea Umbach:
Ich möchte gar nicht in die große Politik hier reingehen, sondern zwei ganz lokale Punkte ansprechen, die wir eben schon hatten. Ich fände es auch sehr gut, wenn neben dem tollen Kunstmuseum wieder ein Heimatmuseum existieren würde. Das würde sicher auch unsere Attraktivität steigern. Und ich habe vor einigen Wochen in der WAZ einen Artikel gelesen über Haus Grotthoff im Gebiet Löchter in Hassel-Süd, ein Fachwerkhaus, das 200 Jahre alt ist, vom Landschaftsverband aufgekauft wurde und nun vor sich hin gammelt. Das könnte man ja eventuell für ein Heimatmuseum oder Heimatkabinett umbauen, wenn man da die richtigen Sponsoren finden würde.

Werner Wöll:
Wenn das Haus im Besitz des LWL ist, dann muss man mit den Vertretern vom LWL hier in Gelsenkirchen sprechen. Es gibt ja Vertreter, die vom Rat der Stadt Gelsenkirchen in den LWL gewählt werden, ich will das gerne mitnehmen in unsere Fraktion. Wir haben auch einen Vertreter und dann kann man das entsprechend transportieren. Die Idee finde ich absolut in Ordnung, und wir wollen versuchen, dass wir die befördern können.

Dorothea Umbach:
Mein zweiter Punkt ist unser Weihnachtsmarkt in Buer. Ich fände es sehr gut, das ist auch schon ein paarmal in den Medien gewesen, wenn sich der Weihnachtsmarkt auf den Domplatz ausdehnen würde, und nicht nur aus einer langen Reihe oder zwei langen Reihen an der Hochstraße entlang besteht, wo den Händlern noch die Schaufenster zugestellt werden von den Buden. Also, wir haben so eine schöne Domplatte, wo man das ohne weiteres integrieren könnte, so einen Weihnachtsmarkt. Denn Buer will sich ja nach Westfalen orientieren und im Münsterland sind die Weihnachtsmärkte generell um die Kirchen herum. Ich weiß nicht, warum das nicht gemacht wird, wer sich dagegen sträubt, da unten den Domplatz mit einzubeziehen.

Jens Schäfer:
Sie sprechen mir da aus der Seele, was die Weihnachtsmärkte angeht. Das ist ein Dauerthema: Auch wir als FDP-Ratsfraktion fordern das seit Jahren, es zumindest auszuprobieren. Was ist mit einer Konzentrierung der Weihnachtsmärkte einmal auf dem neu gestalteten Domplatz und einmal vielleicht noch im Bereich des Goldbergplatzes, so dass

man zwei Zentren hat? Wir sind der Meinung, dass das die Attraktivität und auch die Aufenthaltsdauer auf den Weihnachtsmärkten wesentlich mehr steigert als einzelne Buden innerhalb der Hochstraße. Man hat uns gesagt, von Seiten des Stadtmarketings, dass die Kaufmannschaft das nicht möchte, weil dadurch Frequenzen nicht erreicht werden würden und man wolle das an dieser Stelle nicht. Ich hoffe da ganz eindringlich, dass sich vielleicht doch diese Meinung irgendwann einmal ändert.

Dorothea Schäfers:
Was mich in Buer extrem stört, ist, dass es nicht so etwas gibt wie ein Bürgerhaus. Bis 1982 hatten wir noch eine Pappschachtel, die an der De-La-Chevallerie-Straße stand und ein Kommunikationszentrum für alle Menschen war. Dort haben sogar mal BAP gespielt. Die Pappschachtel war über die Region hinaus bekannt. Aber es gibt Dinge, die mich hoffen lassen, dass das wieder besser wird, zum Beispiel die Blind-Dates-Veranstaltung. Was ich einfach nicht möchte, und das war das, was Sie eingangs gesagt haben, ich möchte nicht, dass Buer die Rollatorstadt wird. Ich möchte, dass sich das hier mischt, dass Jung und Alt zusammenleben können, dass wir ein Bürgerzentrum vielleicht mal bekommen, wo solche Veranstaltungen wie hier vielleicht auch in einem bunteren Rahmen stattfinden können und nicht unbedingt in einer kirchlichen Einrichtung.

Peter Tertocha:
Ich glaube, man traut sich heute kaum noch, bei der finanziellen Lage, so was politisch überhaupt zu fordern, wobei man natürlich süffisant anmerken könnte, dass die Pappschachtel ja damals abgebrannt ist und die Versicherungssumme im städtischen Haushalt vereinnahmt wurde. Das ist eine Sache, die gerne vergessen wird. Das nur so zum Hintergrund. Aber das war, bevor wir Politik gemacht haben.

Dr. Klemens Wittebur:
Die Pappschachtel ist 1982 abgebrannt. Ja, aber es ist einfach eine Situation, wenn man diese finanzielle Misere seit 20 Jahren sieht, dann stellt man sich die Frage: Kann ich das Ganze selbst bauen? Eine öffentliche Förderung bekomme ich nicht dafür, finanziell kann die Stadt Gelsenkirchen so etwas aber nicht stemmen. Also schauen wir alle wieder auf den potentiellen externen Investor, der so was hinstellen könnte. Und dann gehen die Jahre ins Land und nichts passiert. Also, aus eigenen Mitteln sehe ich da keine Chance für die Stadt Gelsenkirchen, so etwas machen zu können. So gerne ich das hätte, bevor wir uns missverstehen. Ich habe aber eine kleine Perspektive anzubieten. Ich weiß, dass es möglicherweise noch sehr lange dauern wird, aber ich bin felsenfest davon überzeugt, dass die Schauburg auf Dauer so ein Ort sein könnte. Wenn es gelingt, dort einen großen Saal herzurichten, in dem also größere Kabarettveranstaltungen oder Comedy-Veranstaltungen durchgeführt werden können. Der Vorraum vor den Kinosälen lässt sich auch für viele andere Begegnungen nutzen. Man wird möglicherweise darauf warten müssen, dass es ein geeignetes Programm gibt, auf Landesebene oder möglicherweise sogar mit EU-Geldern finanziert, um den Umbau in den nächsten Jahren hinzubekommen. Die Planungen dafür sind fertig, und ich bin mir auch ziemlich sicher, dass es irgendwann kommt, nur dass man einen langen Atem haben muss.

Stimme aus dem Publikum:
Es gibt ja gewisse Auswirkungen für Buer. Ich kann mich an die Aussage der damaligen SPD-Fraktion sehr gut erinnern, dass gesagt wurde, innerhalb von zwei Jahren steht da eine neue Pappschachtel. Ich muss Ihnen ja nicht sagen, an welchen privaten Investor diese Grundstücke dann vergeben wurden. Und für die Jugend ist auf dem Gebiet überhaupt nichts mehr passiert, die letzten 20 oder 25

Jahre, weil die Begegnung der Jugend hier vollkommen außen vor bleibt.

Dr. Klemens Wittebur:
Natürlich haben wir es nicht hinbekommen, dass letzten Endes auf gesamtstädtischer Ebene, das ist ja gerade auch sehr deutlich gemacht worden, ein Ersatz für diese Jugendeinrichtung geschaffen wurde. Aber, so viel Ehrlichkeit muss dann nach meiner Überzeugung auch da sein, das Konzept, was vor 30 Jahren die Pappschachtel getragen hat, würde heute so auch nicht mehr funktionieren. Ich denke, man muss jetzt andere Lösungen finden, und von daher nutzt es nach meiner Überzeugung jedenfalls überhaupt nicht mehr, dass ich dem nachtrauere. Man muss nach vorne schauen.

Ulli Potofski:
Das heißt mit anderen Worten, das muss irgendwie wieder in private Hände, irgendjemand muss Geld in die Hand nehmen und versuchen, aus dem investierten Geld einen Euro mehr zu machen, so ist das nun mal in der privaten Wirtschaft. Seien Sie mir nicht böse, wir sind jetzt fast zwei Stunden beieinander. Ich würde gerne die letzte kleine Schlussrunde einläuten und zum Abschluss noch einmal die Frage stellen: Welche Rolle kann Buer für Gelsenkirchen in der Emscher-Lippe-Region spielen? Was ist denn jetzt aus diesem Gespräch deutlich geworden? Ist Bildung die Hauptsäule? Sind die geschäftlichen Dinge die Hauptsäule? Ist die Industrie die Hauptsäule? Das Schaffen der Wohnungen? Wie lautet die Antwort auf unsere Frage nach diesen fast zwei Stunden? Beginnen wir kurz bitte mit der FDP. Jeder hat jetzt nur 40 Sekunden, ab jetzt.

Peter Tertocha:
Ich hoffe, Sie stoppen mit.

Ulli Potofski:
Natürlich.

Jens Schäfer:
Ganz egal, welches Thema man sich dabei raussucht, es muss eine Einzigartigkeit sein und ein Alleinstellungsmerkmal. Das kann Bildung sein, das kann auch die Industrie sein, das können auch Grünflächen sein, die Dr. Wittebur so oft angesprochen hat. Und das ist die Herausforderung, die gelingen muss.

Peter Tertocha:
Es gibt nicht eine Hauptsäule, sondern das entscheidende Wort heißt für mich Attraktivität: Die Menschen müssen sich wohlfühlen, um hier zu wohnen und müssen Interesse daran haben, hier hinzuziehen. Und dann hat man, glaube ich, den ersten ganz großen Schritt gemacht, um diese Ziele zu erreichen. Also, Attraktivität gehört zusammen für mich mit Bildung, Kultur, Jugendeinrichtung *et cetera*, um auch das Fass aufzumachen. Alles zusammen ergibt die Attraktivität einer Stadt, und wenn Menschen sich hier wohlfühlen, glaube ich, dass sich vieles von den Wünschen von selbst ergibt.

Werner Wöll:
Also, die Einzelmaßnahmen gibt es nicht, wir müssen einen Strauß binden, und dann bin ich sicher, dass wir das hinkriegen. Es ist natürlich auch immer wichtig, wenn Bürger sich zu Wort melden und ihre Forderungen kundtun. Dazu möchte ich an dieser Stelle noch mal ausdrücklich ermuntern, dass sich hier geäußert wird, wo die Bueraner ihre Zukunft letztendlich sehen. Es ist wichtig, Anregungen zu geben, und die Politik ist dann dazu da, die Rahmenbedingungen für die Realisierung zu schaffen.

Dr. Klemens Wittebur:
Wenn ich auf die Eingangsfrage noch mal zurückkommen will, dann will ich eine Antwort finden, die die Rolle des Buerschen Zentrums definiert. Da bin ich davon überzeugt, ich habe es am Anfang schon mal gesagt, dass das, was wir auf den Weg gebracht haben, nämlich hier

im Buerschen Zentrum eine gute Mischung von Kultur, Handel, Wohnen und Dienstleistungen hinzubekommen. Das ist etwas, was ausgebaut werden muss, dann kann Buer eine starke Rolle in und für Gelsenkirchen spielen. Politik, das soll zum Schluss von mir für die SPD-Ratsfraktion noch mal sehr deutlich gemacht werden, kann an dieser Stelle immer nur Rahmenbedingungen setzen. Politik, öffentliche Hand, wird auf absehbare Zeit keine großen Investitionen tätigen, dafür ist dann bürgerschaftliches Engagement erforderlich. Dr. Paziorek hat es zu Beginn gesagt, dass das ja gerade auch hier in Buer oben ansteht, und deshalb mache ich mir auch keine Sorgen um Buer.

Dr. Peter Paziorek:
Zunächst einmal glaube ich, war die Fragestellung – ich kürze das jetzt, den Namen so ab – des Heimatvereins richtig. Die Emscher-Lippe-Region ist ohne Buer nicht denkbar. Deshalb ist es auch wichtig, wenn die Gesamtstadt eine Konzeption entwickelt, dass sie auch immer wieder, so wie Herr Escher gesagt hat, einfordert, dass vielleicht hier oder da im öffentlichen Bereich der Zentralitätsansatz in Buer berücksichtigt wird. Mal klappt es, mal muss man im Verbund was abgeben, das sei dahingestellt. Zweitens, was Herr Schramm gesagt hat, das halte ich auch für richtig. Wir müssen auf uns aufmerksam machen. Die Förderbedingungen müssen besser werden. Sonst sieht das so aus, dass wir nachher bei der städtebaulichen Gestaltung billiger bauen müssen, weil die Förderbeträge billiger sind. Dann haben wir eine Diskussion, warum es in Buer hier so aussieht? Also, mit anderen Worten: Es ist wichtig, gemeinsam dafür zu sorgen, dass die Unterstützung für diese Region stattfindet. Und drittens, es ist ganz wichtig, dass deutlich wird, dass die Bueraner gerne in Buer leben, dass sie sich bürgerschaftlich engagieren, dass das aber nicht nur ein Beitrag ist, um so ein bisschen im eigenen Saft zu schmoren, sondern um die gesamte Emscher-Lippe-Region zu stärken. Und das finde ich gut, wie in Buer auch heute über diesen Punkt diskutiert wird. Deshalb kann ich als jemand, der viel von außen sieht, sagen, wenn es um Buer geht, ist das ein toller Ansatz, wie er hier gefunden ist, und das ist eine Chance für die Gesamtstadt und eine Chance für die Region.

Ulli Potofski:
Danke schön. So, meine Damen und Herren, das waren fast zwei Stunden, danke schön für die rege Teilnahme. Ich nehme diesen Satz noch mal mit: Was wäre Gelsenkirchen ohne Buer? Viel, viel ärmer. Ihnen allen noch einen schönen Abend.

Geldmünzen und Orden aus Buer i.W.
Eine Bilderfolge

von Klaus Herzmanatus

Eine besonders große Menge Notgeld wurde im Deutschen Reich in den Jahren während des Ersten Weltkrieges und danach und während der Hyperinflation 1923 ausgegeben. Das Horten von Silbermünzen (durch die Inflation war ihr Materialwert höher als der Nominalwert) und der Metallbedarf der Kriegsindustrie führten zu Kleingeldmangel. Städte, Gemeinden, Kreise und Privatfirmen sprangen in die Lücke und deckten den Bedarf mit eigenen für den Geldumlauf bestimmten „Verkehrsausgaben". Die große Anzahl von variantenreich gestalteten Geldscheinen mit viel Lokalkolorit erweckte bald auch das Interesse von Sammlern, was dazu führte, dass viele Notgeldscheine gar nicht mehr für den Umlauf, sondern eigens für die Sammler gedruckt und ausgegeben wurden. Solche Scheine werden Serienscheine genannt.

Abb. 1: Auch Buer in Westfalen hatte seine eigenen Notgeldmünzen, die mit dem Buerschen Wappen geziert waren. Es gab 10-, 25- und 50-Pfennig-Münzen, unterschiedlich in Eisen- oder Zinklegierung.

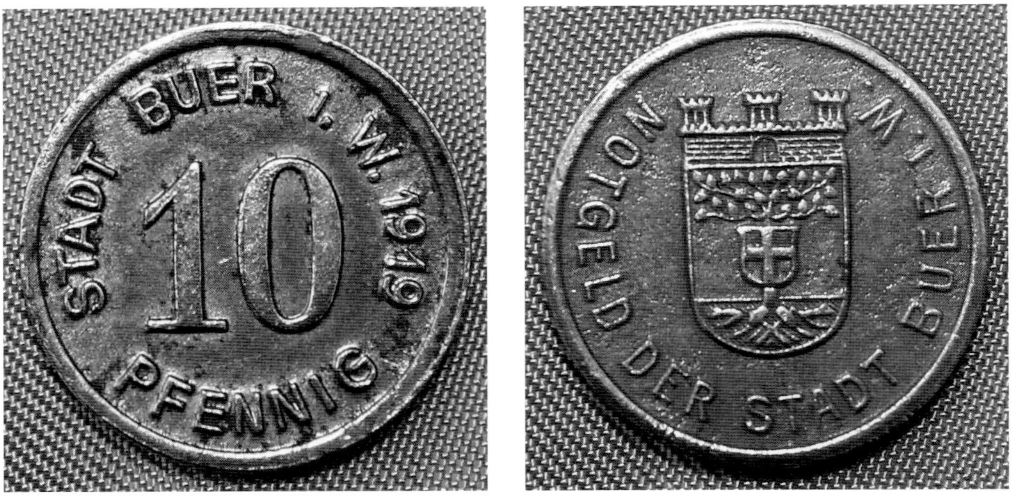

Abb. 2: 10-Pfennig-Münze, Vorder- und Rückseite

Abb. 3: 10-Pfennig-Münzen aus dem Jahre 1919

Abb. 4: 25-Pfennig-Münze, Vorder- und Rückseite

Abb. 5: 25-Pfennig-Notgeldmünzen ohne Prägedatum

Abb. 6: 50-Pfennig-Münzen, Vorder- und Rückseite

Abb. 7: 50-Pfennig-Notgeldmünzen aus dem Jahre 1919

Notgeldmünzen der Harpener Bergbau AG – Zeche Hugo:

Bekannt ist bis jetzt, dass es Münzen zu 5 Pfennig sowie 1, 2 und 5 Mark gab. Die Münzen waren ausschließlich aus Eisen. Die 1- und 2-Mark-Münzen sind im Besitz des kleinen Museums in der Schüngelbergsiedlung.

Abb. 8: 1-Mark-Münze, Vorder- und Rückseite

Abb. 9: 2-Mark-Münze, Vorder- und Rückseite

Orden in Buer i.W.:

Diese sehr seltenen Orden wurden einem Steiger der Zeche Hugo verliehen. Zu beachten dabei der Aufdruck „Kriegerverein Hugo-Buer“ (Abb. 10 und 11).

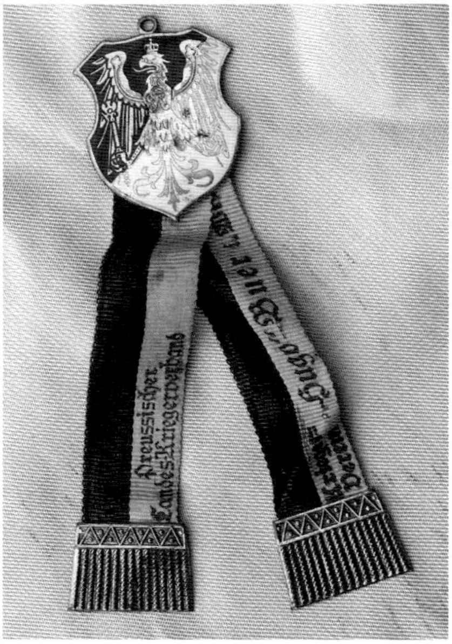

Abb. 10

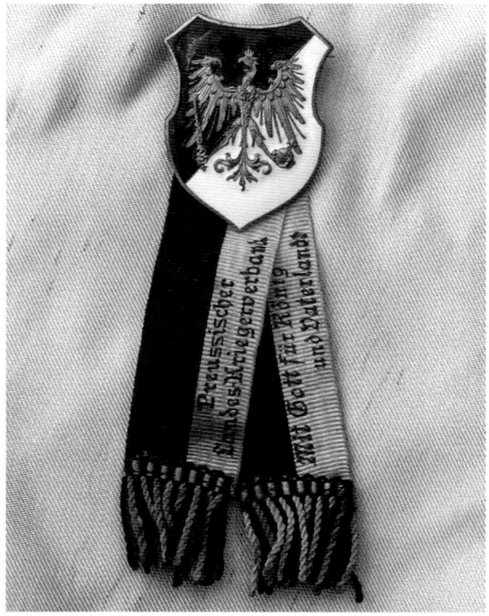

Abb. 11

Vereins-Nachrichten

von Georg Lecher

Buer bleibt besonders

Ortsteil	Einwohner Dez. 2012
Beckhausen	14.020
Buer-Mitte	33.799
Erle	25.930
Hassel	14.846
Resse	11.575
Resser-Mark	3.465
Scholven	9.218
Summe	**112.853**

Bevölkerungsverteilung in den Grenzen der bipolaren Stadt Gelsenkirchen

Stadtteil	1818	1900	1925	1928	1959	1970	2000	12_2012
Buer	55 9%	15,5%	30,4%	29,6%	36,5%	41,5%	43,6%	43,9%
Horst	8.1%	6,1%	7,4%	7,4%	7,9%	7,6%	7,3%	7,6%
Alt-GE	36 0%	78,4%	62,1%	63,0%	55,6%	50,9%	49,1%	48,5%
Ges. GE	**100.0%**	**100,0%**	**100,0%**	**100,0%**	**100,0%**	**100,0%**	**100,0%**	**100,0%**

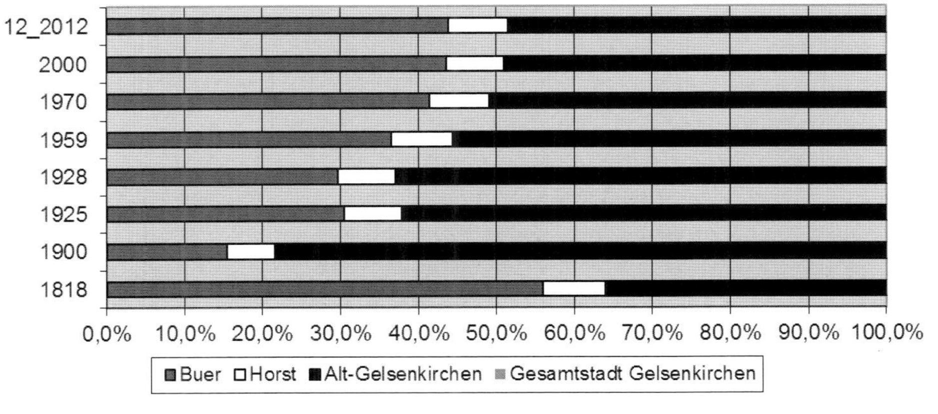

Besondere Ereignisse

seit dem Erscheinen des 30. Bandes der Beiträge zur Geschichte Buer • Horst • Gelsenkirchen 2011

Thema	Ereignis
Abriss/ Abrisspläne/ Auszug	• Die Regenbogenschule (Grundschulgebäude) auf der Schulstraße in Erle wird abgerissen. – Oktober 2012 • Die nicht mehr benötigten Notunterkünfte aus den 1950er Jahren an der Insterburger Straße werden abgerissen. Sie machen Platz für unterschiedliche Wohnhaustypen. Ein-, Doppel- und Mehrfamilienhäuser stehen dann künftig in der Nähe des Golfplatzes. – Oktober 2012 • Abriss der 1958 in Betrieb genommenen Gebäude der Kinderklinik an der Westerholter Straße. Das gesamte Gelände wird seitens der Stadt zur Wohnbebauung weiterentwickelt. Mit der Vermarktung der 22,7 Hektar will die Stadt kurzfristig 16 Mio. Euro erzielen. Der Bebauungsplan soll im Jahr 2013 erstellt werden. – Januar 2012 • Auf der oberen Hochstraße gibt das Wohnaccessoire „White Hart" auf. – Sommer 2012
Angrenzendes	• Die ehemalige Zeche Nordstern und heutiger Firmensitz des Immobilienunternehmens VIVAWEST erhält ein neues Museum auf dem Förderturm. Das Videokunstzentrum präsentiert in Wechselausstellungen aktuelle Medienkunst unterhalb vom Herkules – Oktober 2012 • Erster Spatenstich für die Arcarden in Recklinghausen. Auf 27.200 m^2 Verkaufsfläche will der Essener Projektentwickler MFI eine Gemeinschaft von 120 Geschäften bilden und diese Einkaufswelt betreiben. Erste Verkäufe in der neuen Immobilie sollen im Frühjahr 2014 erfolgen. Ob diese Fläche auch langfristig zur Belebung der gesamten Innenstadt beiträgt, wird die Zukunft zeigen. – Februar 2012
Archiv – Online	Der LWL (Landschaftsverband Westfalen Lippe) macht über 85.000 westfälische und lippische Urkunden über das Internet zugänglich. Unter dem Titel: DWUD – Digitale Westfälische-Urkunden-Datenbank. Die Internetadresse lautet: www.dwud.lwl.org. – Dezember 2011
Ausgefallenes	Die Künstlergruppe ‚Westerholter Cirkel 86' um den Vorsitzenden Hans Steimel muss den 7. Kunstmarkt rund um Schloss Berge leider frühzeitig absagen. – Januar 2012

Thema	Ereignis
Auszeichnungen	Die von der Volksbank Ruhr Mitte initiierte und geförderte Kreativwerkstatt für Kinder und Jugendliche war der Grundstock für die Auszeichnung der Stadt Gelsenkirchen mit „Bildung für Nachhaltige Entwicklung" BNE. – Dezember 2012
Bundesweites	Die Bundesrepublik Deutschland hat das Ende der kostenlosen Bundeswertpapierverwaltung für Privatleute angekündigt. Betriebswirtschaftliche Gründe gaben den Ausschlag für die geplante Einstellung der Bundesfinanzagentur (vielen unter dem Begriff: Bundesschuldenverwaltung besser bekannt). – Juli 2012
Diebstahl	Dreiste Metalldiebe stahlen ein Hofkreuz in Surresse. Das verwendete Holz stammt vom ehemaligen Hof Schulte-Ostrop. Der hohe Altmetallpreis mag das Motiv der Räuber gewesen sein, die es nur auf den Bronzekorpus des Hofkreuzes abgesehen hatten. In den 1990er Jahren stifteten die Eheleute Wilma und Johannes Kläsener das Kreuz anlässlich ihrer Silberhochzeit. Angefertigt wurde dieses Kreuz von dem bekannten Künstlerehepaar Maria und Juan Fernandez. Sakrale Arbeiten von ihnen sind auch im Vatikan zu finden. – März 2012
Eigentümerwechsel	• Douglas, der Hagener Konzern mit den Marken (u. a. Douglas, Christ, Thalia, Appelrath Cüpper, Hussel) wird an eine amerikanische Investorengruppe verkauft. Rund 75 % will die Adventgruppe bis zum Jahresende 2012 erwerben. Bewertet zum Übernahmeangebot ist das Unternehmen mit rund 1,5 Mrd. Euro. – Oktober 2012 • Die Stuttgarter Nanz-Gruppe übernimmt die Anteile der medicos. auf Schalke. – Oktober 2011 • Zwei Familienstämmen gehört die WAZ – Westdeutsche Allgemeine Zeitung. Ein Medienkonzern mit rund 15.000 Mitarbeitern, 27 Tageszeitungen | 13 Wochenzeitungen | 178 Publikums- und Fachzeitschriften | 99 Anzeigenblättern | 400 Kundenzeitschriften. Die Familie Funke hat im August 2012 ein Angebot von 500 Mio. Euro unterbreitet, um die Anteile der Familie Brost zu kaufen. – August 2011. Die WAZ-Anteile bleiben komplett in der Familie und werden nicht an einen Mitbewerber verkauft. Damit begegnen die Eigentümer Spekulationen über mögliche Fremdinvestoren. – Januar 2012 • Die Immobilienunternehmen THS (Treuhandstelle für Bergmannswohnungen) und Evonik (hervorgegangen aus dem Konzern der Ruhrkohle Aktiengesellschaft–RAG) fusionieren und treten künftig unter dem Namen „vivawest" auf. Der Firmensitz ist auf dem ehemaligen Gelände der Zeche Nordstern in Gelsenkirchen-Horst. – November 2011

Thema	Ereignis
Einkommen	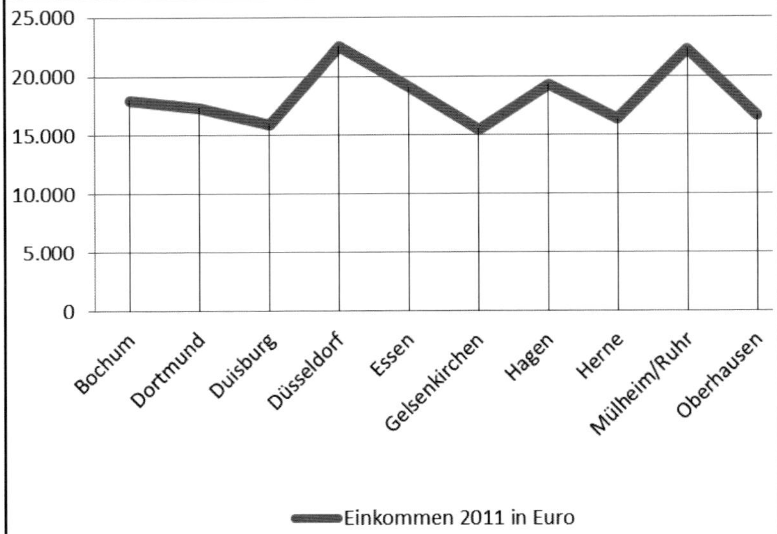
Entferntes und extrem Entferntes	• Die amerikanische Weltraumorganisation NASA ist auf das Ruhrgebiet angewiesen. Aus der Sternwarte Bochum werden europäische Himmelsbilder und –daten den Amerikanern zur Verfügung gestellt. Normalerweise, wenn das Getriebeöl die richtige Temperatur hat. Aktuell ist es zu kalt und somit kann die große Parabolantenne nicht bewegt werden. Sobald es wieder wärmer wird, gibt es wieder europäische Informationen. – Februar 2012 • Aus dem Physikunterricht wissen wir, dass sich Licht im luftleeren Raum mit einer Geschwindigkeit von 300.000 km je Sekunde ausbreitet. Jetzt haben Forscher einen Stern ‚Galileo 2' gefunden, der ähnliche Lebensbedingungen zulassen könnte, wie auf der Erde. Entfernung 600 Lichtjahre. Berechnung: 300.000 * 60 Sekunden * 60 Minuten * 24 Stunden * 365,25 Tage * 600 = 5,68 * 10^{15} km -> also auf keinen Fall an einem Sonntagnachmittag mit dem Fahrrad zu erreichen. – Dezember 2011
Experiment	Die Autobahn A40 - Ruhrschnellweg (im Volksmund: Ruhrschleichweg) muss saniert werden. Ein Experiment der besonderen Art präsentieren die Verantwortlichen der Öffentlichkeit mit der störungsfreien Baustelle für die gesamt Umbauzeit. Das Zauberwort heißt: Vollsperrung. Los! Nach drei Monaten ist das Experiment beendet mit folgendem Ergebnis: Erstens: Das totale Verkehrschaos im Ruhrgebiet blieb aus. Zweitens: Die Echtbauzeit blieb einen Monat unter dem Plan. Drittens: Herzlichen Glückwunsch. – Oktober 2012

Thema	Ereignis
Insolvenzanträge	• Nach 130 Jahren muss die Buersche Druckerei aufgeben und meldet beim zuständigen Gericht die Insolvenz an. Die Druckerei stellte bis zum Jahr 2006 die Buersche Zeitung her. Nach den Berichten werden alle verbliebenen 35 Mitarbeiter von einem anderen Betrieb übernommen. – September 2011 • Schlecker schließt nach dem gestellten Insolvenzantrag am 27.06.2012 um 15:00 Uhr alle Filialen, rund 36.000 Angestellte - überwiegend Mitarbeiterinnen - verlieren in Folge der Insolvenz der Drogeriemarktkette ihren Job. Die gerufene Politik greift nicht ein und behandelt damit die Schleckerbeschäftigten so, wie die Beschäftigten von Klein- und Mittelbetrieben behandelt werden, die aufgrund von lauteren und unlauteren Marktveränderungen zur Aufgabe gezwungen wurden. • Insolvenzantrag der Firebowl GmbH am 20. Juni 2012. Laut Angaben des Investors und Immobilieneigentümers ist inzwischen ein neuer Betreiber der größten Bowlingbahn des Ruhrgebietes gefunden. • Die Frankfurter Rundschau stellt Mitte November 2012 den Insolvenzantrag. Gleichzeitig melden die Medien auch „Einstellung nicht ausgeschlossen" bei der Financial Times Deutschland und Impulse. – November 2012 • Am Tag nach Nikolaus erscheint die Financial Times Deutschland zum letzten Mal. – Dezember 2012
Investitionen	• Die Ruhr Oel GmbH investiert als Ersatzinvestition in die Standorte Scholven und Horst. Für das Werk Scholven stehen drei Mio. Euro zur Verfügung. – August 2011 • 14 Mio. Euro investiert die Bundesknappschaft in das 1929 in Buer errichtete Bergmannsheil. Schwerpunkte dabei sind die Errichtung eines neuen Kliniktraktes, die Verbesserung der Intensivstation und die Errichtung eines Hubschrauberlandeplatzes auf dem Klinikdach. Nach eigenen Angaben werden pro Jahr 14.000 Patienten stationär und 60.000 Patienten ambulant versorgt. Die angeschlossene Rehabilitationsklinik wird gut angenommen und ist zu 99,8 Prozent ausgelastet. – Juli 2012 • In Buer investiert die Volksbank Ruhr Mitte rund 6 Mio. Euro in ein neues Gebäude. Vor Jahren hat die Bank das Gebäude nach der Aufgabe des KV-Theaters übernommen. Mit dem Neubau werden die neuesten Brandschutz- und Energieauflagen erfüllt. Nach der Fertigstellung Ende 2013 werden hier der Immobilien- und Versicherungsbereich, das Qualitätsmanagement Kredit sowie einen großzügigen Versammlungsraum angesiedelt. Die Fertigstellung soll Ende 2013 erfolgen. – Mai 2012

Thema	Ereignis
Jubiläen	• Auch heute gehören in Buer Märchen aus der Sammlung der Brüder Grimm zum wichtigen Vorlesestandard. Vor 200 Jahren brachten sie erstmalig ihre gesammelten Märchen auf den Markt; zunächst wurden sie nicht so richtig beachtet. • Heute schon telefoniert? Dies ging vor 150 Jahren zum ersten Mal, wenn auch nicht so flächendeckend, drahtlos und komfortabel wie heute. – Oktober 2011 • Vor 125 Jahren wurde der Männergesangverein Frohsinn gegründet. Mit einem Jubiläumskonzert machte der Verein auf sich aufmerksam. • Als Vorteil für England – 1887 gesetzlich vorgeschrieben, ging der Schuss in eine andere Richtung los. „Made in Germany" entwickelte sich zum Gütesiegel für beste Qualität statt als Makel zu fungieren. – August 2012 • 100 Jahre Tageseinrichtung für Kinder: Niefeldstraße. – Januar 2012 • 100 Jahre Rathaus Buer, 21.09.2012 • 100 Jahre Lyceum Buer, 21.09.2012 • 100 Jahre „Buersches Gloria Blasen" am Heiligen Abend • 100 Jahre Trabrennbahn in Gelsenkirchen am Nienhausen Busch. – 2012 • Das Patent für Edelstahl, genauer: zur „Herstellung von Gegenständen, die hohe Widerstandskraft gegen Korrosion erfordern" wird Krupp im Oktober 1912 erteilt. 100 Jahre später ist die Sparte mit dem nichtrostenden Stahl „Nirosta" verkauft und der Vorstandsvorsitzende ist zufrieden. Wenige Tage danach wird schon von möglichen Werksschließungen berichtet. – Februar, Oktober und Dezember 2012 • 90 Jahre alt und voll funktionsfähig ist die Turmuhr von St. Michael in Hassel. Erbaut hat die Uhr die Uhrenwerkstatt Vortmann aus Recklinghausen. – November 2011 • Ohne die Nennung des Bauern oder Landwirts berichtet die WAZ in der Rubrik „Heute vor 60 Jahren" vom ersten Einsatz eines Mähdreschers als Erntehelfer auf dem Stadtgebiet im Jahr 1952. • Beschlussfassung über die Errichtung eines zweiten Rathauseingangs, 1952 • Im September 2012 feiert die Volksbank Ruhr Mitte das fünfzigjährige Bestehen ihrer Zweigstelle im Berger Feld. • Vierzig Jahre (1972) ist es her, dass in das Berger Loch Bewegung kommt. Abrisspläne für Wohnhäuser zum Bau des Parkstadions. Letzteres ist inzwischen auch Geschichte. Seit über 10 Jahren spielt der FC Schalke 04 in der benachbarten Veltins-Arena.

Thema	Ereignis
	• Das Textilhaus Dieler in Gelsenkirchen erweiterte 1972 seine Werbeabteilung und suchte einen Plakatmaler, der jede Art der Plakatbeschriftungen beherrscht sowie das Siebdruckverfahren. Heute haben diese so erstellten Plakate Sammlerwert, denn der Beruf ist ausgestorben. • Arbeitskampf in Duisburg-Rheinhausen. Vor 25 Jahren gingen die Beschäftigten des Krupp-Stahlwerkes zum Erhalt ihrer Arbeitsplätze im Herbst 1987 auf die Straße. • Seit 12,5 Jahren leuchten die 1999 installierten Strahler auf der Rungenberghalde und markieren so die Landmarke auch nach Einbruch der Dunkelheit.
Messe	180, zumeist mittelständische, Aussteller erwarten rund 2.000 Besucher auf der B2D „Business to Dialog" in der Veltins-Arena. – Juli 2012
Neues / Neueröffnung	• Der Gartenmarkt Schley's eröffnet auf dem ehemaligen Gelände des Gartencenters (Heistraße) einen vergrößerten Gartenmarkt. Statt einer großen Eröffnungsparty spendet das Unternehmen 10.000 Euro für die Kindertafel in Bismarck. – November 2011 • Ein neuer Optiker in Buer – Apollo-Optik eröffnet ein Brillengeschäft auf der Hochstraße. – November 2011 • St. Michael in Hassel mit der historischen Turmuhr wird nach der ursprünglich unwiderruflichen Schließung vor einigen Jahren wieder zur katholischen Hauptkirche im Stadtteil. Damit wechselt der Kirchenstandort vom Rand (Pius Kirche) ins Zentrum von Hassel. – Oktober 2011 – Ein doppeltes Geschenk; denn 1911 schenkte der Bauer Nachbarschulte der St. Michael-Gemeinde ein Grundstück zum Bau einer Notkirche, also vor 100 Jahren. • Vorgelagerter Parkplatz an der Hochstraße. Flachbau im hinteren Grundstücksbereich. Der neue Aldimarkt bezieht den Neubau an der Horster Straße. Zuvor wurden die Gebäude von Chalet, das ehemalige Haus Berischen mit Werkstatt, abgerissen. Zuletzt wurde die Werkstatt vom Kunstschmied Heinz Schäpers als Atelier genutzt. – Dezember 2011 • Kodi bezieht die Räumlichkeiten der ehemaligen Aldifiliale auf der Rottmannsiepe. • Wolsdorff zieht im Juni 2012 in frisch renovierte Räumlichkeiten auf der Hochstraße • Das Bekleidungsgeschäft Jack'n'Jones eröffnet einen Laden auf der Hochstraße. – Juni 2012 • Blumen Risse zieht in renovierten Räumlichkeiten auf der Hochstraße. – Juni 2012

<table>
<tr><th>Thema</th><th>Ereignis</th></tr>
<tr><td></td><td>
<ul>
<li>Zwei Reisebüros ziehen innerhalb von Buer um. Den Anfang macht das Reisebüro Mengede und zieht von der Hochstraße auf den Urbanuskirchplatz. – Dez. 2011. Die bisherigen Räumlichkeiten werden von der Damenboutique Corinna übernommen. Vor den großen Ferien folgt das Reisebüro Friedrich und zieht von der Ophofstraße in das Eckladenlokal Ophofstraße/Hagenstraße um. In das Ladenlokal in der Fußgängerzone zieht ebenfalls wieder ein Reisebüro, das Reise-buer-o ein. – Juni 2012</li>
<li>Die GAFÖG baut die Ende 2010 vom Bergamt aufgegebene Immobilie an der Kurt-Schumacher-Straße um und bezieht die Räumlichkeiten als Ersatz für die Immobilie an der Emscherstraße. – Herbst 2012</li>
<li>Ralf Turowski, Inhaber des gleichnamigen Autohauses, übernimmt von der RAG das Gelände der Kaue auf der Zeche Hugo. Das Thema Automobil, insbesondere Oldtimer, will er hier etablieren. – Nov. 2012</li>
</ul>
</td></tr>
<tr><td>Nordrhein-Westfalen</td><td>
Gelsenkirchen schrumpft schneller als NRW
<table>
<tr><th>Datum</th><th>+/-</th><th>NRW Einwohner</th><th>Gelsenkirchen</th><th>in %</th></tr>
<tr><td>31.12.2008</td><td></td><td>17.933.064</td><td>263.305</td><td>1,468 %</td></tr>
<tr><td>31.12.2009</td><td>-60.301</td><td>17.872.763</td><td>260.704</td><td>1,459 %</td></tr>
<tr><td>31.12.2010</td><td>-27.609</td><td>17.845.154</td><td>259.002</td><td>1,451 %</td></tr>
<tr><td>31.12.2011</td><td>-3.198</td><td>17.841.956</td><td>257 765</td><td>1,445 %</td></tr>
</table>
<table>
<tr><th>Einwohner von NRW</th><th>Gesamt</th><th>Männlich</th><th>Weiblich</th></tr>
<tr><td>31.12.2008</td><td>17.933.064</td><td>8.746.419</td><td>9.186.645</td></tr>
<tr><td></td><td>-60.301</td><td>-26.725</td><td>-33.576</td></tr>
<tr><td>31.12.2009</td><td>17.872.763</td><td>8.719.694</td><td>9.153.069</td></tr>
<tr><td></td><td>-27.609</td><td>-7.836</td><td>-19.773</td></tr>
<tr><td>31.12.2010</td><td>17.845.154</td><td>8.711.858</td><td>9.133.296</td></tr>
<tr><td></td><td>-3.198</td><td>6.161</td><td>-9.359</td></tr>
<tr><td>31.12.2011</td><td>17.841.956</td><td>8.718.019</td><td>9.123.937</td></tr>
</table>
1.572.500 NRW Bürger bezogen 2011 Hartz IV Leistungen. Das sind rund 60.000 weniger als 2010 und bildet damit den tiefsten Stand seit 2005. – Februar 2012
</td></tr>
<tr><td>Produktionszahlen</td><td>Mit der Anfang 2012 veröffentlichten Tagesproduktion von 11 Mio. Litern Diesel könnte die Ruhr Oel GmbH rund 180.000 Autos betanken.</td></tr>
<tr><td>Regierungs-präsident</td><td>Der Gelsenkirchener Professor Dr. Reinhard Klenke wird der Nachfolger von Dr. Peter Paziorek im Amt des Regierungspräsidenten Münster. Die neue Stadt Gelsenkirchen gehört seit dem Zusammenschluss der beiden Großstädte Buer und Gelsenkirchen im Jahr 1928 zum Regierungsbezirk Münster. – September 2011</td></tr>
</table>

Thema	Ereignis
Sprungbrett mit Erinnerungs-funktion?	Die Spielzeiteröffnung an der Mailänder Scala zu erleben, ist sicher ein kulturelles Ereignis. Dort als Solistin zu singen, schafft man nur mit einer guten Ausbildung. Noch vor dem Examen erkannten die Verantwortlichen am Schillertheater NRW die Qualitäten und vereinbarten mit der Sängerin Anja Harteros eine Festanstellung als Ensemblemitglied. Da nicht alle Künstler, die in ihrer Laufbahn in Gelsenkirchen ein Engagement hatten, dies auch in ihrer Vita erwähnen, warten wir mal ab, wie oft wir von den wichtigen Erfahrungen aus Gelsenkirchen hören. Inzwischen heißt das Haus wieder Musiktheater im Revier. – Dezember 2012
Umbau der Horster Straße	Der Umbau der Horster Straße von der Sedanstraße zum Goldbergplatz hat begonnen. Die Fertigstellung des Goldbergplatzes und der Kulturmeile wird sich bis ins Jahr 2013 verschieben. Dann wird auf dem Goldbergplatz das Baumrondell durch den „Blobster" des Bildhauers Gereon Krebber ersetzt. – Dezember 2012
Umweltzone	Zum 01.01.2012 wird das gesamte Ruhrgebiet zur flächendeckenden Umweltzone. Ausgenommen sind lediglich die Autobahnen. Damit soll die Feinstaubbelastung in den Innenstädten reduziert werden. Autos mit einem geringen Feinstaubausstoß werden mittels Plakette gekennzeichnet und dürfen sich dann weiterhin frei bewegen.
Werbung	• Käpt'n Iglo – Der Schauspieler Gerd Deutschmann, der in dieser Figur Generationen von Kindern für Fischstäbchen begeistern sollte, ist im Alter von 76 Jahren gestorben. – Januar 2012 • Werbung für Bier war für den größten Brauereikonzern der Welt in Europa nicht ganz einfach. Nur durch den kompletten Kauf des Konkurrenten inkl. der Namensrechte, der böhmischen Brauerei Budejowieky Budvar, konnte der Markenstreit um „Budweiser" beigelegt werden. Somit gehört diese Traditionsbrauerei auch zum Anheuser-Busch Inbev Konzern. – Januar 2012
Zurückgekehrtes	• Die Butterwieger sind zurück. In Anwesenheit des Künstlers Dieter von Levetzow wurde die Skulptur fast an der ursprünglich gewählten Stelle auf dem St. Urbanus-Kirchplatz im September 2012 wieder aufgestellt. Als Verein haben wir uns von Anfang an dafür eingesetzt, dass diese Skulptur in der Buerschen Innenstadt verbleibt. Zum 100jährigen Bestehen der Buerschen Zeitung wurde das Kunstwerk als Brunnen „den Bürgern von Buer" geschenkt. Durch die Platzumgestaltung bestand die Gefahr, dass es dauerhaft aus der Innenstadt verschwinden würde. In Zusammenarbeit mit dem Künstler haben wir gemeinsam mit der Stadtverwaltung diesen Platz im Februar 2012 ausgesucht.

Verein für Orts- und Heimatkunde e.V., GE-Buer • Kurzübersicht	
Gründungsjahr	1890
Mitglieder	460
Vorstand	• Dr. Gerd Escher (Vorsitzender) • Georg Lecher (Geschäftsführer) • Christian Kranefeld (Schatzmeister) • Helmut Lindner (Archivar) • Bernhard Hagemann (Beisitzer) • Klaus Herzmanatus (Beisitzer) • Markus Holz (Beisitzer) • Dr. Rüdiger Stritzke (Schriftführer)
Schwerpunkt der Arbeit	• Förderung der Heimatpflege, -kunde und –geschichte • Förderung von Brauchtum und Sprache • Denkmal-, Landschafts-, Natur- und Umweltschutz • Vortragsveranstaltungen, Publikationen, heimatkundliche Wanderungen • Unterhaltung eines Archivs
Mitgliedsbeitrag	20,00 EUR gem. Beschluss der JHV vom 25.03.2010
Publikationen	• Beiträge zur Stadtgeschichte von 1965 – 2004, Band I – XXIV, regelmäßige Erscheinungsweise weitergeführt unter dem Titel • Beiträge zur Geschichte – Buer • Horst • Gelsenkirchen, 25. Band, ab 2006, regelmäßige Erscheinungsweise • Beiträge zur Ortsteilkunde, unregelmäßige Erscheinungsweise, bisher sind 10 Bände erschienen, zuletzt 2001
Ansprechpartner	Geschäftsführer: Georg Lecher i. H. Volksbank Ruhr Mitte eG Goldbergplatz 2 - 4 45894 GE-Buer Tel.: 0209 385-0 Fax: 0209 385-2048 Verein für Orts- u. Heimatkunde e. V., GE-Buer, Postfach 200417, 45839 GE-Buer
Gemeinnützigkeit	Spendenkonten zur Unterstützung unserer Aktivitäten: Verein für Orts- u. Heimatkunde e. V., GE-Buer 102.571.000 Volksbank Ruhr Mitte eG (BLZ 422 600 01) 160.049.563 Sparkasse Gelsenkirchen (BLZ 420 500 01) Eine steuerlich abzugsfähige Spendenbescheinigung übersenden wir Ihnen gerne.
Internetpräsenz	• www.heimatverein-buer.de • www.natur-buer.de

BuerAktuell

Wir mischen uns immer wieder in die aktuelle Diskussion zum Thema Buer ein.

1. Schauburg, Buer

Die vorgestellte Machbarkeitsstudie begeistert. Bei einer Realisation würde Buer und somit Gelsenkirchen ein Kinojuwel vom Rang der Essener Lichtburg erhalten. Nach der Fertigstellung des Hans-Sachs-Hauses werden wir uns für diese Sanierung mit Nachdruck bei der Stadtverwaltung einsetzen.

2. Behördenstandorte – Schriftwechsel mit dem Ministerium und der Stadtspitze

Verein für Orts- und Heimatkunde
Gelsenkirchen-Buer

Dr. Gerd Escher
1.Vorsitzender

Turmstrasse 14
45894GE-Buer
Tel.:0209-3185691
Fax.:0209-3187935
e-mail:info@escher-tap.de

Herrn
Justizminister
Thomas Kutschaty
Martin-Luther-Platz 40
40190 Düsseldorf

Gelsenkirchen, 17.07.2012

Amtsgerichte in Gelsenkirchen

Sehr geehrter Herr Minister Kutschaty,

in unserem Verein für Orts- und Heimatkunde, der rd. 500 Mitglieder zählt, ist das Thema der Zusammenlegung der Amtsgerichte in Gelsenkirchen erneut in lebhafte Diskussion gekommen. Mittlerweile scheint es - bisher unwidersprochen - feststehende Tatsache zu sein, dass die zwei Amtsgerichte in Herne und auch die Amtsgerichte in Essen nicht zusammengelegt werden. Bisher wurde die Zusammenlegung in Gelsenkirchen damit begründet, dass im ganzen Land eine Konzentration der Gerichte aus Rationalisierungsgründen durch geführt wird und die Zusammenlegung der Gelsenkirchener Gerichte Teil dieses Gesamtkonzeptes ist.

Wir, das heißt unser Verein für Orts- und Heimatkunde Gelsenkirchen - Buer, wären Ihnen sehr verbunden, wenn Sie uns die Gründe für die Zusammenlegung der Gelsenkirchener Gerichte im Gegensatz zur Behandlung der Gerichte in Herne und in Essen mitteilen würden.

Für Ihre Bemühungen möchte ich mich schon jetzt bedanken

Mit freundlichen Grüßen

Vorsitzender des Vereins für Orts und Heimatkunde

Justizministerium
des Landes Nordrhein-Westfalen

Justizministerium Nordrhein-Westfalen, 40190 Düsseldorf

Herrn
Dr. Gerd Escher
Verein für Orts- und Heimatkunde Gelsenkirchen-Buer
Turmstraße 14
45894 Gelsenkirchen

Seite 1 von 3

08.08.2012

Aktenzeichen
3210 E - I. 2
bei Antwort bitte angeben

Bearbeiter: Herr Nowack
Telefon: 0211 8792-223

Amtsgerichte in Gelsenkirchen

Ihr Schreiben vom 17.07.2012

Sehr geehrter Herr Dr. Escher,

für Ihr Schreiben vom 17. Juli danke ich Ihnen sehr. Herr Justizminister Kutschaty hat mich gebeten, Ihnen und dem Verein für Orts- und Heimatkunde Gelsenkirchen-Buer in seinem Namen zu antworten, was ich hiermit gerne tue. Ihre offenen Fragen zur Zusammenlegung von Amtsgerichten zu beantworten und die Zusammenhänge näher zu erläutern, sind mir dabei ein besonderes Anliegen.

Die alte Landesregierung aus CDU und FDP hatte 2006/2007 im Grundsatz beschlossen, die Gerichtsstruktur in den Städten Nordrhein-Westfalens zu ändern, in denen mehr als ein Amtsgericht errichtet ist. Dies betrifft neben Gelsenkirchen und den von Ihnen angeführten Städten Herne und Essen auch noch die Städte Duisburg und Mönchengladbach.

In einem ersten Schritt waren seinerzeit nach dem vom Landtag beschlossenen Dritten Gesetz zur Änderung des sog. "*Gerichtsgliederungsgesetzes*" vom 13.01.2009 (GV.NRW. S. 75) die Amtsgerichte Gelsenkirchen und Gelsenkirchen-Buer (*ursprünglich zum 1. Juli 2012 vorgesehen*) sowie Herne und Herne-Wanne (*ursprünglich zum 1. Januar 2012 vorgesehen)* unter zeitgleicher Errichtung neuer Justizzentren

Dienstgebäude und
Lieferanschrift:
Martin-Luther-Platz 40
40212 Düsseldorf
Telefon: 0211 8792-0
Telefax: 0211 8792-456
poststelle@jm.nrw.de
www.justiz.nrw.de

Öffentliche Verkehrsmittel:
ab Hbf mit Linien U 76, U 78
oder U 79 bis Haltestelle
Steinstraße / Königsallee

Justizministerium
des Landes Nordrhein-Westfalen

zusammenzuführen. Die Bildung von Justizzentren in den Städten Duisburg, Essen und Mönchengladbach war in dem damaligen Stufenplan für einen späteren Zeitpunkt vorgesehen, gesetzlich somit noch nicht bestimmt.

Nachdem Herr Justizminister Kutschaty sein Amt angetreten hat, sind die gesetzlich noch nicht vollzogenen Planungen der CDU/FDP-Regierung für die Städte Duisburg, Essen und Mönchengladbach unmittelbar aufgegeben, die gesetzlich vorgegebenen für Gelsenkirchen und Herne zunächst fortgeführt worden. Dies auch deshalb, weil die Verantwortlichen in den Städten die Errichtung der neuen Justizzentren mit erheblichem Engagement unterstützt haben.

Bauliche und finanzwirtschaftliche Gründe haben es, sehr geehrter Herr Dr. Escher, in der Folge dann jedoch erforderlich gemacht, über die Zusammenlegung neu zu entscheiden und die gesetzlichen Bestimmungen anzupassen.

Aufgrund der notwendigen Überarbeitung der Bauplanungen kann das Justizzentrum in Ihrer Stadt nicht wie zunächst gesetzlich bestimmt zum 1. Juli 2012 errichtet werden. Die derzeitigen Planungen sehen eine Fertigstellung zur Jahresmitte 2015 vor.

Mit diesem Bauvorhaben wird die nicht mehr hinnehmbare bauliche Situation am Gerichtsstandort Gelsenkirchen substanziell verbessert. Die Gebäude der beiden Amtsgerichte sind von Grund auf sanierungsbedürftig. Hinzu kommt die derzeit völlig unzureichende Unterbringung des Sozialgerichts Gelsenkirchen, das ebenso wie das Arbeitsgericht und der ambulante Soziale Dienst in das neue Justizzentrum einbezogen werden soll. Die Justiz erschließt sich damit nicht nur die mit der Errichtung eines Justizzentrums unter Einschluss der vier Gerichte einhergehenden organisatorischen Synergieeffekte, sondern optimiert auch die Flächennutzung am Standort Gelsenkirchen. Deshalb stellen die gemeinsam mit dem Bau- und Liegenschaftsbetrieb und in Abstimmung mit der Stadt Gelsenkirchen entwickelten Neubauplanungen auch die einzig wirtschaftliche Alternative dar.

Justizministerium
des Landes Nordrhein-Westfalen

Seite 3 von 3

Anders verhält es sich in Herne. Hier hat sich gezeigt, dass die Errichtungskosten für das neue Justizzentrum wirtschaftlich nicht mehr darstellbar sind.

Deshalb hat der Landtag mit dem Gesetz zur Änderung des Justizgesetzes Nordrhein-Westfalen und anderer Gesetze vom 20. Oktober 2011, das am 21. November 2011 im Gesetz- und Verordnungsblatt für das Land Nordrhein-Westfalen verkündet worden ist (GV.NRW. 2011 Nr. 24, S. 539), beschlossen, von der Errichtung eines Justizzentrums und der Zusammenführung der Amtsgerichte in Herne abzusehen, zumal für dieses Vorhaben - anders als in Gelsenkirchen - keine bauliche Notwendigkeit besteht.

Sehr geehrter Herr Dr. Escher, ich hoffe, Ihnen mit diesen Informationen weiterzuhelfen.

Mit freundlichen Grüßen
Im Auftrag

Petermann

Verein für Orts- und Heimatkunde
Gelsenkirchen-Buer

Dr. Gerd Escher
1.Vorsitzender

Turmstrasse 14
45894GE-Buer
Tel.:0209-3185691
Fax.:0209-3187935
e-mail:info@escher-tap.de

Herrn Oberbürgermeister
Frank Baranowski
Stadt Gelsenkirchen
45875 Gelsenkirchen

GE-Buer, 31.08.2012

Amtsgerichte in Gelsenkirchen

Sehr geehrter Herr Oberbürgermeister Frank Baranowski,

ich hatte Herrn Minister Kutschaty angeschrieben, warum in NRW im Gegensatz zu Herne und auch Essen die Amtsgerichte in Gelsenkirchen und Gelsenkirchen--Buer zusammengelegt werden.

In der Antwort des Ministeriums wurde mir erläutert, dass außer der Zusammenlegung in Gelsenkirchen keine weiteren Zusammenlegungen vorgenommen werden oder geplant sind. Nach Amtsantritt von Minister Kutschaty seien Überlegungen zur Zusammenlegungen von Gerichten fallen gelassen worden bis auf Herne und Gelsenkirchen und zwar in diesen Städten auch deshalb,
„ weil die Verantwortlichen in den Städten die Errichtung des neuen Justizzentrums mit erheblichem Engagement unterstützt haben."

Die Planungen für Herne wurden später aus Kostengründen gestoppt.

Sie hatten hingegen für Gelsenkirchen uns mitgeteilt,
*„.....würde auch die Stadt Gelsenkirchen auf Grund der damit verbundenen Bürgernähe den Erhalt der Amtsgerichte in Gelsenkirchen und Gelsenkirchen-Buer begrüßen.
Auch aus stadtentwicklungspolitischer Sicht wäre die Beibehaltung beider Standorte sicherlich wünschenswert."*

Die Aussage des Ministeriums und Ihre Ausführungen stehen im gewissen Widerspruch zu einander. Ich meine die Haltung der Stadt Gelsenkirchen in dieser Sache ist von hohem Interesse für die breitere Öffentlichkeit. Es wäre deshalb mehr als nur hilfreich, wenn sie die Haltung der Stadt in dieser Sache öffentlichkeitswirksam erläutern würden.

Mit freundlichen Grüßen

Gerd Escher

Gelsenkirchen

Der Oberbürgermeister

Stadtverwaltung · 45875 Gelsenkirchen

1. Vorsitzender des
Vereins für Orts- und Heimatkunde e.V.
Herrn Dr. Gerd Escher
Turmstraße 14
45894 Gelsenkirchen

Rathaus Buer
Goldbergstraße 12

Telefon
02 09/1 69-22 03

Telefax
02 09/1 69-28 85

Datum
13. September 2012

Sehr geehrter Herr Dr. Escher,

in Ihrem Schreiben vom 31. August 2012 sprechen Sie einmal mehr die bevorstehende Zusammenlegung der beiden Gelsenkirchener Amtsgerichte an.

Der Verein für Orts- und Heimatkunde e.V. hat hiergegen sowie auch gegen die Zusammenlegung der zwei Gelsenkirchener Finanzämter wiederholt Bedenken formuliert, so etwa mit Schreiben vom 3. März 2007, in dem es im Zusammenhang mit der Bitte, eine Zusammenlegung zu verhindern, auch heißt: „Sollte dies nicht erfolgreich sein, plädieren wir dafür, eine zwischen dem Süden und dem Norden der Stadt ausgewogene Standortwahl zu treffen."

Genau dies ist doch erreicht, oder?

Bereits gut ein Jahr vor dem genannten Schreiben - am 6. Februar 2006 - ist Ihnen der Brief übermittelt worden, aus dem Sie mich jetzt zitieren und an dem Sie einen „gewissen Widerspruch" zu dem festmachen, was Ihnen der Justizminister des Landes Nordrhein-Westfalen, Herr Thomas Kutschaty, aktuell im Sommer 2012 mitgeteilt hat.

Natürlich würde auch ich einen „gewissen Widerspruch" erkennen, wenn ich zeitgleich Aussagen wie die erhielte, die Sie nun gegeneinander stellen.

Sie blenden allerdings bewusst völlig die sechseinhalb Jahre aus, die dazwischen liegen. Das ist unseriös! Gleiches gilt für Ihr Kommunikationsverhalten: mich persönlich anzuschreiben ohne Hinweis auf diverse weitere Empfänger. Auch das tut man nicht!

Natürlich trifft es zu, dass die Stadt Gelsenkirchen die Errichtung des neuen Justizzentrums - wie von Herrn Minister Kutschaty geäußert - unterstützt hat.

Jedoch nicht vor sechseinhalb Jahren, sondern deutlich später, nachdem die Entscheidung durch das Land getroffen wurde, die beiden Amtsgerichte im Süden der Stadt und die beiden Finanzämter im Norden zusammenzuführen. So hat die Stadt z.B. an der Claire-Waldoff-Straße Grundstücke erworben.

Sicher keine Fehlinvestition - die sich Gelsenkirchen wirklich nicht leisten kann -, zumal sich mit dem Justizzentrum auch die große Chance verbindet, dem südlichen Eingang in die Gelsenkirchener City ein völlig neues Gesicht zu geben. Weitaus „aufgeräumter" als das, was über Jahrzehnte einen Teil des dortigen Bildes geprägt hat. Einiges ist bereits heute erlebbar - eben genau auch, weil es die belastbare Perspektive „Justizzentrum" gibt.

Genau so wie es nördlich des Kanals die belastbare Perspektive eines Finanzamtszentrums im Büropark Schloss Berge gibt.

Und auf beiden Seiten des Kanals vier freiwerdende Standorte mit höchst attraktivem Entwicklungspotenzial!

Das kann man natürlich alles auch ganz anders sehen - aber wer sollte das tatsächlich wollen?

Mit freundlichen Grüßen

Frank Baranowski

3. Weihnachtsbaum mit Lichterkette

Von vielen Bürgern wurden wir auf den fehlenden beleuchteten Weihnachtsbaum vor dem Buerschen Rathaus angesprochen. Nach einem Zeitungsbericht der WAZ boten wir nach 2008 nochmal unsere Hilfe in dieser Sache an. Die gute Tradition des beleuchteten Baumes geht weiter. Thomas Seppelfricke, ein Gärtnermeister aus dem Süden, stiftete der Stadt einen stattlichen Baum für den Rathausvorplatz. Damit kann nun das vom Verein für Orts- und Heimatkunde veranstaltete „Buersche Gloria" auch im Jubiläumsjahr (1912 – 2012) im weihnachtlichen Ambiente stattfinden.

4. Stadtrechte Buer – 1911

Am 03. Juni 2011 veranstaltete die Stadt Gelsenkirchen unter Federführung von Oberbürgermeister Frank Baranowski in der Aula des Leibnizgymnasiums einen Festakt zum Stadtrechtejubiläum von Buer.

Helmut Lindner und Michael Stahl konzipierten mit weiteren helfenden Händen eine Fotoschau, die Buer zum Zeitpunkt der Stadtwerdung zeigte. Als Aussteller gewannen wir in Buer-Mitte die Sparkasse Gelsenkirchen und die Volksbank Ruhr Mitte.

In Zusammenarbeit mit dem Institut für Stadtgeschichte haben wir ein umfangreiches Vortragsprogramm erarbeitet. Die Themenpalette bis zu den Sommerferien verfolgten überaus viele Zuhörer und –seher an unterschiedlichen Veranstaltungsorten (Thema | Referent(en) | Veranstaltungsort):

- **Buersche Bauerschaften und die alte Freiheit Buer**
  Johannes Kläsener und Dr. Gerd Escher – Michaelshaus Buer
- **Hugo – erste und letzte Zeche in Buer**
  Klaus Herzmanatus – Fördermaschinenhalle Zeche Hugo
- **Der Buersche Grüngürtel**
  Professor Dr. Stefan Goch – Trauerhalle des Hauptfriedhofes

- **Die preußischen Staatszechen im Buerschen Norden**
  Dr. Michael Farrenkopf – Kantine des Technikum von E.ON
- **Chemie und Benzin aus dem Buerschen Norden: Vom Hydrierwerk Scholven über die Scholven Chemie zur Ruhr Oel GmbH (BP)** Dr. Gerd Escher – Michaelshaus Buer

Auch nach den Ferien ging es mit viel Publikum bei den folgenden Themen weiter:

- **Amtmänner und Bürgermeister von Buer 1806 – 1911**
  Adolf Nowak – Michaelshaus Buer
- **Entlang der Emscher – Eine Flussreise**
  Hubert Kurowski – Gemeindezentrum der Dreifaltigkeitskirche, Erle
- **Anfänge des Nationalsozialismus in Buer**
  Dr. Jürgen Priamus – Dokumentationsstätte „Gelsenkirchen im Nationalsozialismus, Erle
- **Städtebau und Baukultur in der Stadt Buer 1911 – 1928**
  Dr. Lutz Heidemann, Rathaus Buer
- **Wohnungswirtschaft in Buer**
  Michael Kramp, Dr. Christian Schramm und Harald Förster – Kunstmuseum Gelsenkirchen
- **Die Bevölkerung von Buer: Eingesessene und Zugewanderte**
  Professor Dr. Stefan Goch – Städtische Tageseinrichtung für Kinder und Familienzentrum, Mühlenstraße
- **Aus der Geschichte: Buersche Persönlichkeiten**
  Georg Meinert – Volksbank Ruhr Mitte
- **Zum Abschluss: „Welche Rolle soll Buer in und für Gelsenkirchen spielen?"**
  Podiumsdiskussion mit führenden Vertretern aus der Politik und Verwaltung.
  - Dr. Peter Paziorek, Regierungspräsident Münster, a.D.
  - Michael von der Mühlen, Stadtdirektor Gelsenkirchen
  - Theo Grüttner, ab Januar 2012 Direktor Ruhr Museum
  - Dr. Gerd Escher, Vorsitzender Verein für Orts- und Heimatkunde e.V.

5. Brunnenfigur „Die Butterwieger" ist zurück

Unsere Forderung, die den Bürgern von Buer geschenkte Brunnenfigur der Buerschen Zeitung wieder in der Innenstadt aufzustellen, hat sich gelohnt. Nach dem wir die Stadt gebeten haben, geeignete Plätze in der Innenstadt zu benennen, kam es Anfang 2012 zu einem Ortstermin mit allen erforderlichen Behördenvertretern, dem Künstler Dieter von Levetzow und unserem Verein. Nachdem wir einige Alternativen vor Ort geprüft hatten, gab es den meisten Zuspruch für den Vorschlag die Skulptur wieder auf der Domplatte aufzustellen. Dieses Ergebnis der Ortsbegehung wurde anschließend der Bezirksvertretung zur Entscheidung vorgelegt. Nach dem positiven Votum erfolgte die Vorbereitung der Rückholung. Bereits während der Aufstellungsarbeiten äußerten viele Passanten ihre Freude und Begeisterung über die Rückholung der beliebten Skulptur.

Bildhauer Dieter von Levetzow (links) freut sich zusammen mit Georg Lecher über die erfolgreiche Aufstellung der „Butterwieger" auf der Domplatte.

Jahresprogramm 2012

Neben den bewährten Themen…

- Öffnung des kleinen Museums, jeden Dienstag
- Archivöffnung, 1 Montag im Monat
- Treffen der Plattdeutschen Runde, 1. Donnerstag im Monat
- Laubfreier Blick vom Rathausturm
- Führung durch das kleine Museum
- Eulenwanderungen
- Fußball und Bergbau
- Vogelstimmenwanderung
- Stadtführung
- Siedlung – Zeche – Halde
- Blick vom Rathausturm
- Fledermausexkursion
- Herbstlicher Spaziergang mit gehölzkundlichen Erläuterungen
- Westfälischer Heimatabend
- Buersches Gloria, Rathaus Buer – Standort: An der 1000-Jahres-Linde am Heiligen Abend – seit 1912

…kamen in 2012 die folgenden Themen hinzu:

- Eine Bilderreise „in vier Jahreszeiten über die Halden – vom Rungenberg und zurück"
- „Erle – das sind wir" Bildervortrag mit literarischen Überraschungen.
- Tag des offenen Denkmals - in diesem Jahr ist die Stadt wieder mit dem Rathaus in Buer dabei.
- Rundgang über den Buerschen Hauptfriedhof

Unser Dank

gilt den Referenten, Vorstandsmitgliedern, Mitarbeitern, allen helfenden Händen sowie Sponsoren und zahlreichen Privatpersonen, die unsere Arbeit mit Spenden in Höhe von 10 bis 500 Euro unterstützen:

- Dietmar Ahlemann
- Bergwerksorchester Consolidation, Leitung: Gerd Dammann
- Buerscher Knabenchor, Leitung Josef Suttmeyer
- Dreifaltigkeitskirche, Erle
- Dr. Gerd Escher
- Dr. Michael Farrenkopf
- Harald Förster
- Gelsenwasser AG
- Professor Dr. Stefan Goch
- Heinz Hackstein
- Dipl.-Biologe Michael Hamann
- Bernhard Hagemann
- Haus Heege
- Dr. Lutz Heidemann
- Konrad Herz
- Klaus Herzmanatus und Geschichtskreis
- Markus Holz
- Institut für Stadtgeschichte, Gelsenkirchen
- Stefan Jost
- Johannes Kläsener
- Gartenbauingenieur Lothar Konietschke
- Michael Kramp
- Kunstmuseum Gelsenkirchen, Buer
- Hubert Kurowski
- Georg Lecher
- Helmut Lindner und das Archivteam
- Carl H. Lueg
- Cordula Lueg
- Clemens Lueg
- Georg Meinert
- Adolf Nowak
- Dr. Peter Paziorek
- Biggy Pieper
- Plattdeutsche Runde
- Dr. Jürgen Priamus
- Professor Wolfgang L. Rüdiger
- St. Urbanus Kirchengemeinde
- Georg Schindler
- Werner Schlüter
- Dr. Christian Schramm
- Elsbeth Schulze Tenberge
- Sparkasse Gelsenkirchen
- Boris Spernol
- Stadtverwaltung Gelsenkirchen
- Michael Stahl
- Nadine Stritzke
- Dr. Rüdiger Stritzke
- Dieter Thamm
- Eberhard van Kell
- Arno Vauseweh
- Dr. Ramona Vauseweh
- Volksbank Ruhr Mitte eG
- Familie Weiser
- Hubert Westermann

Sparkasse
JULIA ROTH